目崎茂和 *Shigekazu Mezaki* ―――――――――― 編著

古地図で楽しむ三重《みえ》

風媒社

はじめに

目崎茂和

地図は、お好きですか。

いま、私たちの身の回りには、さまざまな地図が溢れています。印刷した地図から、町内の看板地図、和紙に描かれた巻物の絵地図、近年では「カーナビ」などの電子地図が主流となり始めました。

さらにニュースの天気図、台風進路図など、毎日の生活に欠かせない情報地図が、新聞・テレビばかりかインターネットに溢れています。

見知らぬ土地を旅する時、地図を持っていけばきっとよい道標になるはずですが、いまでは海外旅行でも「スマホのナビ地図片手に」が主流になってきたのではないでしょうか。

そんな、さまざまな地図に想いを寄せると、なにか空想の世界へと、飛び込んだ気持ちになりませんか。土地の歴史の姿を伝える、とくに古い時代の地図「古地図」を読み解ければ、きっとタイムマシーンに乗った気分になれるかもしれません。

では古地図とは、いつの時代からの地図を指すのでしょうか。

一般的には、測量による等高線図をもつ「地形図」以前につくられた地図を指すものと定義できます。それは、単に「絵図」とか「図絵」とも表現されます。

日本では、1888年（明治21）に大日本帝国陸地測量部が発足。全国の三角測量と水準測量の本格業務が開始され、地図の作成・編纂がおこなわれました。それ以前の地図が「古地図」といえそうです。詳細な地図作成は、国家の威信を賭けた一大プロジェクトだったのです。

とくに戦時下では、はじめに陸軍参謀本部がこの任務遂行にあたったことから、日清戦争（1894〜95）、日露戦争（1904〜05）の戦場や、軍港、占領地経営などには、地形図ばかりか海図などが必要不可欠な重要機密事項でもありました。戦国歴史ドラマや映画などでお馴染みなのが、武将たちの軍略会議シーンでしょう。その中心に置かれたのが戦場の絵地図なのです。

古地図・絵図類は、「歴史の証人」でもあります。その主題や用途、目的に応じて、次のように4分類にしてみました。多少の重複はありますが、以下のように暫定的に名称をつけて、細分してみました。

（Ⅰ）土地領域の区分図

国絵図　都府県図　都市図　城下図　地籍図
地割図　条里図　町絵図　村絵図　宅地図
屋敷図　境界図

（Ⅱ）自然環境に関わる図

地勢図　地形図　地質図　土壌図　河川図　沿岸図
海岸図　深浅図　海象図　海図　天気図　気象図
気候図

（Ⅲ）路線などと関わる図

街道図　道路図　宿場図　鉄道図　路線図　海路図
航路図　港湾図

（Ⅳ）名所旧跡などの俯瞰図

名所図　旧跡図　観光図　風景図　鳥瞰図　俯瞰図
変遷図

一口に地図といっても、実に多彩な形式、かたちがあることがわかるでしょう。

ところで三重県は、1871年（明治4）の廃藩置県により、安濃津県と度会県とに二分されましたが、翌1872年に安濃津県が三重県に改名されて、その両県が1876年に合併、三重県に統合されて成立したものです。その領域は、古代の国制では伊勢国、伊賀国、志摩国、紀伊国の一部をなし、そのうち安濃津県・三重県が、伊勢国の北半と伊賀国であるのに対し、度会県が、伊勢国の南半と志摩国と紀伊国の一部から構成されていました。

ここで安濃津県とは、伊勢国の安濃津です。現在の津市の海岸一帯の湊町で、古代から港の「津」地名に由来したものです。津市内の安濃川・岩田川の河口部に船泊りがあり、中国明代の『武備志』（1621年）には、九州の博多津、坊津とともに「日本三津のひとつ」とされ、東国への港町として栄えていました。しかし、1498年（明応7）の東海地震の「明応大津波」で、安濃津は消失してしまいました（本書141ページ参照）。

さて、本書では古地図・絵図類ばかりか、明治期以降の地形図などからも、三重県のかたちや姿、土地や都市の移り変わりなどを捉えてみましょう。そうした過程を通して、三重の地理や地勢の歴史的な変遷や、その特徴などが浮き彫りになるに違いありません。

三重県 市町地図

岐阜県
愛知県
滋賀県
京都府
奈良県
和歌山県
員弁郡
東員町
桑名郡
木曽岬町
いなべ市
桑名市
三重郡
朝日町
三重郡
菰野町
三重郡
川越町
四日市市
亀山市
鈴鹿市
伊賀市
津市
名張市
多気郡
明和町
松阪市
度会郡
玉城町
伊勢市
鳥羽市
多気郡
多気町
度会郡
度会町
志摩市
多気郡
大台町
度会郡
大紀町
度会郡
南伊勢町
北牟婁郡
紀北町
和歌山県
東牟婁郡
北山村
尾鷲市
和歌山県
新宮市
熊野市
南牟婁郡
御浜町
南牟婁郡
紀宝町
凡　例
行政界
地域界
北勢
中南勢
伊勢志摩
伊賀
東紀州

古地図で楽しむ三重【目次】

[Part 1] 古地図を読む　目崎茂和 編

[Part 2] 地図で見る三重の歴史

[Part 3] 地図は語る、地図と語る……95

三重の姿とかたち

目崎茂和

三重県は日本列島・本州島のほぼ中央部の太平洋岸にある。地理的には紀伊半島・近畿地方の東部にあたり、東海地方からみれば西部に位置する。ここは東西日本の境界部であり、愛知・岐阜・滋賀・京都・奈良・和歌山の6府県と接する。

伊能忠敬の第5次測量は、1805年（文化2）に江戸の高輪大木戸を2月25日から測量開始している。東海道、伊勢路、紀州路、紀伊半島を一周し、大坂には8月18日に到着した。これによって伊勢湾岸・志摩半島、紀伊半島の、三重県の海岸線の姿がほぼ正確に描かれた。

この海岸線と県境線のかたちから、三重県の姿は志摩半島を頭と嘴に、南北に大きく翼を広げ、大海へと雄飛する「大鷲」の姿に例えられてきた。

日本の十字路

三重の山並み・山地の配置をみると、北から養老山地、鈴鹿山脈、布引山地と、すべて南北性の山並みであるのに、南の紀伊山地は全体的に東西性の山並みをなす特徴が認められる。南北性山地は東日本に卓越する山脈であるのに対し、西日本では中国・四国・九州山地のように、すべて東西性山地なのである。

その両者の山地が三重県で交じわる。いわば「日本の十字路」である。その十字の境界に東西方向の「中央構造線」が紀伊半島を横断するという地質構造によるためである。

地形と地脈

◉多様な沿岸特性

海岸線の様子にもさまざまな特徴がある。大きく地域を分けると、①伊勢平野、②志摩半島、③熊野灘に分類できるので、それを簡略にまとめてみよう。

①伊勢平野

伊勢湾岸の北縁部は木曽三川の洪水常襲地であり、土砂や砂礫を大量に堆積しながら、輪中地帯（河川の自然堤防を人工堤防で囲んで水田村落の地域）をつくり、伊勢湾に濃尾平野の三角州（デルタ）の低湿地を前進させていった。

伊勢平野の北端、濃尾平野の境界は、今では県境が木曽川である。木曽三川の河口部は三重県となるので、伊勢平野といえる。

ほぼ南北方向に延びる養老山地・鈴鹿山脈・布引山地に源をもつ、員弁川（町屋川）、鈴鹿川、安濃川、雲出川、櫛田川、宮川などの主要河川が伊勢湾に流れ込んである。伊勢平野の三角州（デルタ）性の砂浜海岸を主体とした白砂青松の浜辺の多くには海水浴場が開かれた。

伊勢・宮川河口の三角州

だが、戦後になって四日市コンビナート建設が契機となり、沿岸部は広く埋め立てられてしまう。それまでの自然海岸の砂浜が消え、コンクリート製護岸をもつ人工海岸へと変貌していった。

②志摩半島

伊勢平野の砂浜海岸は二見町の夫婦岩の岩石海岸まで連続するが、そこから南は岬の「磯」と、小湾の「浜」が交互に連なる「リアス式海岸」あるいは「リアス海岸」の志摩半島となる。

志摩半島の名称は古代の志摩国に由来する。志摩とは「島・嶼」の意味を表し、伊勢湾口に連なる菅島・答志島・神島や、大王島・和具大島・英虞湾《あごわん》の小島などの、無数の島嶼によるものだ。

青峰山を最高峰（標高336m）とし、海岸段丘の台地が広く、大きな河川や土砂流入もなく絶えず黒潮の暖流が洗う浅い岩礁が広く分布する。その影響で、アラメ・テングサなどの海草藻がよく繁茂し、イセエビ・アワビ・サザエなどの魚介類が豊富な海である。日本有数の海女漁業が展開し、英虞湾・的矢湾などの真珠・カキ養殖など、観光産業の先進地ともなっている。

③熊野灘

志摩半島、五ヶ所湾から西側の紀伊半島は熊野灘と呼ばれ、東西性の紀伊山地が直接沿岸に迫り、深い湾のリアス式海岸が連続する。熊野川（新宮川）が和歌山県との県境であるが、江戸時代には紀州藩内であったため、この地域は「東紀州」と呼ばれた。紀州藩では、「地方・浦方・竃方」の生業体制による、村分類がなされ、浦（漁村）・竃（塩づくり村）の地名として残存している。

Part1

古地図を読む

目崎茂和 編

社寺参詣曼荼羅

鳥瞰図の案内図のさきがけといえる古地図が、「社寺参詣曼荼羅図」である。「おかげ参り」で名高い伊勢参宮や、熊野三山の熊野詣などで、全国に広く流布した。そのうち、伊勢参詣曼荼羅と熊野那智参詣曼荼羅は、三重県関連の古地図として日本を代表するに相応しい存在だ。

伊勢参詣曼荼羅あるいは両宮参詣曼荼羅として現存するのは4点。三井文庫本と神宮徴古館本のほか、アメリカのパワーズコレクション本と個人蔵本である。ここでは、神宮徴古館所蔵「**伊勢両宮曼荼羅**」を紹介する。

中世から近世にかけて制作された社寺の縁起や、その霊験譚を描き、その霊場へと参詣する人々の様子を生き生きと描いた絵巻物風の絵画である。伊勢神宮の内宮と外宮、両宮に寄せる信仰の様子が仔細かつ具体的に描かれていて、当時の人々や町並みの様子を再現している貴重な作品群である。

「蟻の熊野詣」として名高い熊野信仰は、「熊野権現」あるいは「熊野三山」、すなわち熊野本宮大社、熊野那智大社、熊野速玉大社の三社詣を中心に、平安時代中期に始まる京の都からの法皇上皇の「熊野御幸」であった。それが廃れた後、江戸期になると「伊勢へ七度、熊野に三度」と伊勢参りの高まりとともに、熊野詣が再興されていった。

その役割を果たしたのが、**熊野那智参詣曼荼羅**や**熊野観心十界曼荼羅**である。これらを持ち歩き、「絵解き」して参詣の様子や意味を伝えたのが、熊野比丘尼《くまのびくに》と呼ばれた全国を遊行した尼僧たちである。

古くは徳川家光の時代には、全国各地で彼女たちによる絵解きがおこなわれていたという。その参詣曼荼羅が現在まで約40点、北は東北から西は岡山まで広い範囲で見つかっている。それだけ広い範囲で絵解きがおこなわれていた証拠である。

参詣曼荼羅の構造には、東に日照、西に月照を描き、いずれも雲に乗る日月は、時とともに運行する状況を表現すると思われる。また図案的に、北に妙法山などの黒い山並みの「玄武」、東に那智瀧の「青龍」、南に赤鳥居の「朱雀」、西に大道の「白虎」で、京の都などと同じ「四神相応」の適地を表現し、神仏習合の浄土世界とともに陰陽五行説の影響を受けている。

南の浜辺には、海の彼方の浄土をめざす中世に流行した、鳥居を四方に置いた補陀落渡海船が描かれ、僧の死出の旅路の地であった。

2004年に世界遺産に登録された「紀伊山地の霊場と参詣道」は、吉野山・高野山・熊野三山の霊場だけでなく、熊野三山に向かう大峰山「修験道」や「熊野古道」の参詣道が、文化遺産の対象として登録された。古くから人がつくりだして守ってきた道が文化遺産になっている事例は、スペイン北部のサンチャゴ・デ・コンポステーラへの巡礼道が有名だが、どちらも

伊勢両宮曼荼羅（神宮徴古館所蔵）

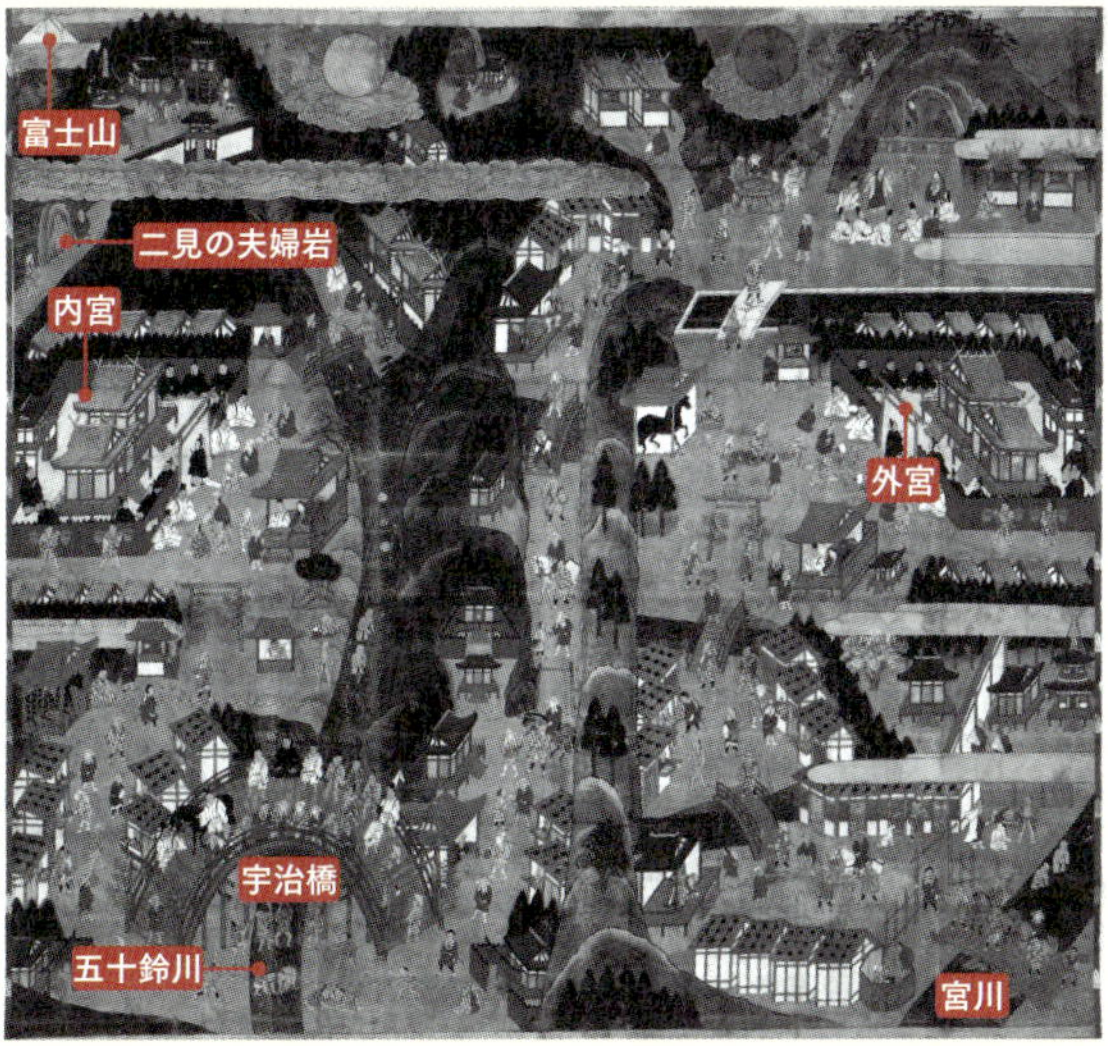

上図の図解

大切なのは、現代そして未来の「心と祈りの道」に通じるからだろう。

熊野那智参詣曼荼羅（熊野那智大社所蔵）

熊野観心十界曼荼羅（南河路自治会所蔵）

東海道分間絵図（宮～桑名）

東海道中で、唯一の海路の宮（熱田宿）と桑名宿との「七里の渡し」図である（三重県総合博物館所蔵）

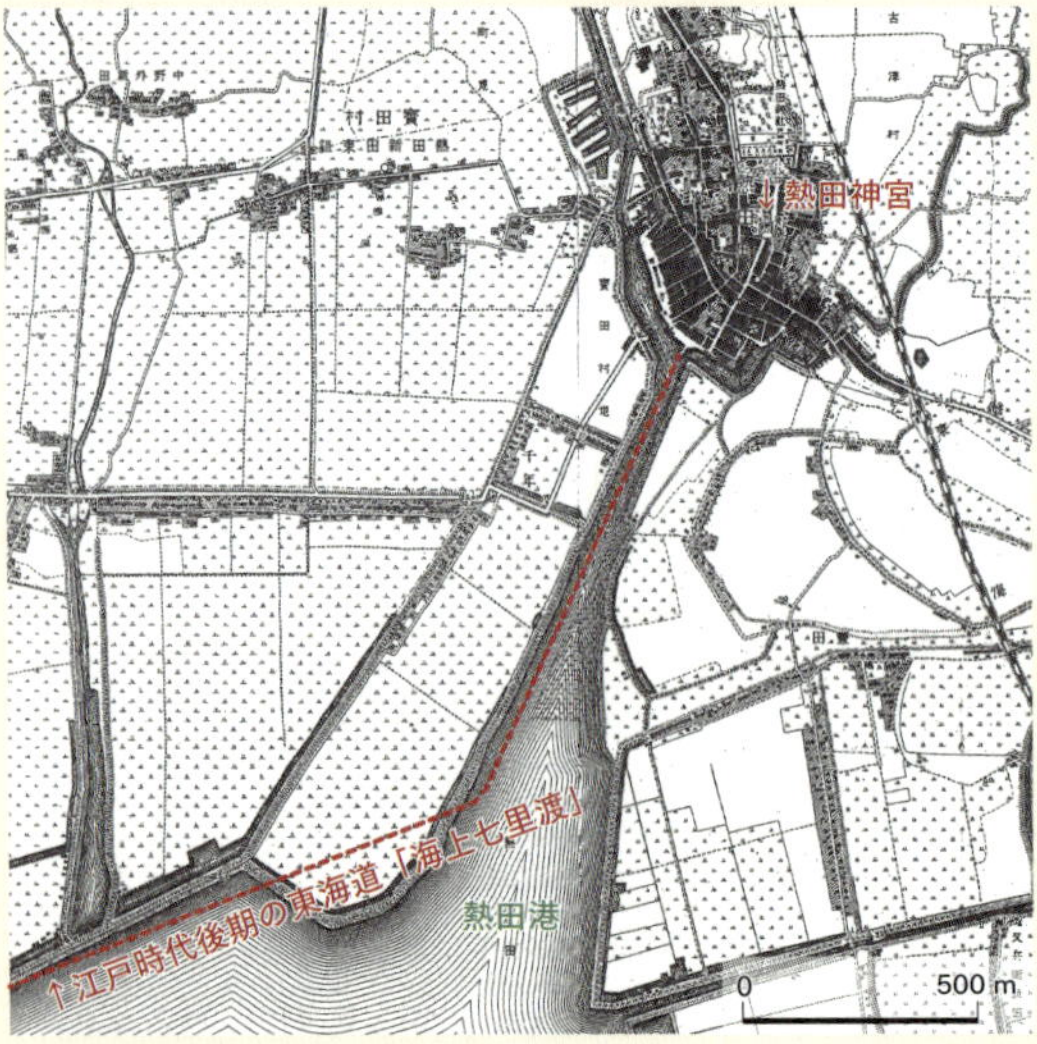

1/2 万「熱田」1891 年
（参考：島方洸一 企画・編集統括『地図でみる東日本の古代』平凡社、2012 年）

帆船などの往来が盛んな様子から、満潮時の模様で、帆掛け船がすべて東に向かうことから、冬季の北西風の頃であろう。一方、西の桑名に向かう二艘は、十丁艪の大型船が、参勤交代などの大名など貴人の乗る御座船であり、他はその伴船と思われる。なお現在は、江戸期の干拓や埋め立てで、木曽三川などの濃尾平野の三角州で輪中地帯でもある。ラムサール条約の登録湿地の藤前干潟もある

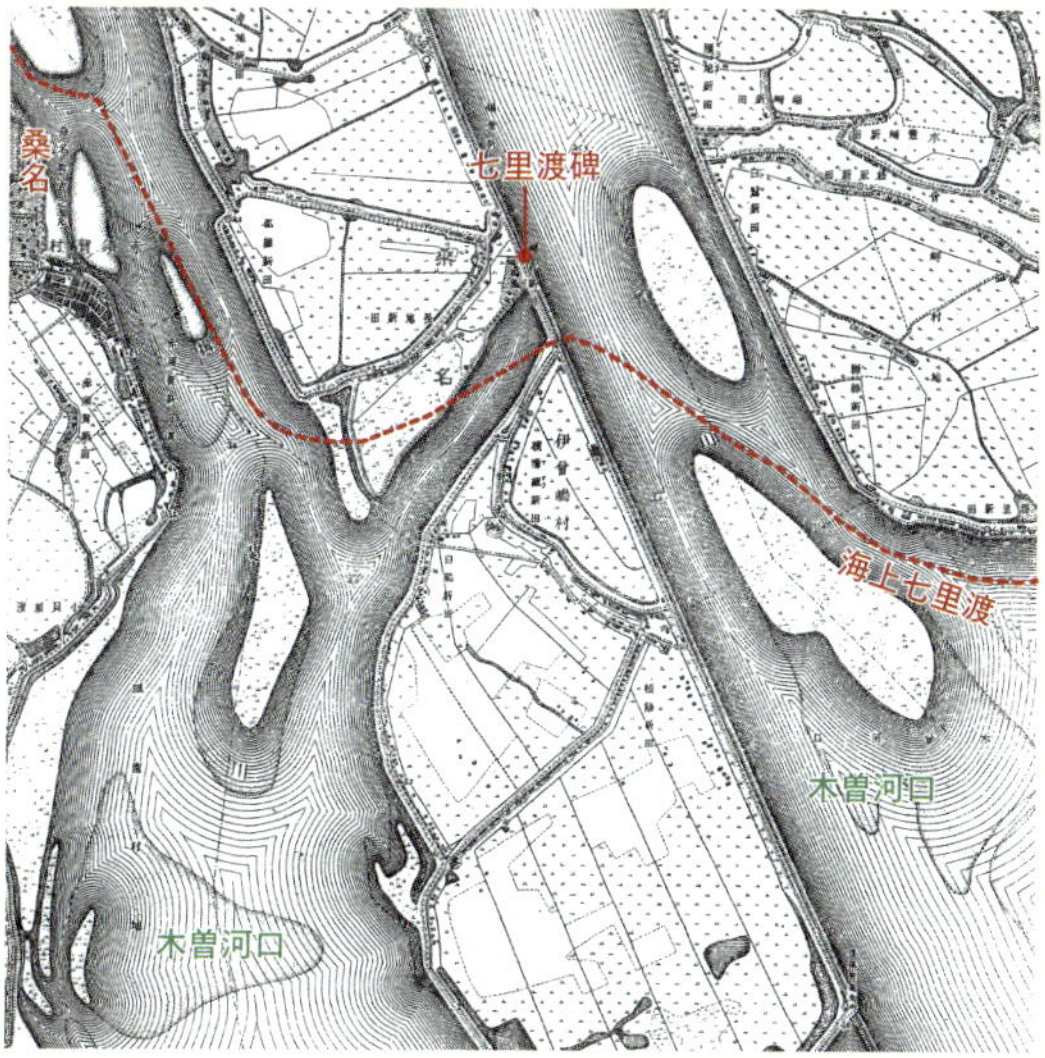

1/2 万「木曽河口」1891 年

御普請所勢州大湊波除堤破損絵図

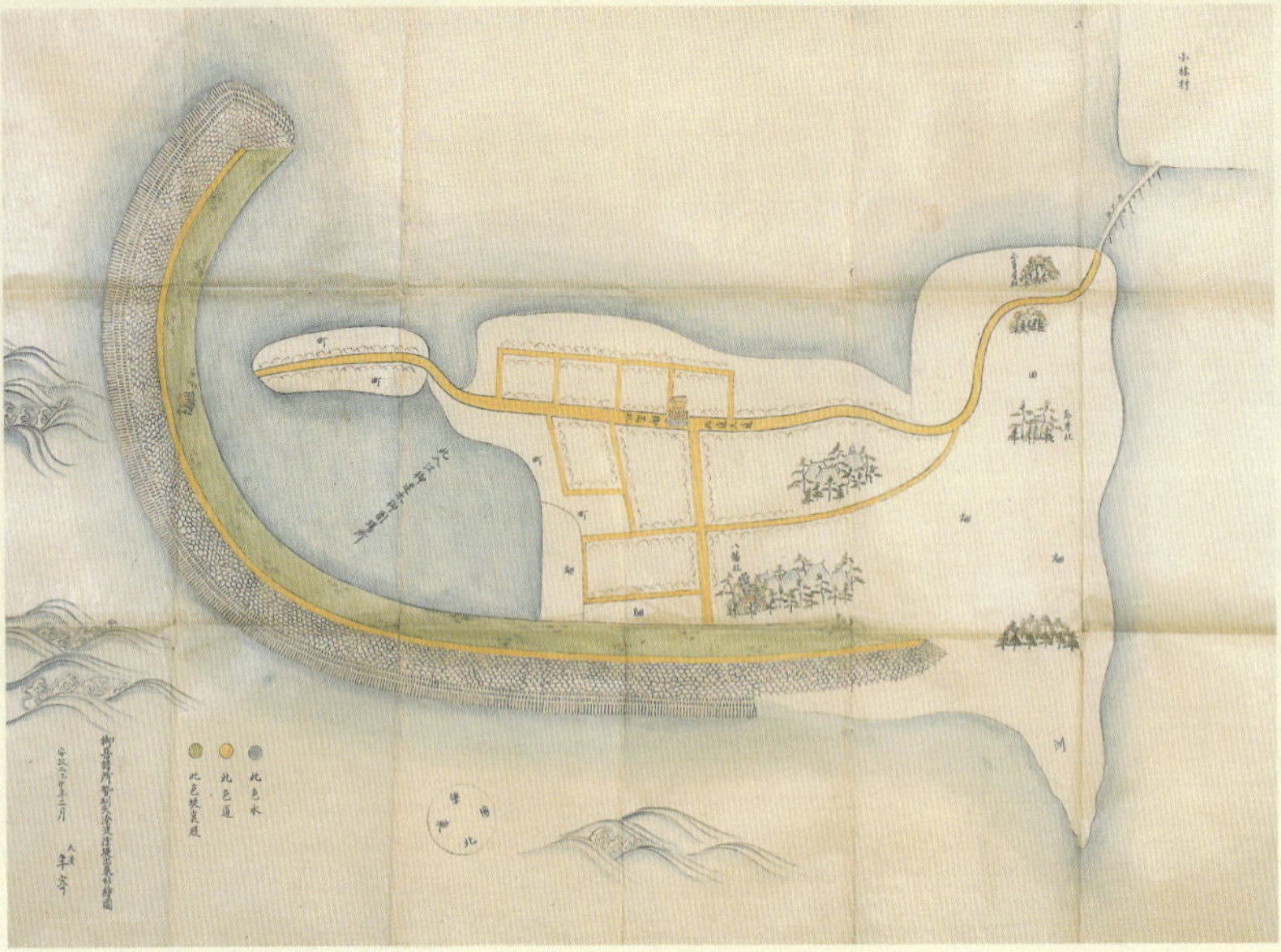

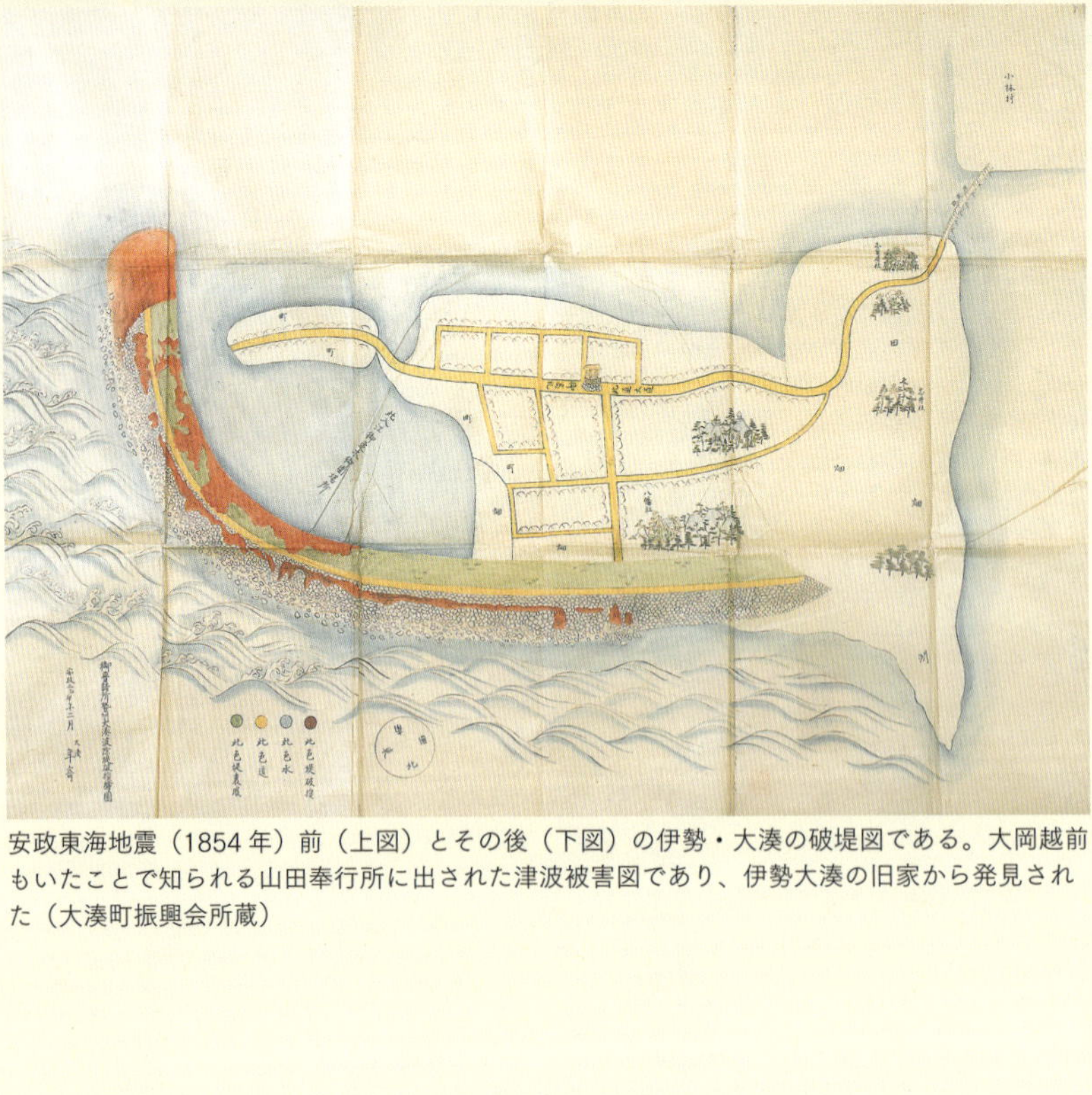

安政東海地震（1854 年）前（上図）とその後（下図）の伊勢・大湊の破堤図である。大岡越前もいたことで知られる山田奉行所に出された津波被害図であり、伊勢大湊の旧家から発見された（大湊町振興会所蔵）

幕末から明治初期の測量海図

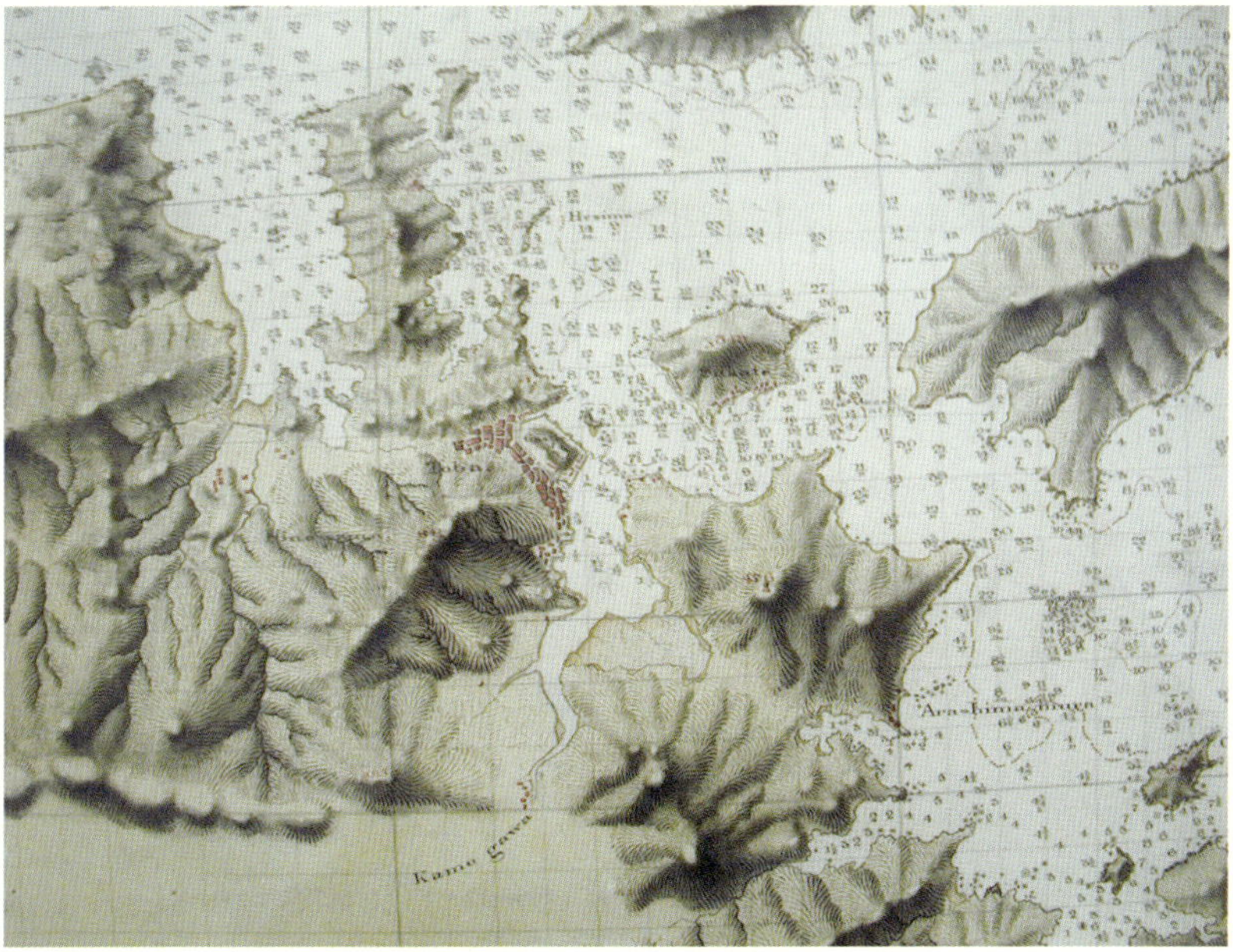

「尾張湾口部と鳥羽錨地」の英国海軍海図（1875 年）
（ENTRANCE TO OWARI BAY including TOBA ANCHORAGE）

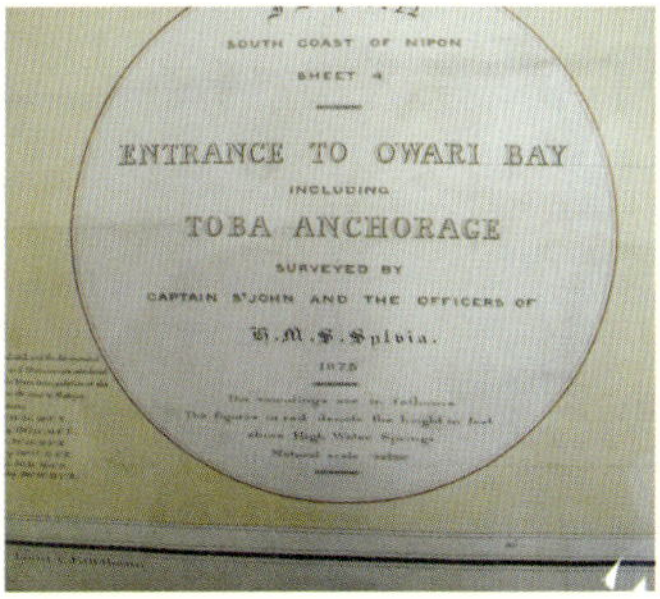

上記海図のタイトル凡例の部分

江戸時代後期になると、鎖国からの開港を求めて、異国船の来航が盛んになった。中国・上海から日本・長崎、さらに江戸への航路開設のため、瀬戸内海や熊野灘の太平洋沿岸の寄港地が必要となる。とくに台風や高波からの避難港、水や食料の調達可能な港を求めて、独自に港湾測量しての海図や水路図、水路誌が制作されてきた。

三重県の海図では、鳥羽港、的矢湾、五ヶ所湾、尾鷲湾などが選ばれ、幕末から明治初期までに、英国海軍によって、最も精緻な海図が作成された。

現在の伊勢湾は、「尾張湾」として英国海軍は記載した。この時の英国測量船は、セント・ジョン艦長のシルビア号で、日本側では「思利花」号と表記した。このシルビア号の鳥羽港への寄港が、その後の日本海軍による海図づくりの指揮をとる**柳楢悦**と、この鳥羽で世界初の真珠養殖を成功させた**御木本幸吉**との二人の巨人を誕生させる契機となった。

なお、この二人の三重県人の主な事績などに関しては、すぐ後に取り上げる。

英国海軍測量艦シルビア号（海上保安庁海洋情報部提供）

シルビア号は1866年に英国ウールリッチで建造された。150馬力、750トンの英国海軍軍艦で、1868年2月に長崎に、艦長ブルーカーの指揮のもと到着し、その後1881年までの13年間にわたり日本各地の沿岸を精査し、測量原図として調製してきた。これら原図は現在も英国水路部（UKHO）アーカイブ室で閲覧できる。

明治時代の近代化で帆船から蒸気船時代を迎える。そのため水路の測量業務などは英国海軍から六分儀、羅針盤などの機材を借用して遂行された。1889年（明治22）刊行の「鳥羽港」海図をみると、前掲の英国海図との類似性が色濃く反映していることがわかる。

蒸気機関ばかりか、セーラー服、ダッフルコートなど、英国海軍が日本近代化、教育など文明化に果した役割は、数知れないほど多い。

一方で、英国海軍が短期間に正確に海岸測量し、原図を調整できたのは、幕府から、伊能忠敬の地図が提供されたからである。すなわち海岸線の描写は、伊能図からの借用であり、日英交流史がこれらの海図に秘められている。

日本水路部の「鳥羽港」海図
（1889年刊行、海上保安庁海洋情報部提供）

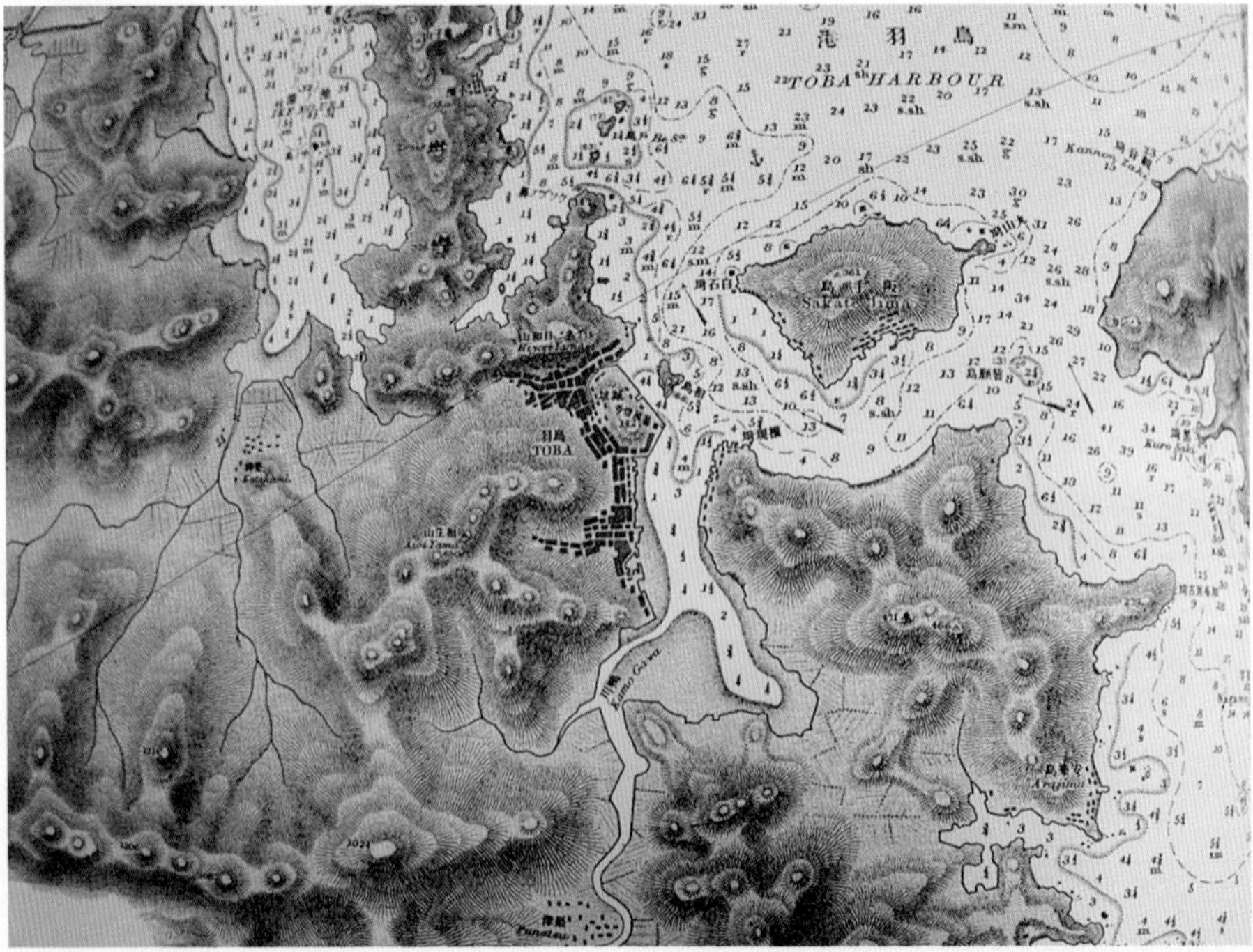

伊能中図（中部近畿、部分）国土地理院所蔵

伊能大図（伊能図複製展示会場で撮影したもの）

日本水路測量の父・柳楢悦

柳楢悦《やなぎならよし》は、1832年（天保3）に津藩士の子として江戸下屋敷で生まれた。9歳で津藩校の有造館で学んだ後、村田佐十郎から和算や測量術を会得し、1853年（嘉永6）、22歳で『測量稿』『六分円儀量地手引草』（測量の手引書）を、村田ら門人たちと出し、伊勢湾岸の測量を実施した。

1855年（安政2）に長崎海軍伝習所に、津藩12名派遣のひとりに選ばれ、近代的な航海術や測量術を学び、勝海舟や榎本武揚《たけあき》など、後の政府要人たちと知遇を得る。長崎からもどり1862年（文久2）には、幕府海軍の咸臨丸に従って伊勢、志摩、尾張の沿岸を測量した。

柳楢悦

1869年（明治2）新政府の海軍創設のため兵部省の御用掛になり、1870年に英国海軍シルビア号の指導の下で、共同して「第一丁卯艦」で熊野灘の的矢・尾鷲、瀬戸内海の塩飽諸島などを測量し、我が国初の水路測量原図「鹽飽諸島實測原圖」を作成した。

1872年には、日本最初の海図「陸中國釜石港之圖」を刊行する。水路業務にかかわる組織は、1871年以降、水路局、水路寮、水路局を経て、1886年に海軍水路部となり、柳は初代の水路局長・部長に就任する。

「水路事業の一切は徹頭徹尾外国人を使用しないで自力で外国の学術技芸を選択利用して改良進歩を期する」という自主独立の水路業務を推進した。

さらに、海軍在籍中の1877年、日本初の学会「東京数学会社」（後の数学物理学会）を共同設立し、1882年に「大日本水産会」を創立。1888年には「水産伝習所」設立し、水産技術発展にも尽力した。

その功績の一つが、真珠養殖を鳥羽で始めた御木本幸吉との出会いと、その助力であった。

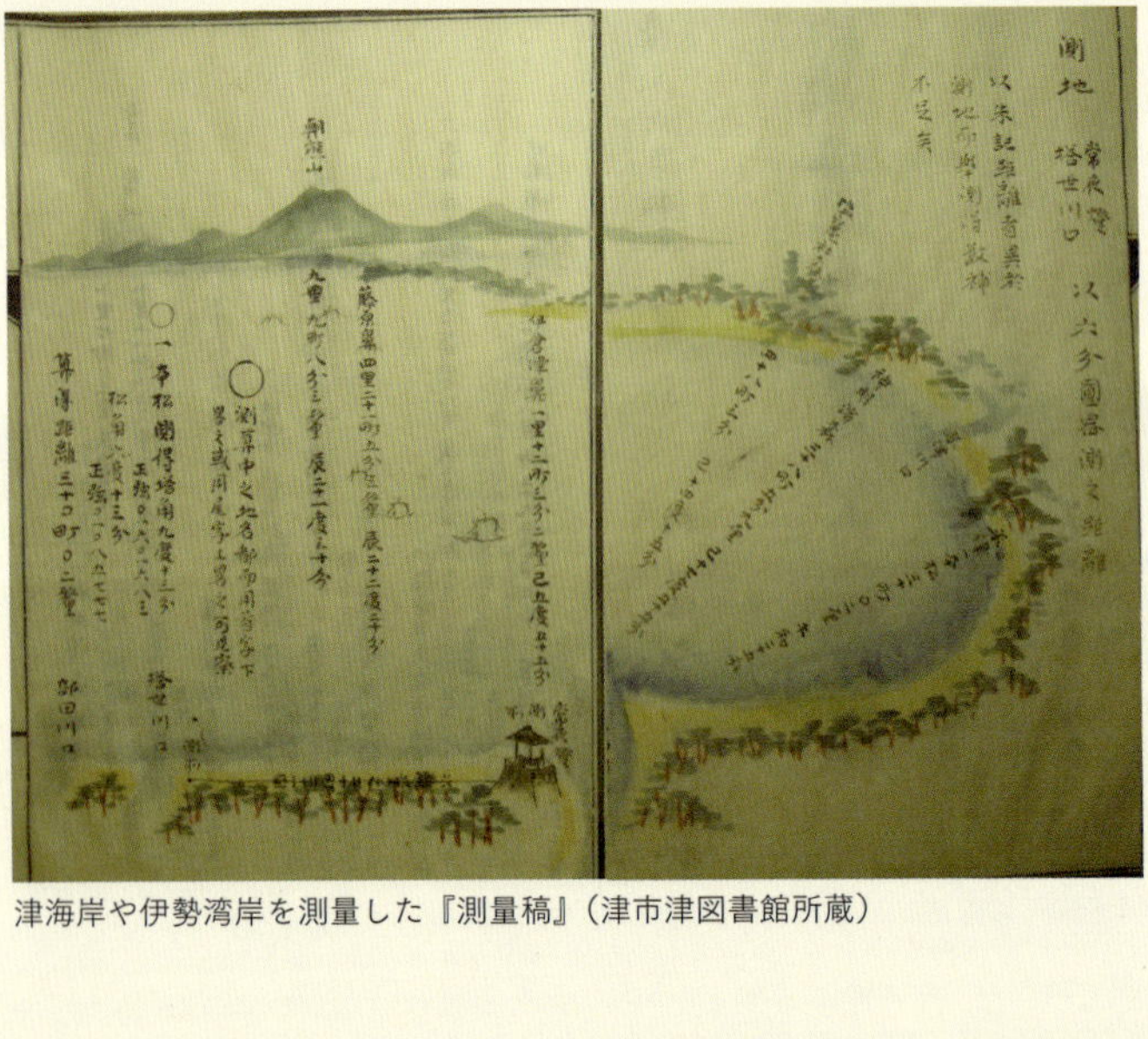
津海岸や伊勢湾岸を測量した『測量稿』（津市津図書館所蔵）

御木本幸吉と出会い

御木本幸吉は、1858年（安政5）志摩国鳥羽町大里のうどんや「阿波幸」の長男として誕生し、幼名吉松《きちまつ》は、13歳（1871年）頃から青物行商を始めた。1875年（明治8）、英国測量艦シルビア号が、海図づくりのため鳥羽港に滞在中に、吉松だけがその専属の御用商人として、売り込みに成功する。

その時の逸話によれば、卵の英語「エッグ」のみを習って艦に近づき、艦上で吉松は、得意の足芸「樽回し」を披露して、信頼を勝ち得たという。この経験が、のちに海外に広く販路をもつ「商いの道」への自信となった。

青年期の御木本幸吉（ミキモト真珠島 真珠博物館提供）

シルビア号の航海日誌にも、「鳥羽港では、ひとりの村人から、米や野菜が容易に入手できた」との記録があり、この村人とは、吉松青年に違いない。

20歳で家督相続し、御木本幸吉と改名して、東京・横浜に視察旅行にでた折、地元で「ケシ」とよばれた「真珠片」が、高価で取引されているのを見聞して、真珠養殖を決心したといわれている。

大日本水産会幹事長となって、柳楢悦が水産技術普及のため講演にまわった折に、御木本幸吉は、その会場で自分の名前の呼び出しを何度もかけてもらうという作戦で名前を覚えてもらい、柳との面会を果たした。このとき30歳。その柳楢悦の口利きで、英虞湾《あごわん》の神明浦での真珠貝の養殖場の開設に成功する。

当時は真珠母貝の「アコヤ貝」を、海底に直接散布して育てる養殖方式で、後に東大教授らの技術指導も受けて、1893年に鳥羽の相島《おじま》（現ミキモト真珠島）で、初めて半円真珠の養殖に成功し、さらに1905年には真円真珠を完成させる。

シルビア号の日本寄港によって、その指導の下で柳楢悦は日本の水路業務を自主独立させたし、その鳥羽港の寄港で吉松は自立の道を歩みだし、おなじ三重県人の柳楢悦の支援を得て、御木本幸吉は、世界最初となる真珠養殖に成功する。

先に掲げた鳥羽港の英国海図（本書17ページ）は、シルビア号・柳楢悦・御木本幸吉とをつなぐ真珠の輝きのごとく異彩を放つ物語の端緒をつくった。いわば近代日本の海の夜明けを告げる1枚である。

相島（ミキモト真珠島）

第十伊勢海 尾張海瀬
鈴鹿郡村々山多
三重郡
川曲郡
奄藝郡
朝日郡村々
桑名郡村々
海西郡
海東郡
春日井郡
愛知郡
知多郡
菰野
亀山

皇国総海岸図　第十伊勢海（1855 年、内閣文庫所蔵）
幕末に刊行された海岸図では伊能図は採用されていないが、江戸末期の伊勢海の街道宿場・港町や帆船航路図の様子が詳細に記録されている

吉田初三郎の鳥瞰図

吉田初三郎は大正中頃から昭和にかけて活躍した鳥瞰図作家（1884-1955）
全国の観光案内図をパノラマ風に独特のデフォルメを効かせて描いた絵師として知られる。
その生涯で 1600 種以上の鳥瞰図を描いたといわれ、「大正の広重」とも呼ばれる

鳥瞰図には、江戸期の津藩城下町の碁盤の目区画の名残を残しつつ、明治期当初からの市役所や紡績工場（東洋紡績）、大正期の地図にない伊勢電気鉄道（参宮急行電鉄・関西急行鉄道を経て、1944 年以降近畿日本鉄道伊勢線となる）が描かれている

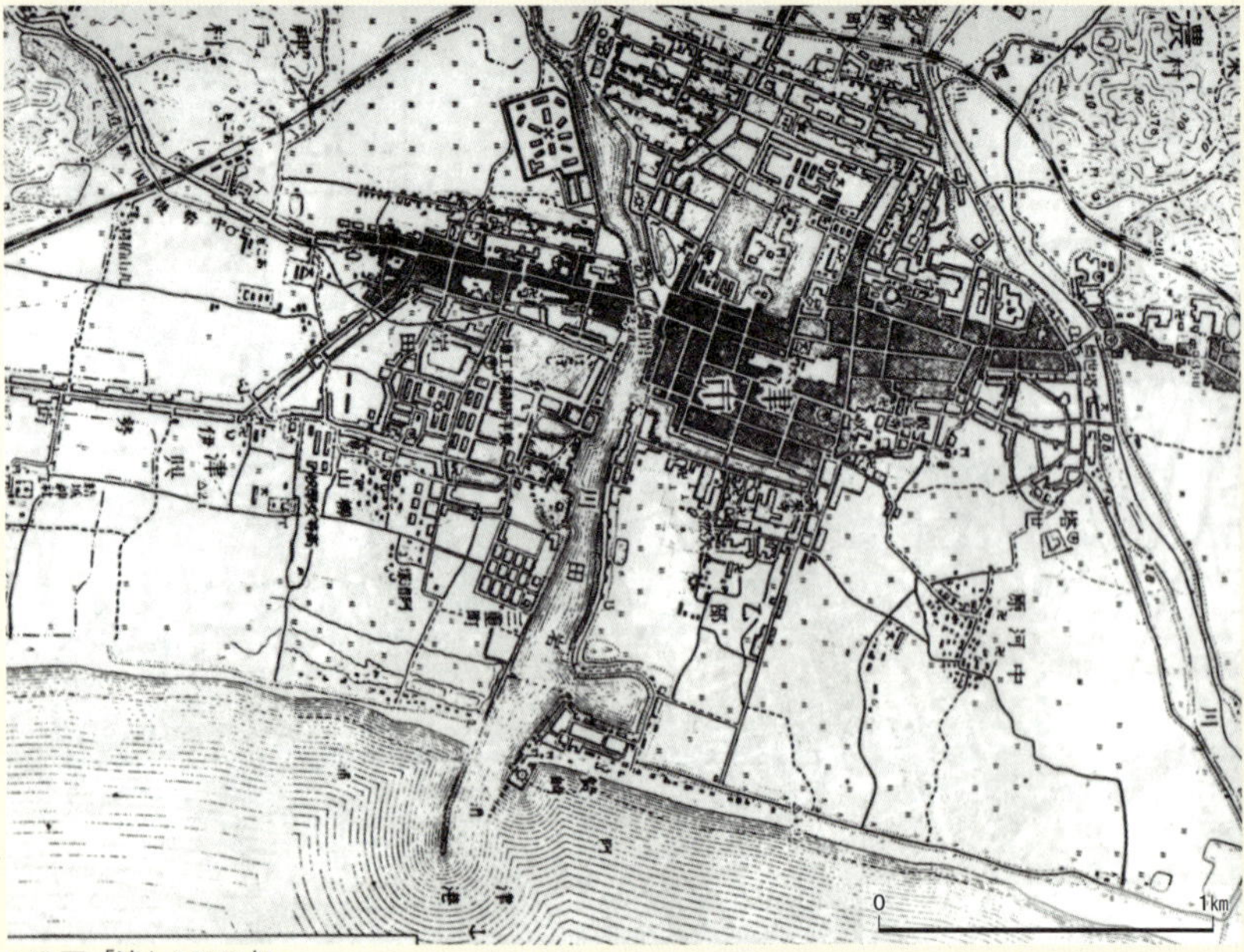

1/2 万「津」1917 年

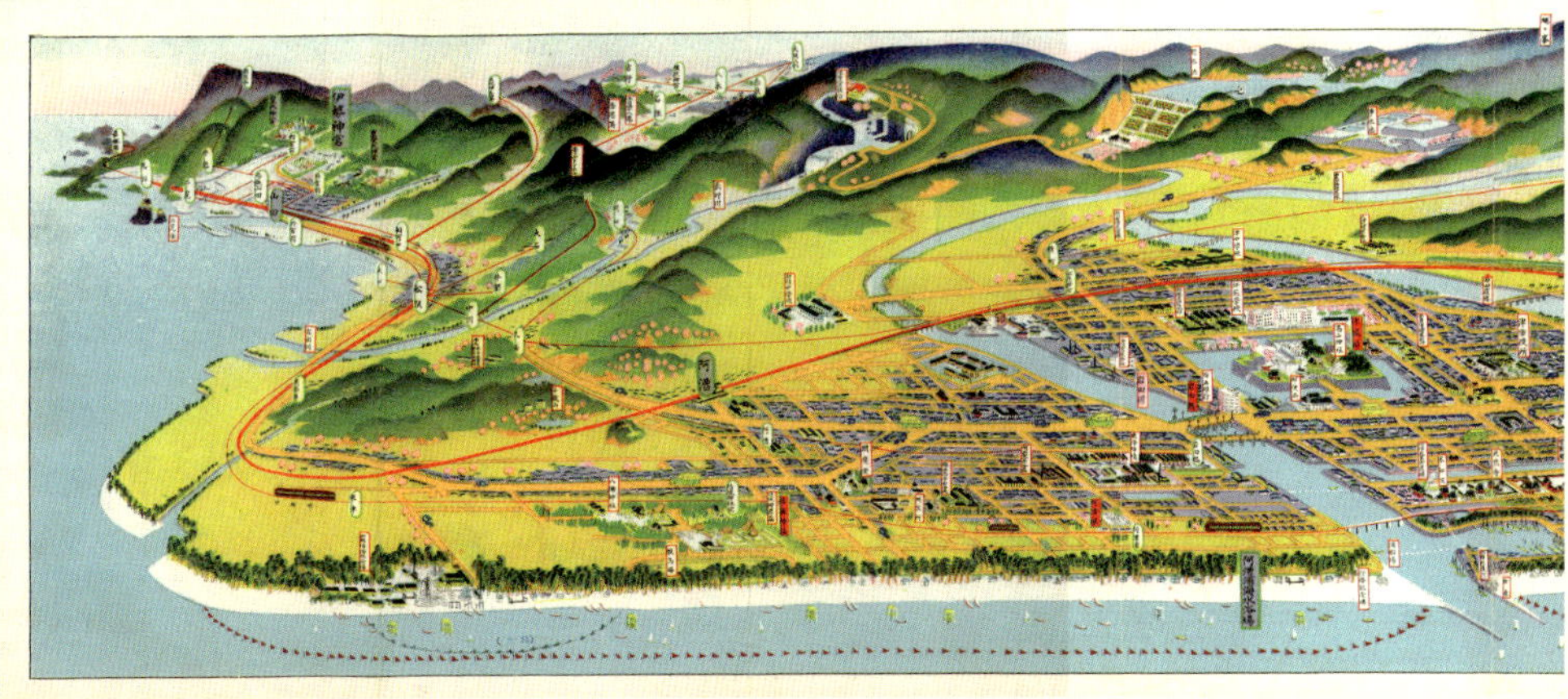

津市を中心とする名所交通鳥瞰図（1930年、三重県環境生活部文化振興課県史編さん班所蔵〔以下、本書では三重県史編さん班と表記〕）

津市公園周辺を拡大

湯ノ山温泉
三嶽寺
長石
大石橋
大石公園
負石

伊勢電鉄沿線名所圖繪
初三郎作
津

関西随一の仙境　伊勢湯の山温泉御案内（昭和初期、三重県史編さん班所蔵）

伊勢電鉄御案内（1937 年、三重県史編さん班所蔵）

外宮周辺を拡大

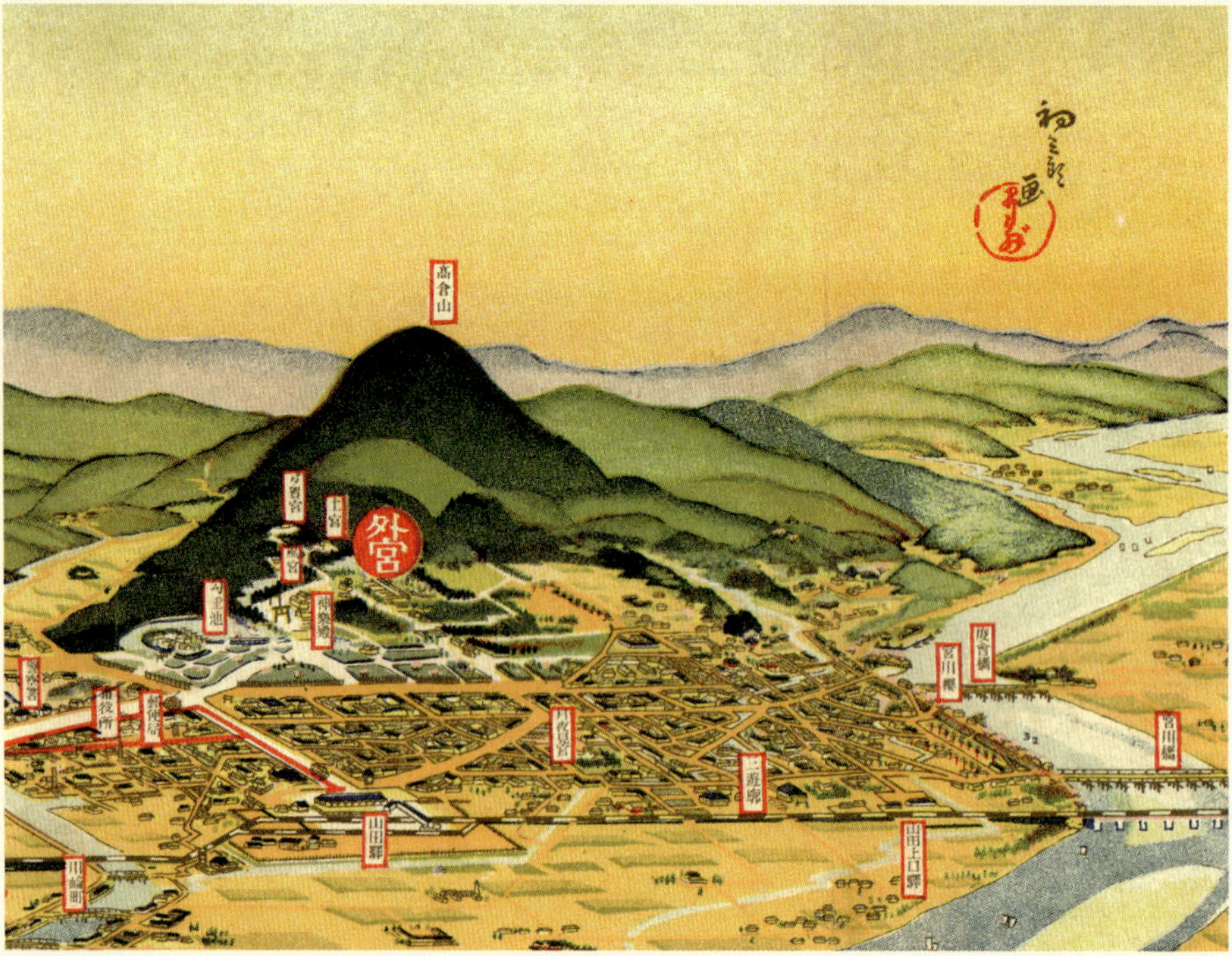

御遷宮奉祝　紙都博覧会（1930 年、三重県史編さん班所蔵）

内宮周辺を拡大

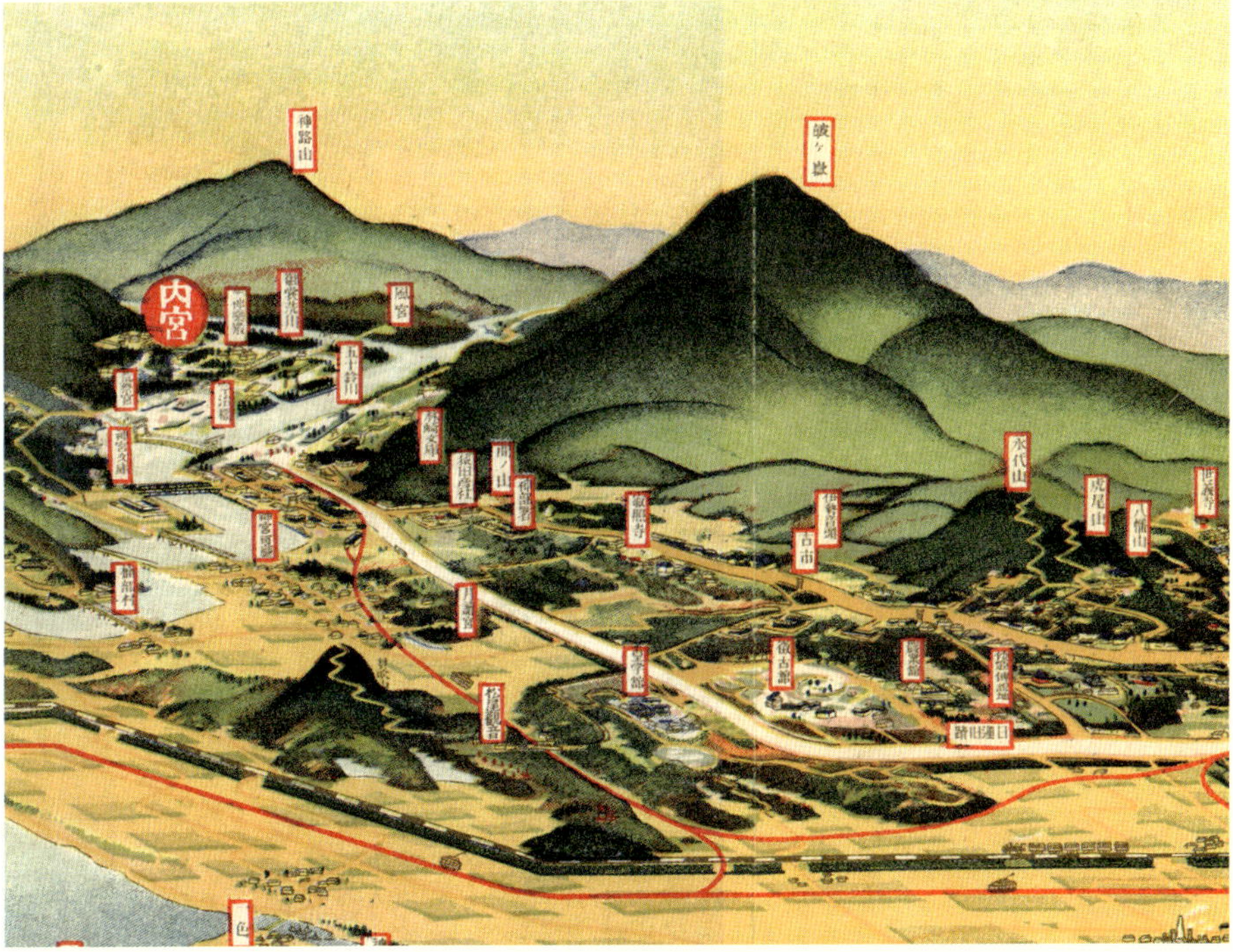

志摩国英虞郡神明浦全図

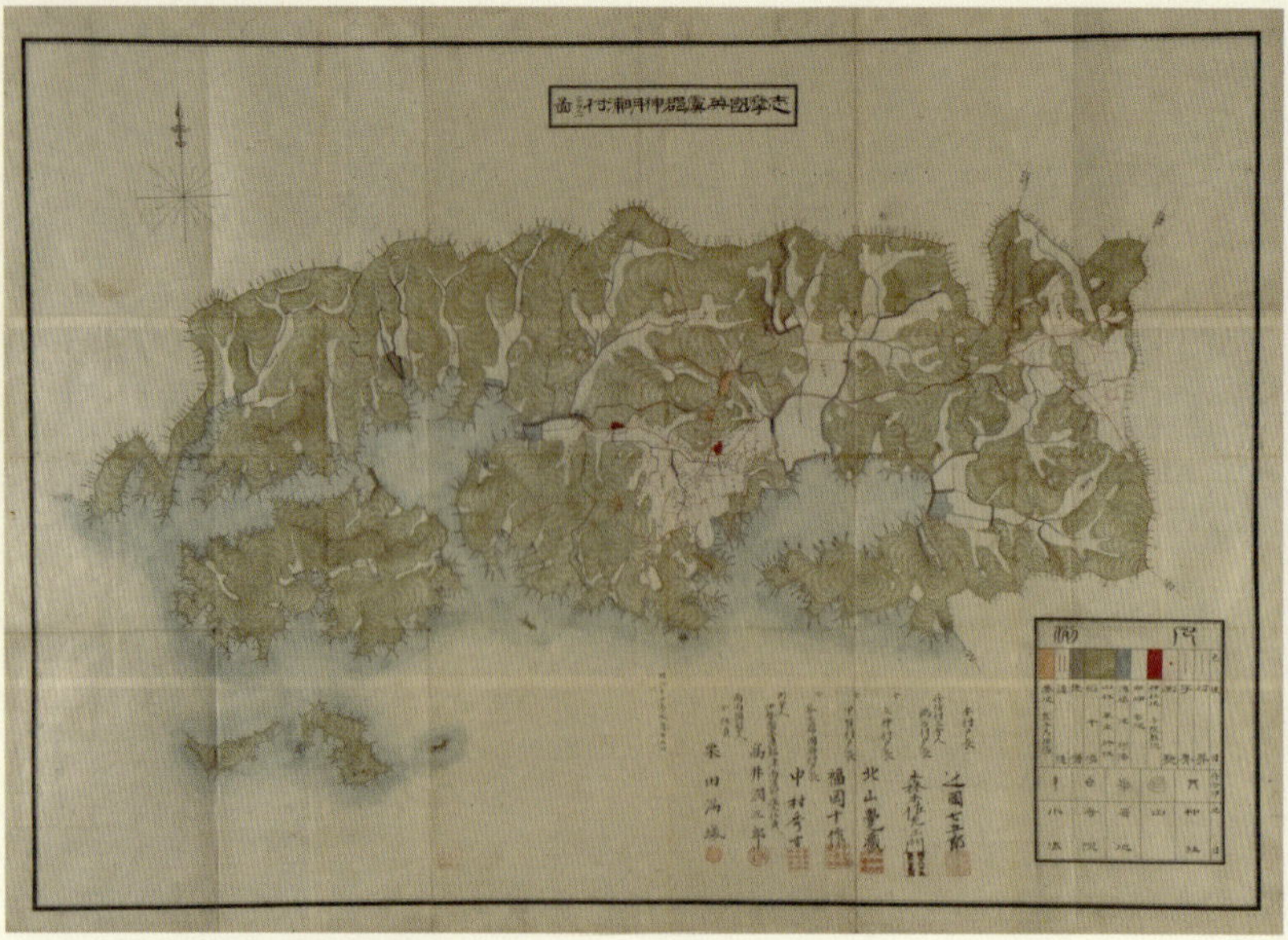

1884 年、三重県総合博物館所蔵

賢島桟橋付近
中央の通り一番奥の建物は志摩電気鉄賢島駅（現在の近鉄）
（昭和初期、絵はがき）

上の写真とほぼ同じ方向を望む。
後方は志摩観光ホテルの建物
（昭和 40 年代、絵はがき）

前図の賢島周辺を拡大

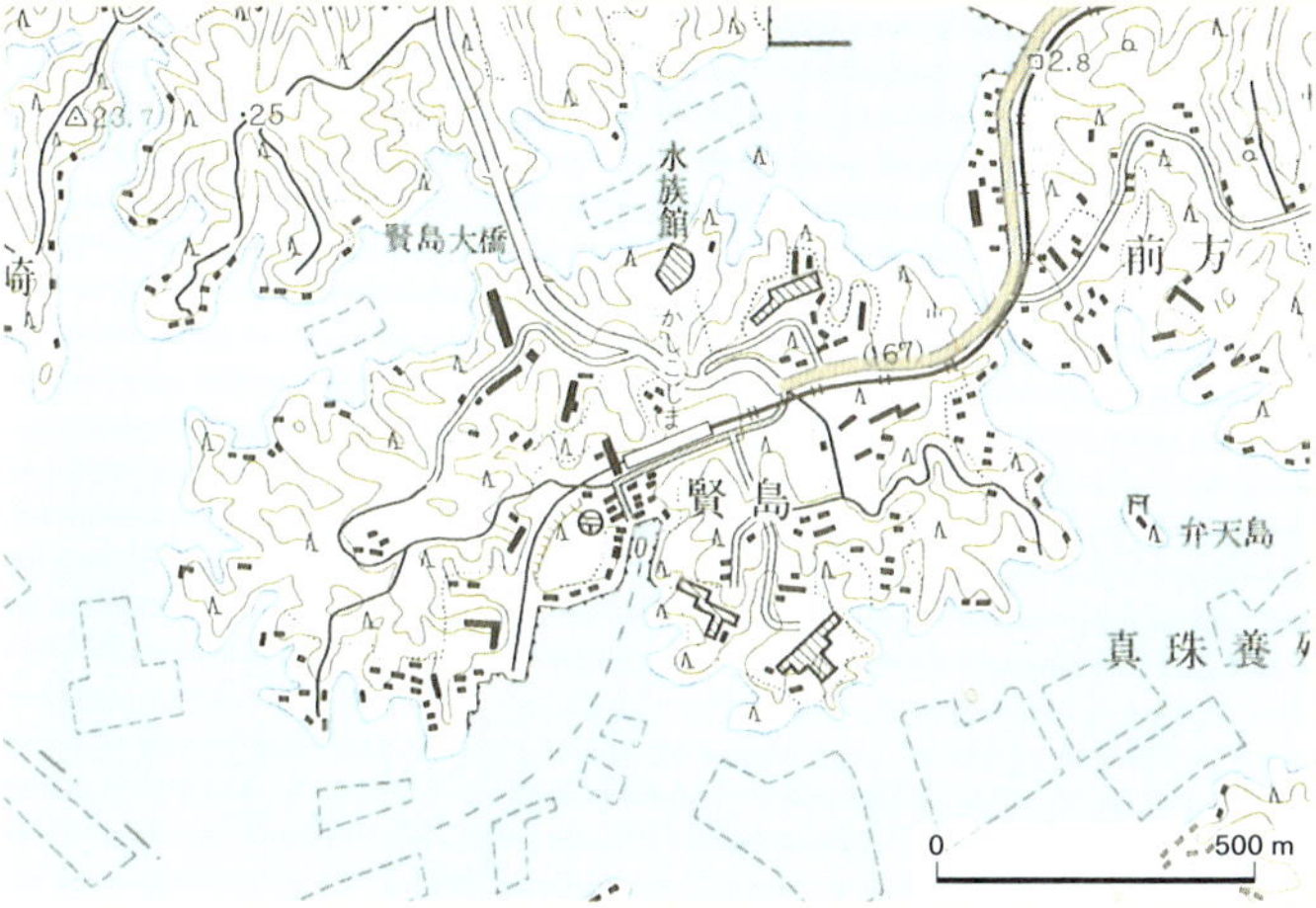

1/2.5 万「浜島」
1997 年修正

真珠採集作業　御木本真珠養殖場（絵はがき、ミキモト真珠島 真珠博物館提供、右図も）

志摩特有海女風姿（絵はがき）

空から見た1938年の津

三重県津市航空測量写真図の津港部分（1938年航空写真、三重県史編さん班所蔵）

都市計画用の航空写真であるが、戦前の航空写真として大変貴重な写真である。津の市内の岩田川河口の津港と贄崎町の一帯で、古代中世湊「安濃津」はこの南方側（写真の左方向）に推定される。1859年（安政6）に津藩は神風丸の軍港として、この新堀と呼ばれた掘り込み港を創建し、砲台場も置かれた（参考：原剛『幕末海防史の研究』名著出版、1988年）
なお、図中の赤線は、空襲で焼け野原になった津の復興計画を戦後に構想する段階で引かれたものと思われる（この写真は終戦直後に津市へ貸し出されている）

Part2

地図で見る三重の歴史

桑名のまちを歩く

森 勇一

図1　七里の渡し跡

七里の渡しと桑名城

　江戸時代、桑名の表玄関は、「七里の渡し」であった（図1）。関ヶ原の戦いに勝利した徳川家康は、1601年（慶長6）、江戸と京都・大坂を結ぶ幹線道路として東海道を整備し、各地に宿駅を設けた。桑名もこのときに宿駅に指定され、四日市へは陸路、宮（名古屋市熱田区）へは船路とするよう定められた。つまり、江戸から京都に行くには、桑名を通過しなければならず、桑名に入るには船に乗り七里の渡し場に上陸する必要があったのである。

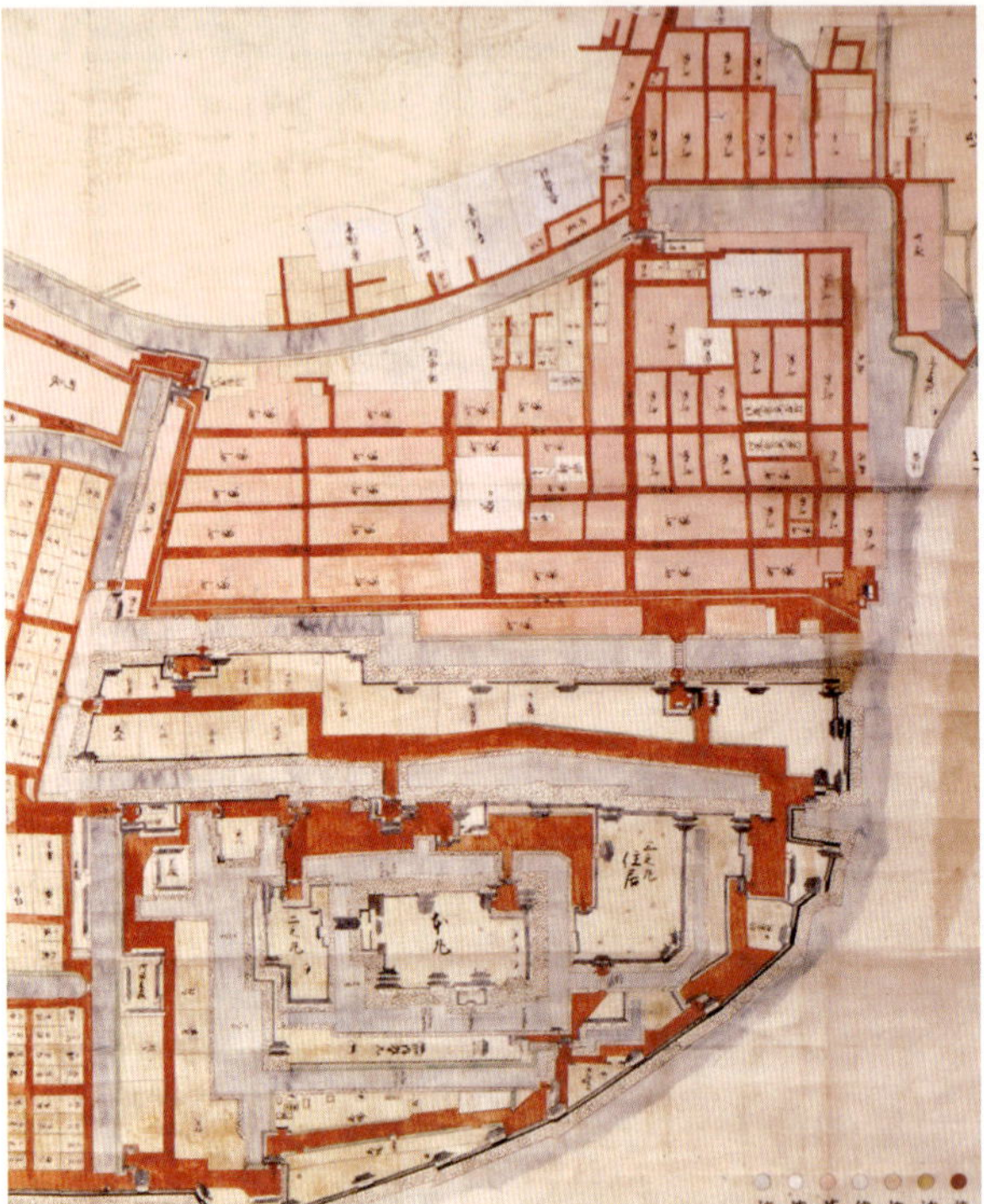

図2　文政年間桑名市街之図（桑名市博物館所蔵）

　七里の渡し場に降り立つと、南に徳川四天王として知られた本多忠勝が築いた桑名城がそびえていた。忠勝は、この城の建設に四年の歳月をかけ、それまで住んでいた町民を立ち退かせるなど、現在では考えられないような徹底した城下の町づくりをおこなった（図2）。

これが、今に残る職人町・南魚町・油町・紺屋町など同業者を集めた桑名の城下町（図3）。寺院は寺町と新町・伝馬町付近の2カ所にまとめてつくらせた。これらで城下の外郭を築き、軍事の上での防衛ラインとしたのである。このときにつくられた町割りは、「慶長の町割」と呼ばれ、桑名のまちを歩くうえで見逃すことができない要の一つ。旧東海道に沿った京町の桑名市博物館もぜひ訪れたい。

図3　今も残る南魚町の地名

明治維新の際、桑名藩は会津藩とともに幕府側につき抵抗し賊軍となって、新政府軍の侵攻を受けた。無血開城したものの、落城の証として桑名城のシンボルだった辰巳櫓を焼かれてしまった。現在、城郭類はまったく残っていないが、三重に構築された堀の一部を九華公園内で見ることができる。

七里の渡しから北西へ約500m、明治の中頃、国土の植林事業を志し、財をなして「山林王」の威名をとった諸戸清六一族の邸宅がある。洋館は、六華苑と呼ばれ、明治・大正期を代表する文化遺産として国の重要文化財、これに付随した庭園は国の名勝に指定されている（図4）。設計者は、鹿鳴館の設計者として知られたイギリス人建築家ジョサイア・コンドル。東京大学の初代建築学の教授になった人物である。邸宅の建設に着手されたのが1911年（明治44）、竣工は1913年（大正2）のことであった。邸宅内部の調度品などにも、明治・大正期の富豪の生活ぶりを垣間見ることができる。

図4　ジョサイア・コンドル設計による六華苑（桑名市教育委員会提供）

活断層を体感する

桑名駅の西口を出て、一本道を歩き右に桑名信用金庫がある信号交差点を左折する。少し進むと右に曲がる道がある。左側に円妙寺、大福田寺、県立桑名高校と順に並ぶ坂道である。中学生のころ、ここに細長い丘の列があるのを見つけ、それがどうしてできたか疑問に思い、地形学を志した桑名市出身の研究者がいる。のちに、地理学者として活躍した東京都立大学（現在の首都大学東京）の貝塚爽平である。

実際に歩いてみると、円妙寺の建っている地形面に上がるのに一段（図5）、大福田寺の建つ地形面に上がるのに一段と、階段状の丘の列が並行して配置されているのを体感することができる。地形面の食い違いは、さらに桑名高校の西側でも認められ、計四段の階段状地形が発達している。標高差は四段合わせて30mにも及び、丘陵全体ではおよそ60mの高度差が生じている。こうした地形が、活断層が動くことによってできることは、多くの研究者によって調べられ、現在では、この場所に発達する断層崖は「養老・桑名・四日市断層帯」と呼ばれるAクラスの活断層の一部とみなされるようになった。

同じ地形を確かめるために、桑名高校西側の道を南へ進み、大きな道路にぶつかったら、今度は下に降りてみよう（図6）。道路そのものは坂道で下っているため、どこに段差が存在しどの部分に断層が走っているか、地形図（図7）を見ながら調べてみるとよい。道路を下るのみならず、登ってみても断層の存在に気づくことができるので、ぜひチャレンジしてみよう。

図5　桑名断層に伴う段差（円妙寺の建つ地形面）

図6　桑名高校の地形面から下段に降りる急坂

図7　1/2万「桑名」1891年

いなべ

治田鉱山——銀や銅を求めた人々の跡

河原 孝

消えた面影

治田《はった》鉱山跡は、いなべ市北勢町を流れる青川の上流に位置している。青川を西へ登りつめれば治田峠に出て、その先は滋賀県茨川町である。治田鉱山跡は峠の手前にあるのだが、実際に訪ねるとなるとなかなか大変である。ここ十数年来、時に異常な大雨に見舞われ、周囲の山が大きくえぐられるように崩れて、上流では大量の岩が川を埋め尽くしている（図2）。登山道も途切れ途切れなので結局、大きな石ころだらけの川床を歩くしかない。かつての清流の面影は残念ながら今はない。しかし周囲の景色は素晴らしいので、いなべ市が運営する青川峡キャンピングパークはシーズンともなれば大勢のキャンプ客でにぎわう人気スポットとなっている。

治田鉱山周辺は、北側に石灰岩が広く分布する藤原岳、南側には花崗岩質の竜ヶ岳との間にあって、地層や岩石が複雑に入り混じった付加体コンプレックス*という地質構造をしている。年代としては中生代前期から後期のいろいろな時代の岩石や地層が含まれている。特に鉱山が集中する檜谷、山光谷、山神谷のあたりは火山岩である玄武岩ブロックと接していて、周囲の岩石とマグマが接触することによっていろいろな化学反

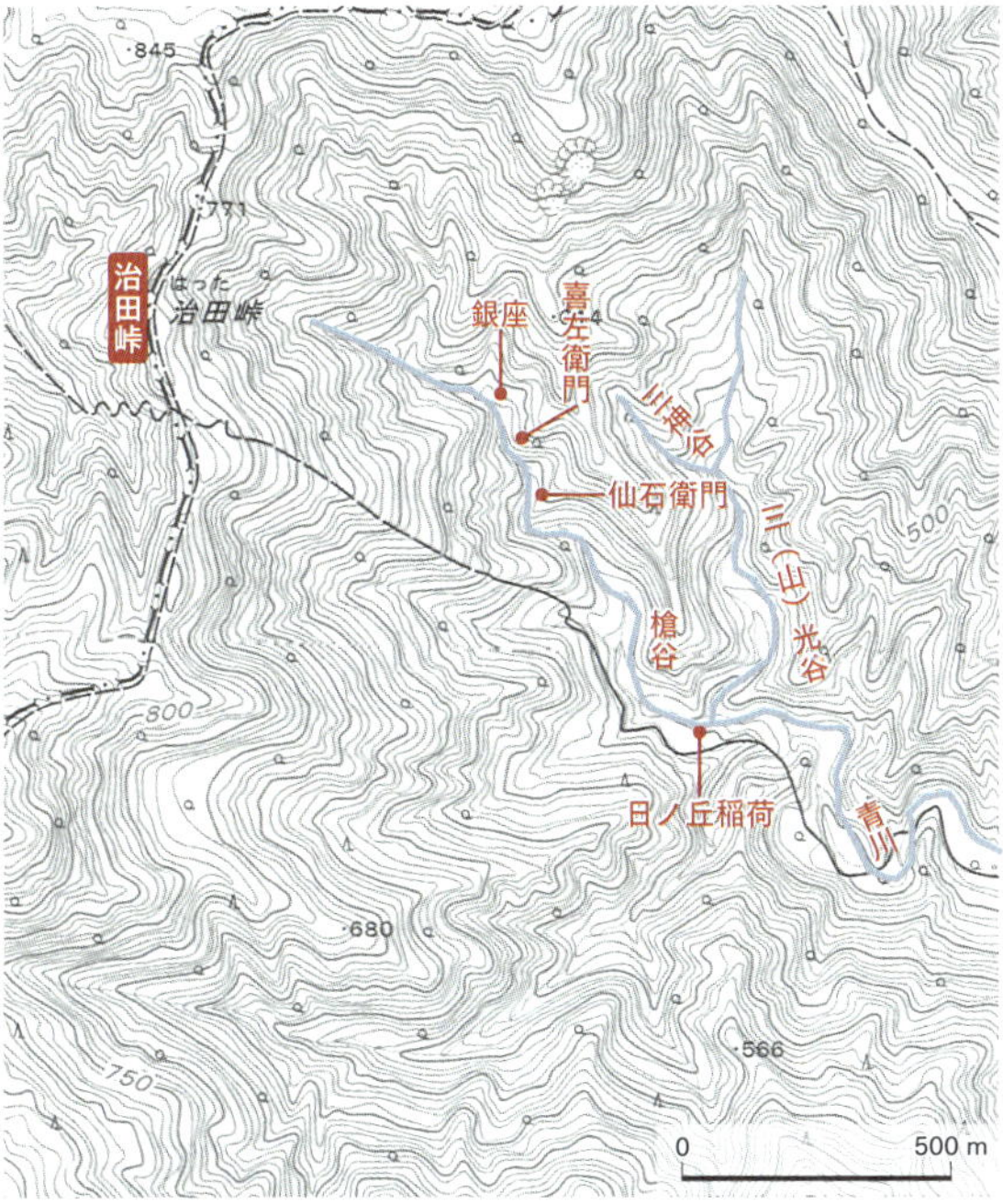

図1　1/2.5万「竜ヶ岳」2014年

図2　土石で埋め尽くされた青川

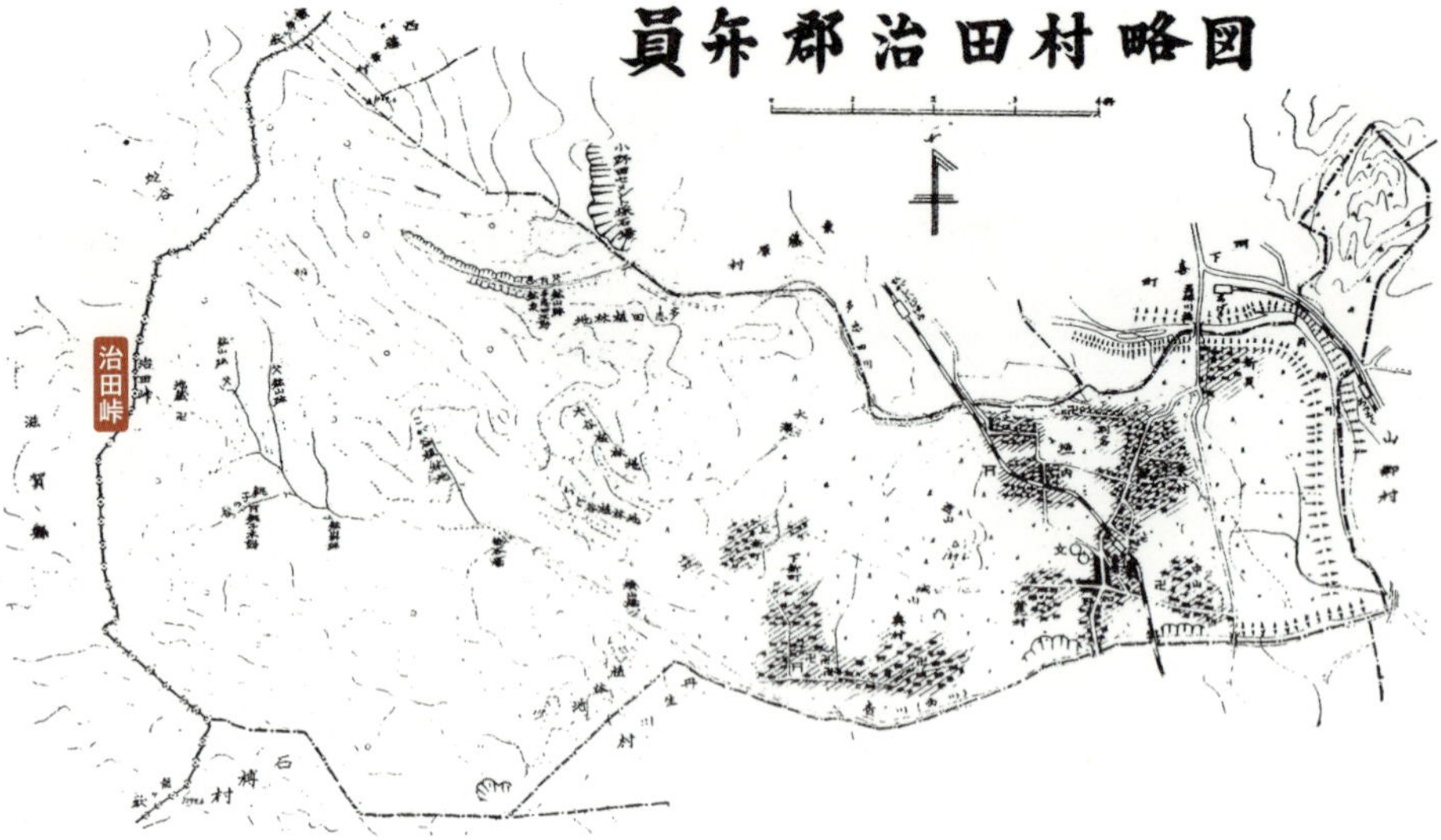

図3　員弁郡治田村略図

応が起こり、銀や銅の鉱床ができたのだろう。石ころだらけの青川を歩くのはつらいが、花崗岩、石灰岩、チャート、玄武岩、変成岩など多種類の岩石を見ることができるのでちょっと気がまぎれる。

鉱山跡をたどって

さて、青川キャンピングパークを過ぎて川床を歩いていくと、広い平地が現れる。「下り藤」という場所で鉱山が栄えた当時には女郎屋があったという。この先に日の岡稲荷（図4）があって、鳥居の周辺にはスラグと呼ばれる製錬で出た残滓がたくさん落ちている。黒くて重い金属の塊だ（図5）。石垣も残っていて、おそらくこのあたりに製錬所などの作業所があったのではないだろうか。江戸幕府統治時代の最盛期には1000人ほどの鉱夫たちがいたそうだ。鉱山跡はここからまだ先だ。再び川床を歩いていくと檜谷に入っていく。川

図4　日の岡稲荷

図5　スラグ（鉱滓）

幅が狭くなり水も流れていて、緑青滝という小さな滝もある。緑青とは銅の錆の一種だから、付近に銅の鉱脈があることを感じさせる。現在、このあたりには鉱山跡が3つ確認できる。治田鉱山最大といわれた仙右衛門（図6）と、喜左衛門、銀座と呼ばれた坑口だ。記録ではもっとたくさんあったのだが、瓦礫で埋まってしまっている。

精錬所跡がしっかりと残っているのは山神谷と呼ばれる別の谷筋だ。今でも石垣で組まれた連窯が2カ所見つかる（図7）。銅の鉱石（主として黄銅鉱）と木炭を混ぜて窯に入れ、強い火力で銅を取り出していたのだ。製錬の前にしなければならないのは、掘り出した岩を砕いて、なるべく純粋な鉱石を取り出す作業である。岩を砕くには大きな石臼が使われたのだが、その石臼は今、新町神社に祭られている（図8）。

治田鉱山は中世末から近現代まで、途切れながらも延々と採掘が試みられてきた。目当ては銀や銅である。川原や山道を歩いていて偶然、銅や銀の鉱石が落ちているのを見つけたのだろう。あるいは緑青滝のように岩肌に銅の錆が付着し、周囲とは異なる色に気づいたのだろう。こうした転石や痕跡を追跡して山肌に露出する鉱脈にたどりついた所が鉱山となった。鉱山はたくさんあったのだが、一つひとつの規模は小さかった。鉱脈は細く、そして深く山肌の中に入り込んでいたのだ。鉱石を求めて険しく深い山中で作業をした鉱夫たちは時に怪我や病気で亡くなったのだろう。墓の跡が残っている。

図6　仙右衛門釜

図7　連窯

図8　新町神社の石臼

（＊）付加体コンプレックス
日本列島は太平洋やフィリピンなどの海洋プレートが大陸プレートにぶつかり、もぐり込む位置にある。その際、海洋プレート上に堆積していた玄武岩質の火山岩類やチャートなどの珪質堆積物と、海溝で堆積した砂岩や泥岩など陸源の堆積物とが一緒になって、陸側のプレートに付け加わった地質体をいう。コンプレックスとは複合の意味で、いろいろな出自を持つ岩石や地層がプレートによって運ばれ、一緒に集まっていることをいう。

戦争と公害――塩浜の近現代

岩脇 彰

１９４７年（昭和22）発行の地図には塩浜地区（現・四日市市）の豊かな農村の様子が描かれている。

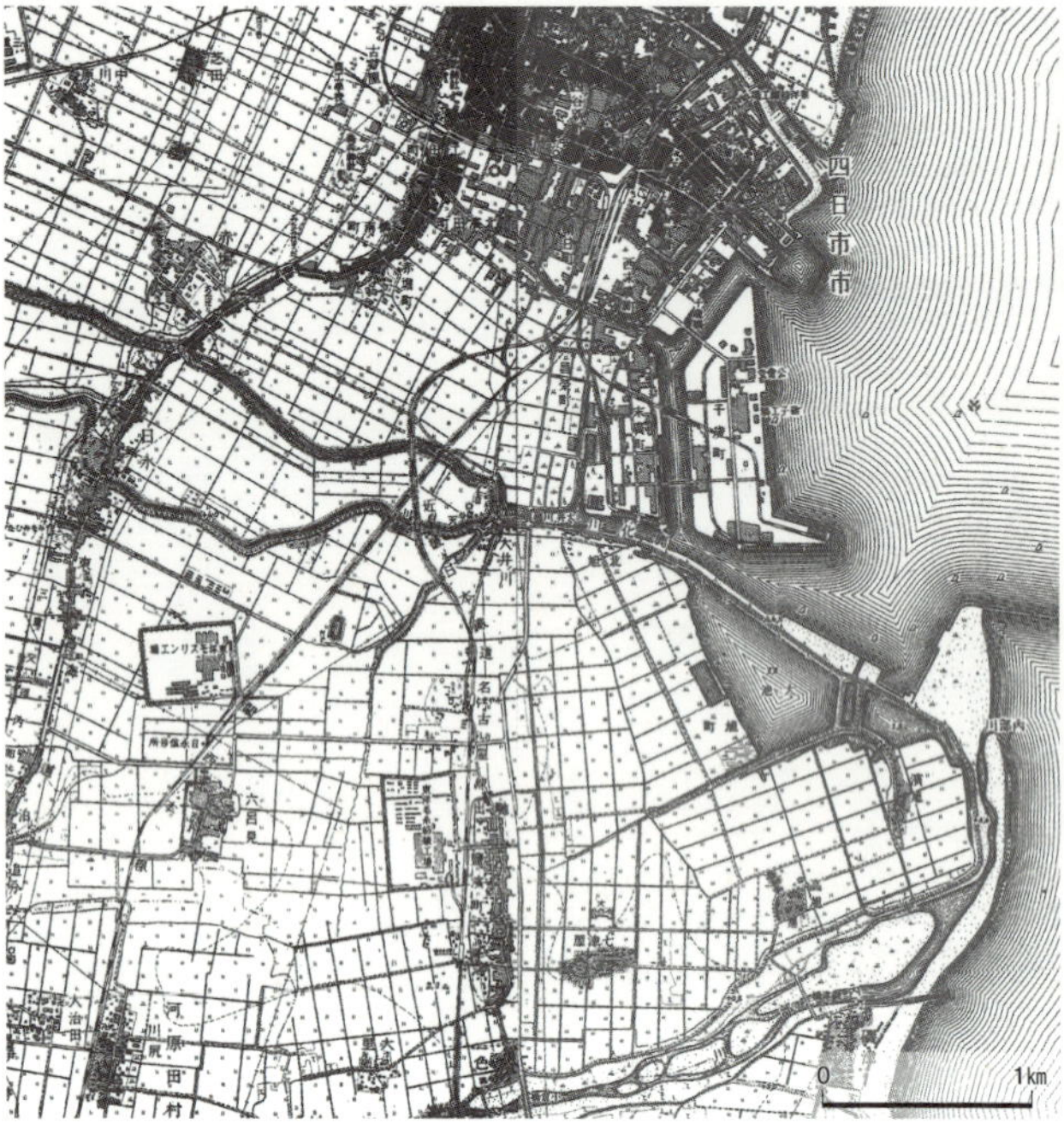

図１　1/2.5 万「四日市東部」「四日市西部」1947 年

「塩浜」の名前でもわかるように、江戸中期までは塩田での塩生産が盛んだったが、１７０７年（宝永4）の大地震と津波によって浜が壊滅してからは、干拓をして田畑を広げていった。旧街道の東側に広がる水田と、その中に散在する四つの村は、江戸後期からの開発でつくられたものである。

ところが昭和初期になると、四日市港のすぐ南に広がる広大な平地が工業地帯として注目されるようになった。１９３０年（昭和５）に四日市市に合併された後、石原産業などの工場の建設が始まった。

さらに１９３８年には海軍の重要な石油精製工場である第二海軍燃料廠の建設が決まり土地の買収が始まった。四つの村の住民は1年以内の全戸移転を通告され、新しい地区への移転、耕地を奪われたことによる生活基盤の変更を強制された。

第二海軍燃料廠が操業したのは１９４１年。豊かな農村は急速に工業地帯に変貌させられ、塩浜地区の人の暮らしは大きく変えられた。

軍事工業地帯となった四日市市は、アメリカ軍による日本への空襲が始まると、重要なターゲットになる。

１９４５年6月から始まった中小都市爆撃では最初の爆撃目標とされ、その後も8月の敗戦までに何度もアメリカ軍による爆撃を受けた。四日市の市街地は焼失し、第二海軍燃料廠も壊滅した。

さて、ここまで読まれた読者は、ある矛盾に気づかれたかも知れない。冒頭で紹介した地図には、何年も前に操業している第二海軍燃料廠が載せられていない。以前の田園のままなのだ。

これは1937年に改正された「軍機保護法」によって軍事施設の撮影や測量が禁止されていたからである。測量ができなければ地図は描けない。戦争や軍隊は正しい地図をつくることも許さないのだ。

図2 (A)空襲で壊滅した第二海軍燃料廠
(B)南に平和町も見える
USA-M-208-198(1952年)

公害で消された「平和町」

敗戦後、第二海軍燃料廠の跡地の一部に小さな町ができた。戦後の住宅復興対策として住宅が15棟建てられたのである。1棟に4世帯が入居したので60戸分になる。

空襲で家を焼かれた人、敗戦まで日本が支配していた中国大陸や朝鮮半島から命からがら逃げ帰った人などが、この住宅に住んだ。この町は「平和町」と名づけられた。

しかし、ここで平和な生活を願った人々の願いは15年ほどで断ち切られる。四日市公害が始まったからである。

1955年(昭和30)に第二海軍燃料廠の跡地が昭和石油に払い下げられ、三菱やシェルグループによる石油化学コンビナート建設が始まった。

住民から地域繁栄の期待を集めながら1959年に本格稼働を始めたコンビナートは海水や大気を汚染した。魚の品質低下と風評被害は漁民の生活を苦しめ、排出される亜硫酸ガスによりぜんそく、気管支炎、肺気腫などの深刻な病気が広がり、自殺者を含む多数の死者や公害病患者を出した。

地域住民は被害を訴え続けたが、1972年の四日市公害訴訟の住民勝訴判決までコンビナート企業は責任を否定しながら排出を続け、国・三重県・四日市市も抜本的な原因究明と対策をおこなわなかった。

鈴鹿川とコンビナートにはさまれた平和町も亜硫酸ガスに苦しめられ、耐え切れずに移転する人もいた。そして1967年に四日市市の「住民地区改良事業」で集団移転が決定された。住民は「工場が建設される前から住んでいたのに自分たちが移転させられるのは居住権や営業権を侵害するものだ」と訴訟を起こしたが、集団移転は完了して平和町はゴーストタウンになった。

現在の地図を見ると、平和町の跡地は「平和緑地」として、かつての地名を残している。戦争と重工業政策という二つの国策に翻弄された塩浜地区の変貌を象徴している。

昭和 20 年代末の四日市諏訪新道 商店街イラストマップ

「名古屋タイムズ」（1953年〔昭和 28〕7 月 12 日）の紙面から

戦後焼け野原に建てられた街、諏訪新道商店街の姿が留められているイラストマップを紹介する。記事の見出しには、「アプレ建築、揺ぶって、ガーガー広告放送塔　はためく幟がまた古風」とあり、戦後の混乱期から抜け出ようとする時期の活気に溢れた街の様子が伝わってくる。
（資料協力：水谷仏具店、喫茶アダチ）

（名古屋タイムズアーカイブス委員会提供）

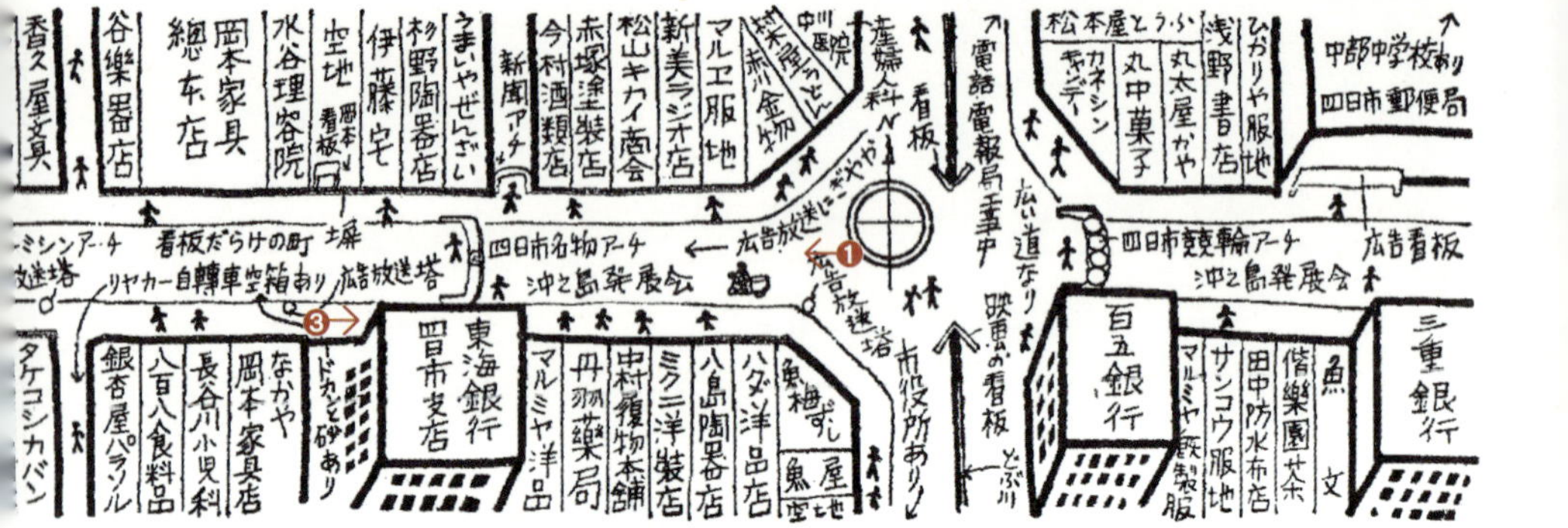

❶ 1955 年の第37回全国高校野球選手権大会で三重県立四日市高校が初出場で優勝。商店街は祝賀ムード一色（山路昭雄氏提供）

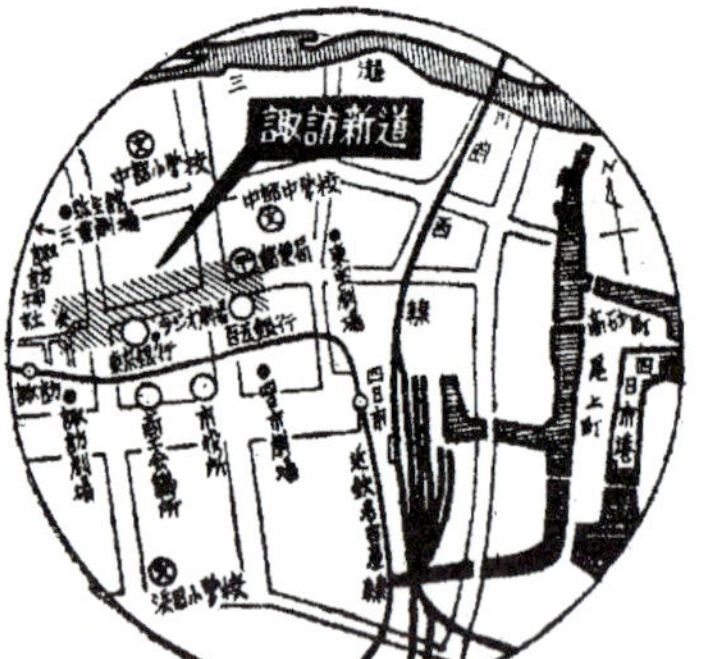

近鉄の旧線は、当時の国鉄四日市駅前にあった近鉄四日市駅から急カーブで諏訪駅へと続く路線であったのがわかる。商店街はその路線に沿うように生まれている（「名古屋タイムズ」紙面から）

❷ 1967 年の「港まつり」の様子。飾りは愛知県一宮市の七夕まつりのものを再利用していたとか（山路昭雄氏提供）

❸ 1960年7月9日撮影。水害で商店街は水浸しに。左の柱はアーチの根元か（辻俊文氏提供）

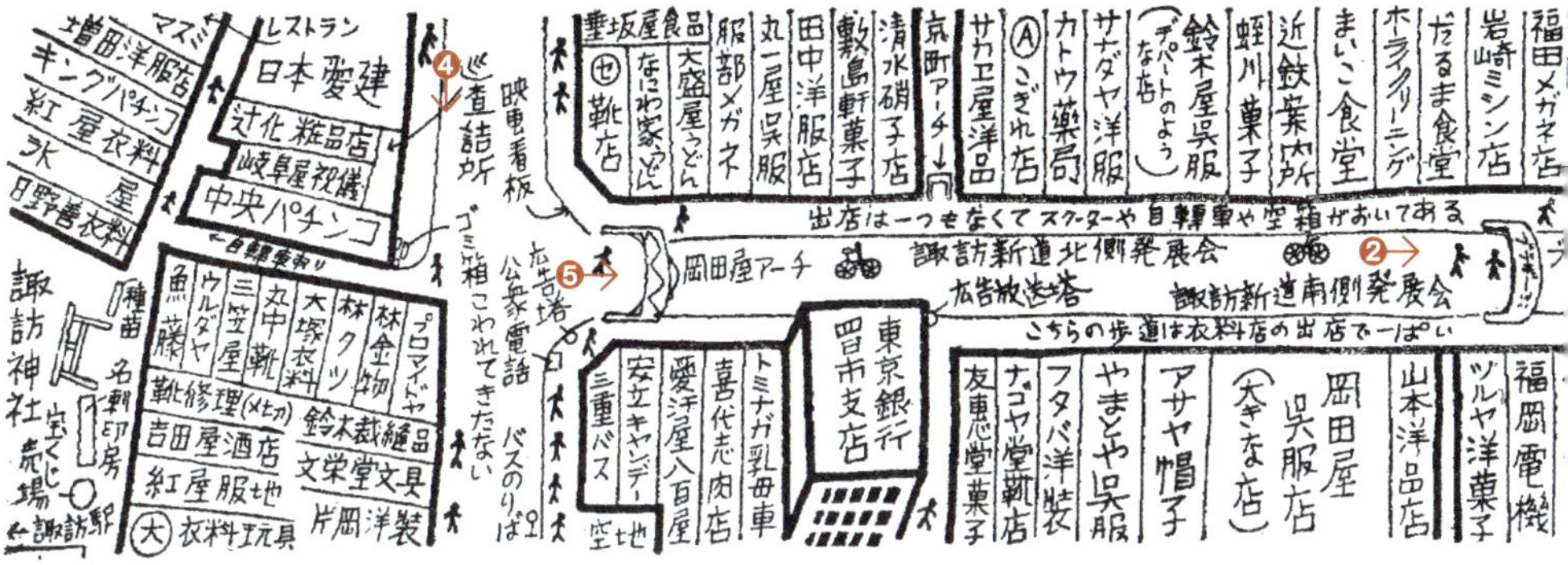

❹ 1958年6月15日撮影（辻俊文氏提供）。国道1号線舗装工事の様子。左上に「三重交通バスのりば」が写っている（現在は商店街の立体駐車場＝右上写真）。その横に「安立キャンデー」とあるのはアイスキャンディー屋さん。いまは別の場所に移って喫茶店を営んでいる足立さん（「安立」は間違い）は「当時は何もない時代、なにを売っても売れた」と懐かしそうに振り返る。同じ並びの岡田屋さん（現在のイオン）の売り出し期間になると、店の角までずらりと行列ができたとか。

「三重交通バスのりば」は現在、商店街の立体駐車場になっている。

❺キャプションには「アーチぎっしりで濡れないよ」とある。商店街の中心、岡田屋のアーチが街の入り口だ（「名古屋タイムズ」紙面から）

湯の山温泉

笠井雅直

図1「伊勢　菰野　湯の山温泉　関西随一のラジューム泉」（寿亭御案内、吉田初三郎画）（戦前）四日市から延びる四日市鉄道も描かれている

図2「湯の山駅」（湯の山温泉名勝絵はがき、発行所不明）

寅さんもやってきた温泉街

湯の山温泉は2018年に開湯1300年を迎えようとしている歴史のある温泉である。湯の山温泉は山田洋次原作・森崎東監督の「男はつらいよ　フーテンの寅」の第3作目の舞台となっており、映画の中で当時の湯の山温泉のにぎやかさが余すところなく描かれている。終点の湯の山温泉バス停は宿の幟を持った迎えの番頭さんたちでいっぱいであり、山伏姿が勢ぞろいした「僧兵まつり」の暗い夜を照らす「火炎みこし」の迫力には驚かされる。映画の公開は1970年（昭和45）であるが、60年代から70年代の湯の山温泉はにぎわのさなかにあり、1955年の年間観光客30万人から、100万人を超える観光客の押し寄せる温泉地となった頃であった。御在所ロープウェイの開通（1959年）、御在所スキー場の開設（1960年）、鈴鹿国定公園の指定（1968年）などによって観光地として注目されるようになったのである。湯の山温泉の旅館主たちも、三岳寺が古には僧兵を擁して巨大な勢力を誇っていたその伝統に

図3　蒼瀧橋（2015年9月撮影）

因んで、「僧兵まつり」を1969年より開催するなど、集客を図ったのであった。

養老年間（717—723年）に発見された湯の山温泉は、とくに江戸時代には菰野藩の九代藩主土方義苗（文化年間）が湯の山の栃谷、三の瀬河畔に松、桜、楓を混植させ、また沿道のつつじの伐採を禁じて、景観保全に努めたことがあった。江戸時代は伊勢参りなどの旅のブームの時代であり、いわば藩の観光振興策がおこなわれたのであった。幕末維新の混乱期には温泉は衰退したとされているが、維新後の西南戦争の際には、湯の山は名古屋鎮台の傷病兵の「臨時療養所」となり「湯の山の景勝と温泉の効用」「ラジウム泉」が喧伝され、温泉も活気づくようになったという。

鉄道会社が開発した観光地

湯の山温泉の近代の発展は四日市鉄道の開通によるものであった。四日市鉄道は、1909年（明治42）に当時の菰野村の伊藤新十郎が鉄道敷設予定の沿線の菰野村、千種村、桜村、鵜川原村、神前村、川島村、常磐村の実業家や名望家に働きかけたことから始まり、沿線住民の株式引受、四日市の有力実業家である製油業の九鬼紋七などの参加、そして大倉組の株式引受によって1911年に会社設立にこぎつけたのであった。

四日市鉄道の「菰野湯之山発展策」、菰野村による湯の山温泉周辺の「遊覧地」化の推進、そして、かつて菰野藩主が進めた植栽による景勝が、その後の濫伐により「雑木繁茂」の状態となっていたことから、寄付によって桜楓梅の三種の苗木を植え付けたことなど振興策が続く。

四日市鉄道は1913年には川島・湯の山間が開業し、1916年には当時の関西本線四日市駅から湯の山駅間の運行開始となったのであった。

その頃の湯の山温泉の宣伝は、「春は桜、岩つつじ、わらび狩り、御在所のシャクナゲ、そして新緑、夏は清涼避暑の好適地なり、三滝川の清流の涼味、秋は、三岳寺の三本杉の月見、全山深紅に彩られる紅葉、松茸狩り、冬は、1、2月雪見、スキー」と四季折々欠くことがない。観光ブームと鉄道敷設、そして四日市から湯の山温泉までの直通自動車の運行（1921年）などによって、湯の山温泉は大きく発展する（四日市鉄道は現、近畿日本鉄道湯の山線）。

温泉街を流れる三滝川の清流を「大石」などの巨岩が阻んでいる原風景、芭蕉などの「文人墨客」が訪れた足跡や元禄年間の大石内蔵助、戊辰戦争期の西郷隆盛などが滞留して時機をうかがった歴史の舞台、御在所岳中腹の渓谷に聳え立つ花崗岩の岩石群、テング岩・ゆるぎ岩などの奇岩が名所になっている「山紫水明渓谷の美」の湯の山温泉。電車とバスを乗り継いで訪れてみたいものである。

地蔵院と関宿

嶋村明彦

●街道に開放的な境内

関宿（三重県亀山市）は、江戸時代、江戸と京とを結んだ街道、東海道53次の江戸から数えて47番目の宿である。東海道の宿のほとんどは、明治時代以降の国土開発等により、早くから歴史的な姿を失ったが、唯一関宿は往時の歴史的な景観を残し、国の重要伝統的建造物群保存地区に選定されている。

関宿は東西約1・8㎞あり、沿道には400軒余の伝統的建造物が軒を連ね町並みを形成しているが、関宿の歴史的な景観を特徴づける建造物のひとつに地蔵院がある。

地蔵院は真言宗の寺院で、関宿にある寺院では唯一街道の南側にあり、境内は東海道に直接面して開放的である。また、町並みの中心部中町から西を見ると、街道の正面に地蔵院本堂を望むことができる。

関宿は、1601年（慶長6）、徳川家康の伝馬朱印によって東海道の宿に定められたが、朱印状では、宛名が「関地蔵」と記されており、当時の関宿が地蔵院を中心とした門前町的な集落であったと推測されている。また、聖武天皇の勅願により開かれたとされ、檀家を持たず、近隣の住民や街道を旅する人々の信仰によって支えられてきた。こうした地蔵院のなりたちが、このような境内のありかた、関宿の景観的な特色を生み出したと考えられている。

地蔵院境内には、現在、本堂、鐘楼、愛染堂（以上国重要文化財）のほか数棟があるが、現在見られるような姿に整えられたのは、現本堂が建築された1700年（元禄13）以降のことである。現本堂建築前後の境内および町並みの変化を、関宿に残る宿絵図等によりたどってみたい。

●本堂の改築と境内の拡大

現在の本堂が建築される以前の町並みの様子は、1692年（元禄5）に描かれた宿絵図（川北家所蔵、以後「元禄図」という）によりうかがい知ることができる。元禄図では、紙面の中央に東海道を、その上下に屋敷・諸施設を描き、屋敷ごとにその所有者名、敷地間口寸法が記されている。地蔵院の個所には「地蔵堂」と「鐘」が東海道に面した位置に並んで描かれている。「地蔵堂」は前本堂であり、「鐘」は鐘楼のことである。

注目すべきは、「地蔵堂」「鐘」の文字が、東を頭にして書き込まれていることである。同絵図中の寺院、神社の記載をみると、文字の頭が建物の正面を示すように書かれており、本堂および鐘は東に正面を向けていたものと推測される。街道の正面に本堂が見える景観は、現本堂が建築される以前からあったのである。

地蔵院には、「九関山地蔵院補忘記」、「覚書」という住職の記録が残されているが、これらには本堂改築に伴う境内周辺での土地買い取りの記録が記されている。これ

郵便はがき

料金受取人払郵便

名古屋中局
承認

9014

差出有効期間
2026年9月29日
まで

460-8790

101

名古屋市中区大須
1-16-29

風媒社 行

注文書◉このはがきを小社刊行書のご注文にご利用ください。

書名	部数

郵便振替同封でお送りします（1500円以上送料無料）

風媒社 愛読者カード

書　名

本書に対するご感想、今後の出版物についての企画、そのほか

お名前　　　　　　　　　　　　　　　　　　　　　　　　（　　　歳）

ご住所（〒　　　　　　　　　）

お求めの書店名

本書を何でお知りになりましたか

①書店で見て　②知人にすすめられて

③書評を見て（紙・誌名　　　　　　　　　　）

④広告を見て（紙・誌名　　　　　　　　　　）

⑤そのほか（　　　　　　　　　　）

＊図書目録の送付希望　□する　□しない

＊このカードを送ったことが　□ある　□ない

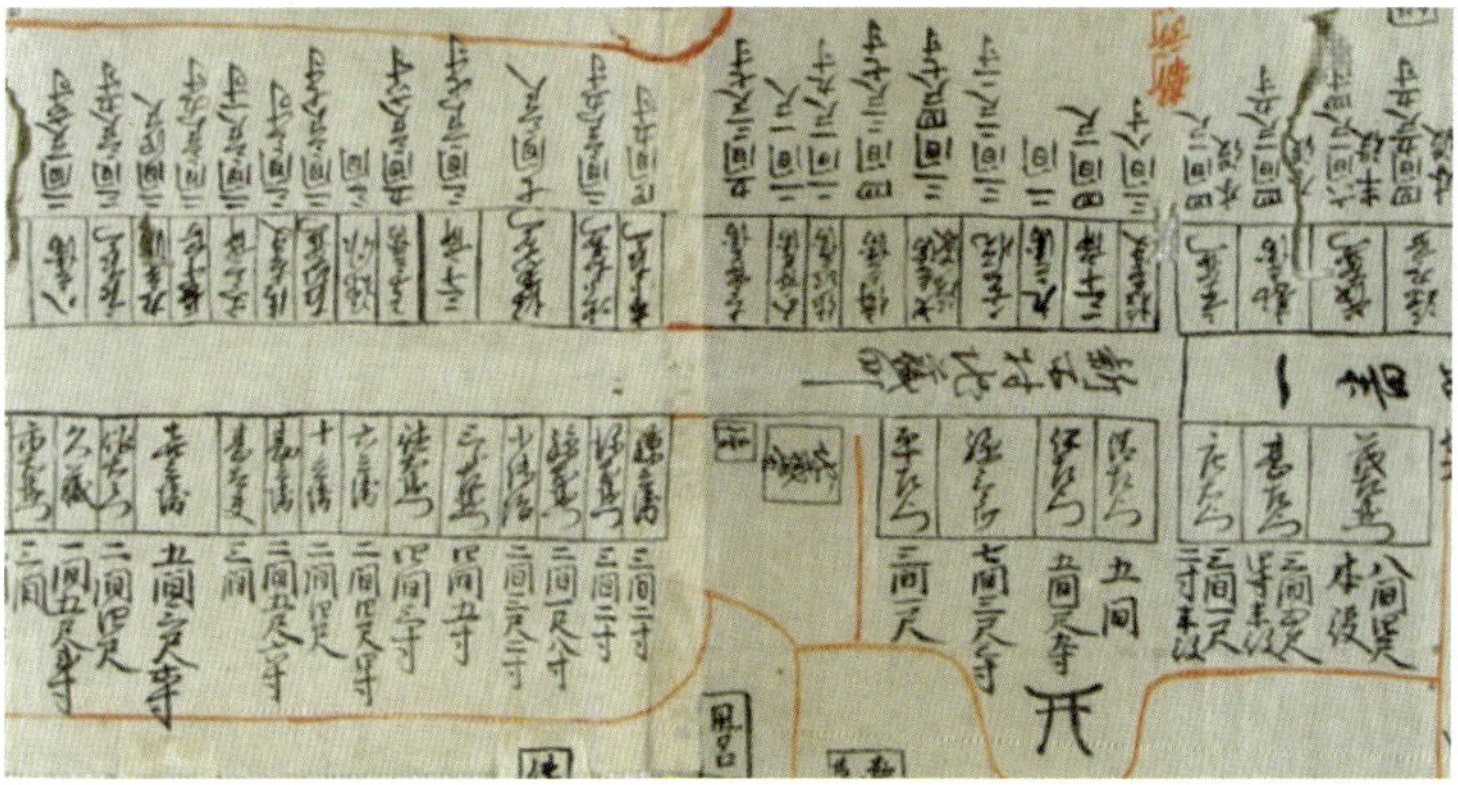

図1　宿絵図（1692年〔元禄5〕川北家所蔵）

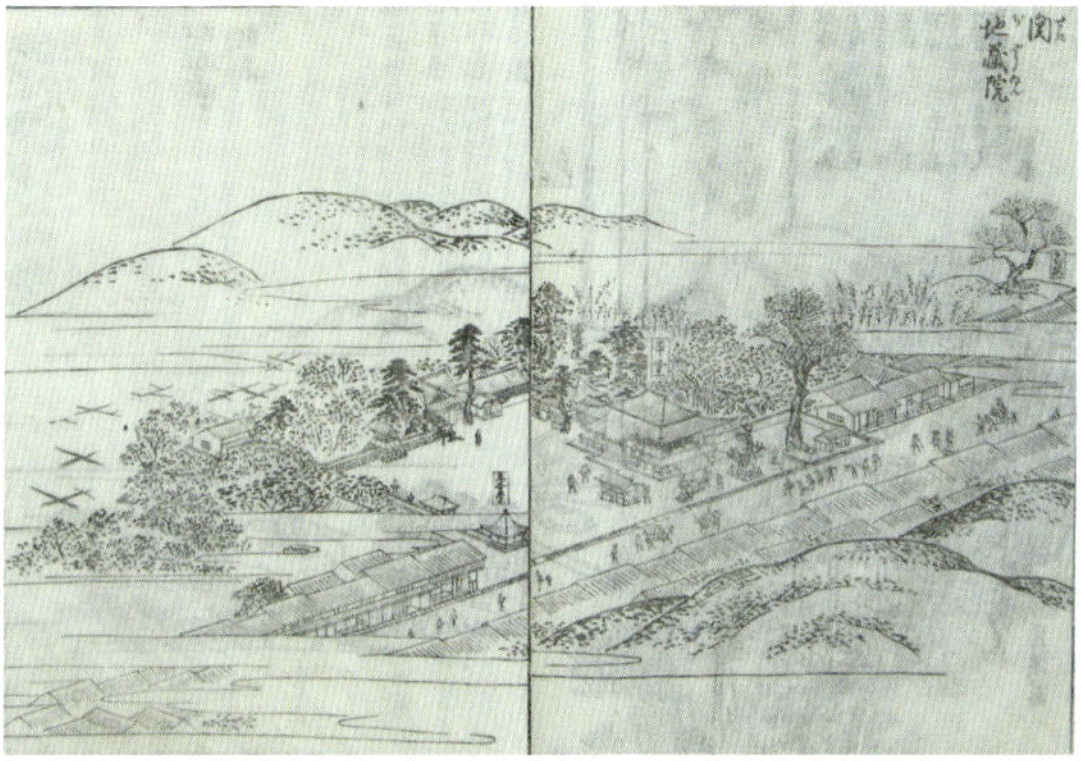

図2 「関地蔵院」（『東海道名所図会』1797年〔寛政9〕）

らによれば、境内東側では1696年（元禄9）（「東①」という）と1764年（宝暦14）（「東②」という）に各1筆が、西側では1698年（元禄11）（「西①」という）と1736年（元文3）（「西②」という）に各1筆が買い取られ、境内が拡大されている。

元禄図に描かれた本堂は、前本堂である愛染堂である。愛染堂は方三間の小堂で、現本堂は方五間である。1700年（元禄13）の改築により、本堂の規模は2倍程に拡大したのである。さらに、旧本堂は境内で移動されて愛染堂とされ、「鐘」（現鐘楼）も同じく境内で移動された。東①、西①の境内拡大は、規模が拡大した新本堂と、移築する諸堂を配置するために行なわれたものと考えられる。また、地蔵院では、本堂改築後、1794年（寛政6）には経蔵、1747年（延享4）には庫裏、1790年（寛政2）には客殿がそれぞれ境内で新築されており、東②、西②の境内拡大も、これら境内全体の整備の一環ととらえることができる。

境内整備と町並みの変化

さて、こうした境内の拡大においては、東側では小路の対面の敷地が買い取られ、境内の拡大と同時に小路の位置が東に移動させられている。また、西側では拡大した境内に「番所」が設けられ、公共的な用途に使用されているのである。寺院本堂の改築、そしてその後の境内の大規模な整備が、境内の拡大とともに小路の付け替え、公共施設の設置といった町そのものの整備を内包し、宿の町並み景観をも変化させている点に注目したい。

津で開催の関西府県聯合共進会

服部久士

図1　1/2.5万「津東部」1982年

●共進会の開催

現在の津駅西南の護国神社や偕楽公園の一帯の約4万7000坪の広大な敷地を第一会場として、1907年（明治40）4月から60日間、「第九回関西府県聯合共進会」が開催された（図1）。当時は津市下部田・安濃郡塔世村（津市）地内で、関西鉄道津停車場（津駅）南方の沿線から津市（偕楽）公園にかけて本館や参考館・奏楽堂・各府県の売店や休憩所・飲食店などが建ち並んだ。同時に、南へ約2㎞、岩田川右岸の馬場屋敷（津市船頭町）には第2会場が設けられ、教育品共進会や水産品評会・戦利品展覧会がおこなわれた。

　この共進会には2府20県が参加した。第八回は、1902年に香川県高松市で2府16県が参加し、三重県は愛知・静岡県とともに初めて参加した。次回の三重県津市での開催は1905年に決まり、1903年の大阪市で開催されていた第五回内国博覧会の会期中に関係府県との打ち合わせが始まった。ところが、1904年2月に日露戦争が勃発し、第九回共進会の開催は無期延期となり、翌年、戦争が終結したことで、ようやく三重県は1907年4月の開催を関係府県に打診し合意を得た。岐阜県など四県が新たに参加することになった。

『第九回関西府県聯合共進会全景』（図2）は、縦46㎝、横61㎝の大きさで、全体を俯瞰し、青色で印刷されている。聯合共進会事務所の認可を受けて津市内の瀬古治斎が著作・発行したものだ。このほか、三重県総合博物館には第2会場の教育館が右上に描かれた全景図が所蔵されている。

　第1会場の正面入口を入ると、時計塔があり、コの字型

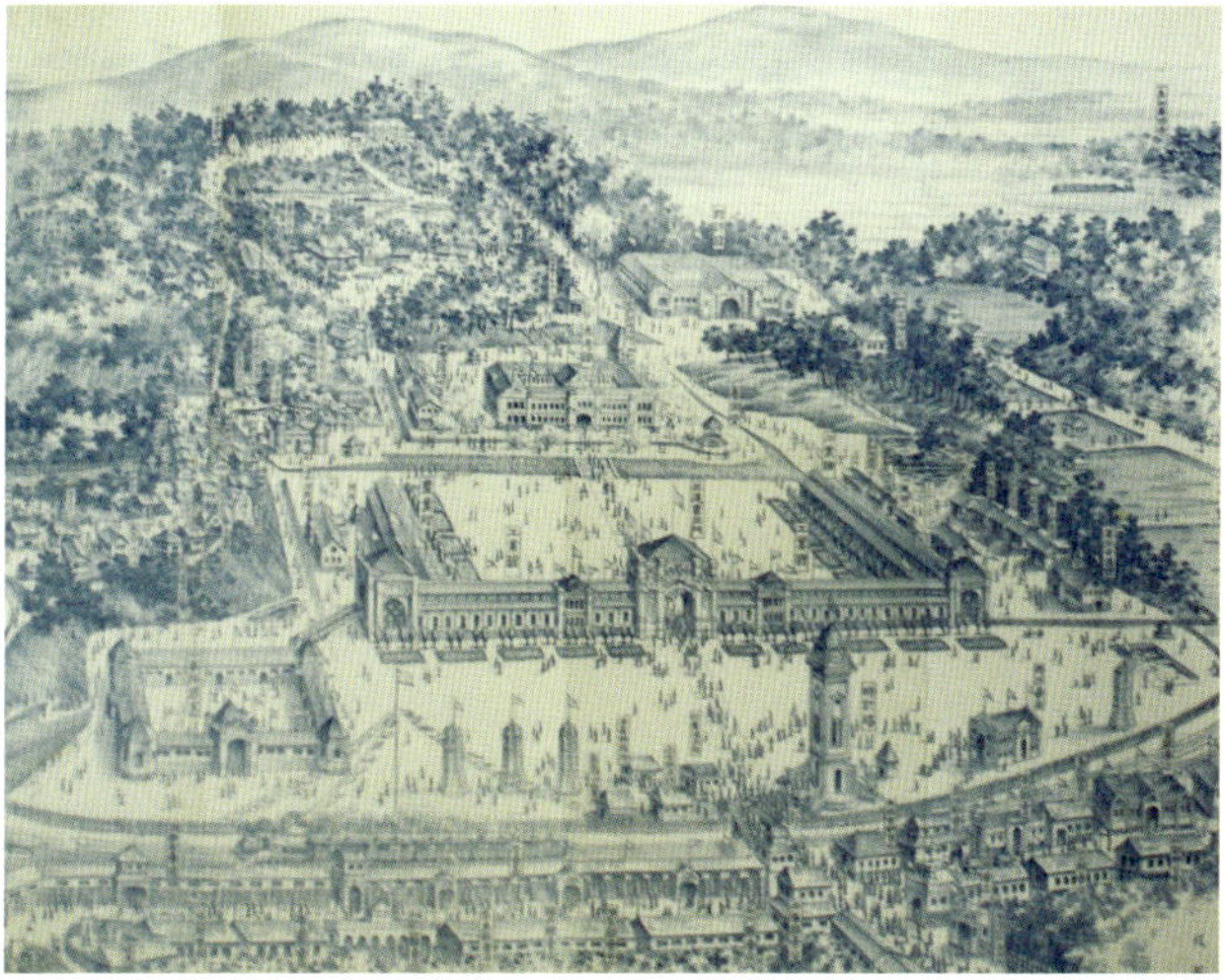
図2　第九回関西府県聯合共進会全景図（三重県史編さん班所蔵）

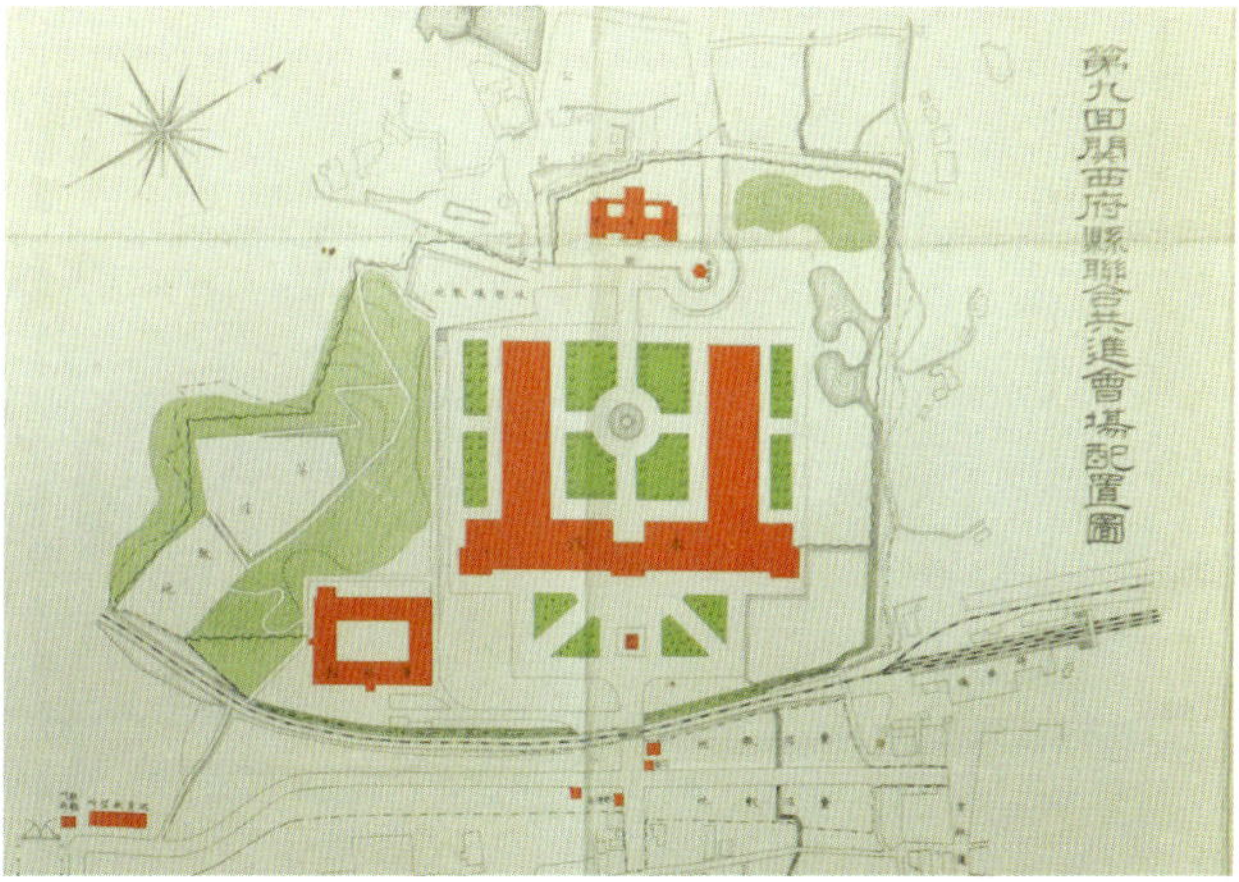

図3　第九回関西府県連合共進会場配置図（三重県史編さん班所蔵）

の本館を抜けて階段を上がると参考館や奏楽堂・特許館があった。奥の公園を中心に接待所や休憩所・飲食店が造られ、関西鉄道の線路の東側には各府県の売店が建ち並んでいた（図3）。

会場付近の変遷

ところで、1900年の『津市並近傍之図』（図4）を見ると、津市公園（1890年三重県から移管）には初代津藩主藤堂高虎を祀る高山《こうざん》神社が描かれている。この神社は1903年に津城本丸跡に遷っている。また、1914年の『津市実測平面図』（図5）には、本館があった場所に招魂社（のちの護国神社）のほか、おぼろタオルの工場が描かれている。現在は駐車場の名称に痕跡が残る。この工場は、1908年に創立された朧浴《おぼろ》巾商会が1912年に安濃川南岸の本社工場をこの地に移し、「おぼろタオル」を旗印に発展した。戦災で焼失し、戦後は江戸橋（上浜町）に拠点が移った。

参考館の建物は、のちに三重県勧業陳列館として利用され（図6）、ほぼ同じ場所に第二次大戦後の1953年（昭和28）、県立博物館が建設された。現在、同博物館は閉鎖され、2014年4月、津市一身田上津部田に三重県総合博物館が新たに開館した。旧県立博物館へ上がる階段は、かつての参考館の時に設けられたもので優に百年を超えている。

盛大だった共進会

さて、開催の翌年に三重県

図４　1900 年の津駅周辺（津市並近傍之図、三重県史編さん班所蔵）

図５　1914 年の津駅周辺（津市実測平面図、三重県史編さん班所蔵）

が作成した『第九回開催府県連合共進会事務報告書』によると、60日間の会期中の来場者数は約78万人に及ぶ。当時の三重県の人口が約100万人であり、いかに盛大であったかがうかがわれる。

入場時間は当初、午前8時から午後4時、夜間は館外に限り午後6時から10時まで開場した。4月15日から閉鎖時間が各1時間延長された。夜間の入場は、関西府県聯合共進会としては初めての試みであった。

6歳以上は入場券が必要で、昼間は3銭、夜間は2銭であった。同報告書によると、一日の入場者数は5月17日が7万人を超えて最も多く、次いで4月14日の約5万7千人であった。1万人以上が入場した日は30日に及び、期間の半数以上であった。夜間は最初の6日間は少なかったが、7日目以降は常時千人前後の入場があり、全期間で約4万人であった。本館・参考館などがイルミネーションで飾られ、夜景観覧を楽しむ人々で賑わった。

前回の第八回共進会が30万人ほどであり、期間が10日間伸びたとはいえ、倍増の人気であった背景には、夜間の開場や県・津市の協賛会による努力もあった。事前に2種類の『三重県案内』や『三重県事業史』、記念絵葉書や会場図が発行されている（図7、8）。

図6　大正天皇即位奉祝門から望む三重県勧業陳列館（出典：『おぼろタオル60年のあゆみ』）

図7　イルミネーションの絵葉書（三重県史編さん班所蔵）

図8「第九回関西府県連合共進会場」絵葉書（三重県史編さん班蔵）

北畠氏の中世都市　多気

竹田憲治

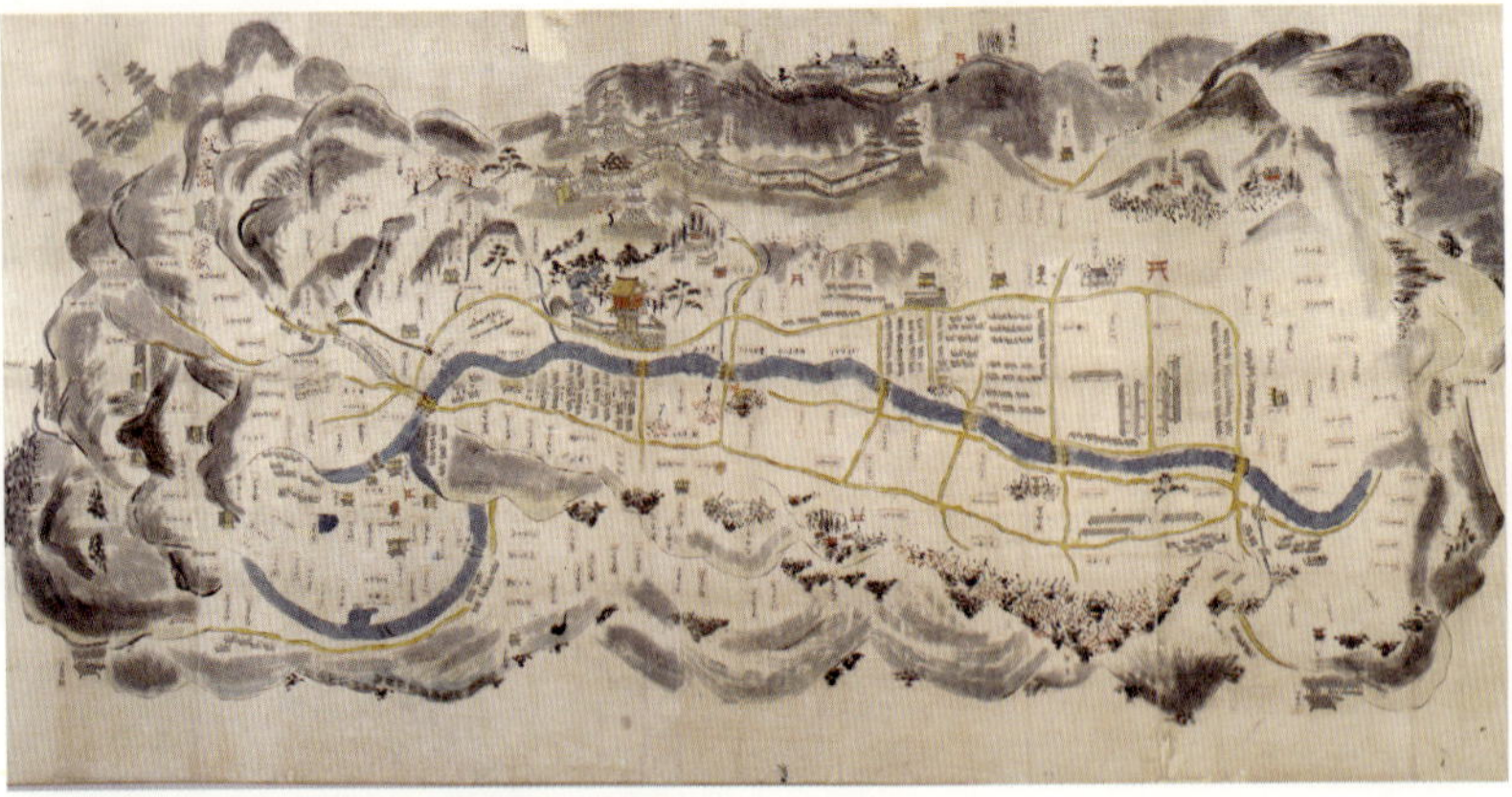

図1　多気城下絵図（津市教育委員会所蔵）

南北朝時代から戦国時代の伊勢国は、室町幕府奉公衆が多く分布し、守護勢力も強い北部、関氏や長野氏などの有力国人が蟠踞する中北部、伊勢国司北畠氏が支配する中南部、伊勢神宮が勢力を持つ南部に分かれていた。

北畠氏は、多気（津市美杉町多気）に館を構え、旧一志郡から飯高郡を中心に、伊勢国南部まで勢力を持っていた。

今は山間部の集落となっている多気であるが、かつての栄華を物語る資料が残っている。その一つに、江戸時代中期から後期ごろに描かれた数種類の「北畠氏城下絵図」（図1）がある。ここには北畠氏の館や城、多くの寺院や町屋が描かれている。

現在、北畠氏が館を構えていた場所は北畠神社となっている。ここでは津市教育委員会による長年の調査で、15世紀前半から16世紀までの、南北約200m、東西約100mの屋敷地が確認されている。今も境内に残る「北畠氏館跡庭園」（国指定名勝）（図2）は館の後半期、16世紀前半に造営が開始されたものと考えられている。西側には池と中島が配され、東側には立石と枯山水がつくられている。

図2　北畠氏館跡庭園

館跡の西の急斜面を約150m登ると、「北畠氏館詰城跡」（図3）がある。城跡の中心には、山頂を削って陣とした平坦地（曲輪）があり、その周囲には、人工的な急斜面（「切岸」）がつくられている。切岸の下には、兵が置かれた「帯曲輪」という平坦地がある。帯曲輪の北東端や西側には、侵入者を防ぐ「竪堀」や「堀切」が掘られている。

さらに約850m登ると、霧山城跡の南曲輪群（図4）に着く。この部分は「鐘突堂跡」とも呼ばれている。敵襲に備えて鐘が置かれていたのであろうか。

南曲輪群の中心にも山頂を削った曲輪がある。曲輪の周囲には切岸がつくられ、南西端には堀切が掘られている。特に北東側の切岸は長く、急である。

いちど切岸を下り北に250m程行くと、霧山城の「本丸」とされる北曲輪群に着く（図5）。

曲輪群の裾には、侵入者が西側にまわり込むことを防ぐ竪堀がある。竪堀の東側を過ぎ、中心部の曲輪に向かうと、道が屈曲して、まっすぐに曲輪に入れないようになっている。このような曲輪の出入口を「虎口」という。曲輪の南北には、土でつくった城壁（「土塁」）がある。

堀切をはさんで北東側にも曲輪がある。この曲輪の三方にも土塁がある。さらに北には巨大な堀切がある。

霧山城跡までは、麓の北畠氏館跡から1時間の山道である。比高差も約250mあるが、山道は適切に整備されていて、季節を問わず見学することができる。城の遺構もよく残っている。山道を登りながら、戦国時代の多気にタイムスリップしてみたい。

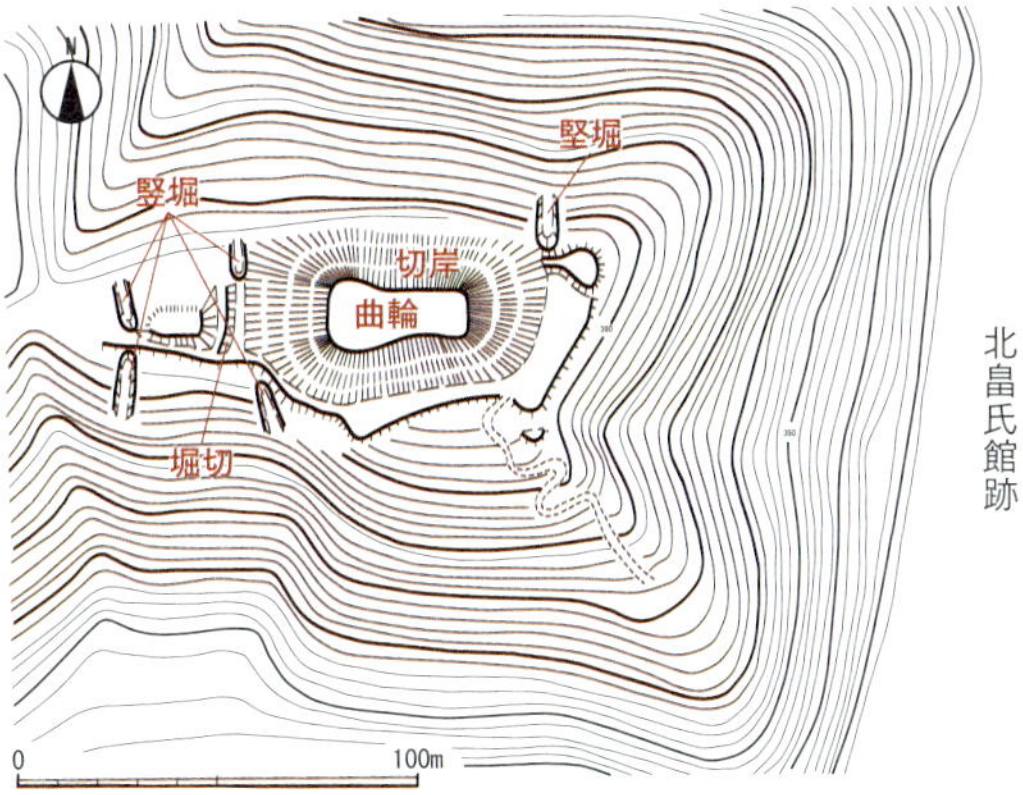

図3　北畠氏館詰城跡縄張図（1/2000）

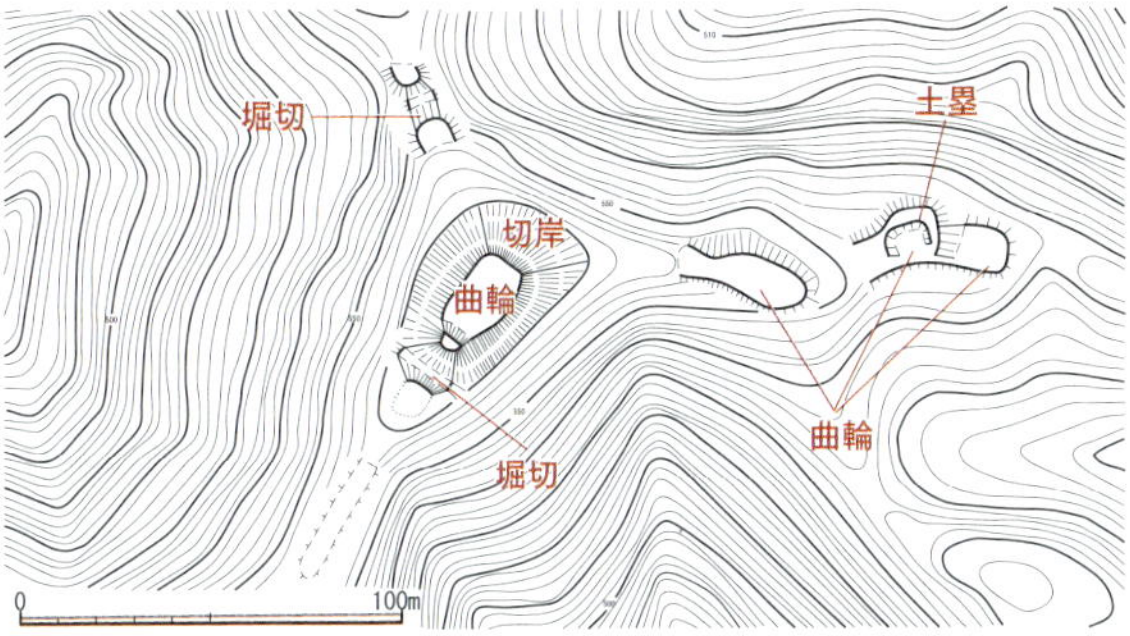

図4　霧山城跡南曲輪群縄張図（1/2000）

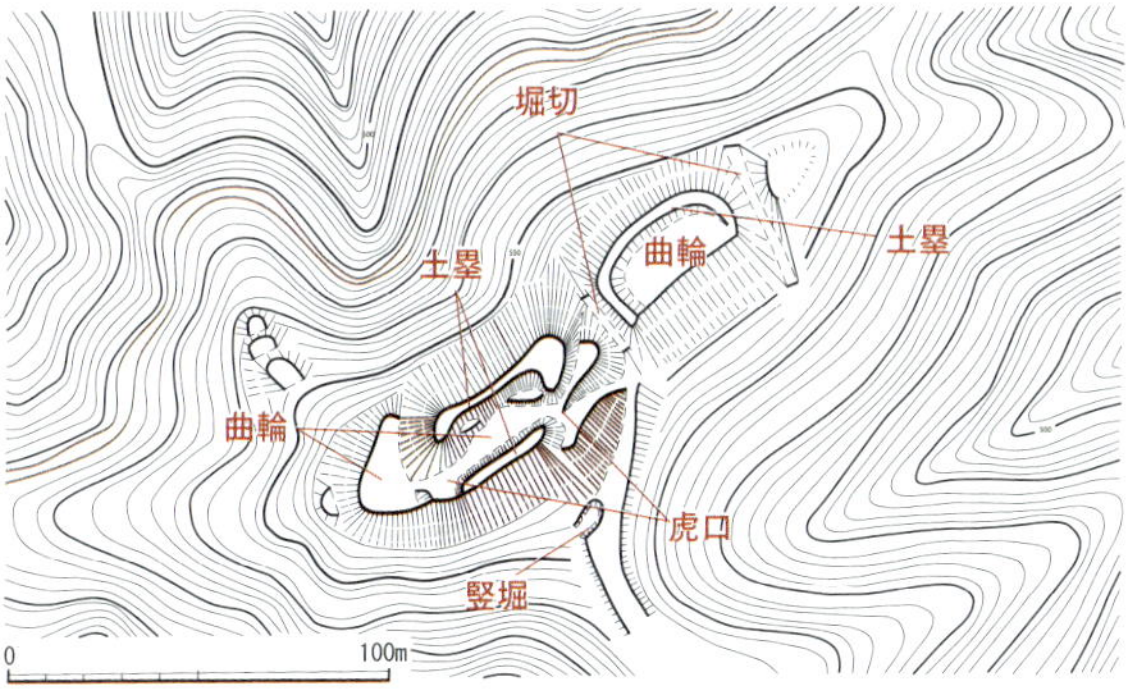

図5　霧山城跡北曲輪群縄張図（1/2000）

松阪

松坂城下町惣構を歩く

竹田憲治

図１　伊勢国松坂古城之図（正保城絵図、国立公文書館所蔵）

松坂城と城下町建設は、1588年（天正16）に蒲生氏郷《がもううじさと》により始められ、服部氏、古田氏によって進められた。その後、1619年（元和5）に徳川頼宣が紀伊和歌山の領主になると、松坂は和歌山藩の分領になった。

1644年（正保元）、江戸幕府は全国の大名に城絵図、国絵図、郷帳の作成と提出を求めた。この時提出された城絵図は、「正保城絵図」として国立公文書館に保管されている。このうち松坂の城下絵図は「伊勢国松坂古城絵図」と題される。

松坂の街にある本居宣長旧宅（国特別史跡）、松坂城跡（国史跡）、来迎寺、旧松坂御城番長屋（ともに国重文）、旧小津家住宅、旧長谷川家住宅（ともに県指定有形文化財）などのメジャー級文化財は、すでに多くのガイドブックで紹介されている。これらを巡るのでは「マニア度」が足りないので、今回は古城絵図を見ながら松坂の惣構に沿って歩いてみたい。

●城下町を地図散歩

松阪駅南口を出て、新町通りを南西に向かうと、一つ目

図2　松坂城下町湊町惣堀

の交差点がクランク状に食い違っている。この部分が松坂城下町惣構の入口になる。

古城絵図ではこの部分に堤と堀が描かれている。交差点を左折し、しばらく南東に進み、善福寺、八雲神社裏の路地に入る。この部分では、惣構の内側が外側よりも1・5mほど高くなっている。

少し戻って南東に向かい、京町南交差点までいくと、三角形の公園がある。この部分も惣構の外郭で、公園部分が堤跡、左の路地が堀跡である。

図3　松坂城下町惣堀愛宕橋

路地に沿って歩き、南西に向かうと伊勢街道（日野町通り）に出る。街道が堀を渡るところには愛宕橋が架けられていたが、今は橋の欄干だけが残る。

惣構は、このあたりで複雑に折れて南西に向かう。来迎寺や浄教寺近くの水路が惣構の堀跡である。

図4　松坂城下町中町惣堀

さらに進むと新町通り（和歌山街道）の新町交差点に出る。交差点を北西に進むと、松阪工業高校のグラウンドが見える。惣構の堀はこのあたりで松坂城の堀につながる。付近には堀面地蔵がある。

北西に進むと、県道松阪環状線の内五曲口交差点に出る。ここには松坂城五曲口の枡形があったが、今は見る影もない。惣構は県道に沿って北東に向かう。殿町中学校、市営グラウンド、市営プールと県道との間の水路が堀跡である。

水路に沿って北東に向かい市民病院や市役所の北を進むと阪内川の堤防に出る。そのまま進むと御厨神社が見えてくる。神社は惣構の北端にあり、境内と線路の間の通りが堀跡である。

南東に進み、本町通りを横切ると、継松寺、清光寺などの大寺院が並ぶ。この部分は古城絵図にも「寺屋敷」とされ、寺院の北東側には堤と堀が描かれている。継松寺の北東にある道路のクランクも惣構の痕跡である。

もう少し南東に行くと、新町通りの交差点に出る。これで松坂城下町惣構一周歩きは終了となる。

木綿とゆかりの深い松阪――カネボウ松阪工場

山本 命

松阪は江戸時代に、蒲生氏郷が「松坂城」を築いて以来、商人のまちとして栄えてきた。

江戸の日本橋大伝馬町には、三井家、小津家、長谷川家など、木綿を商う松阪の豪商たちの店が立ち並び、隆盛を極めた。

明治以降、松阪の木綿商たちは紡績事業に資本参加し、三井家は東京綿商社、小津家や長谷川家は東京紡績会社の設立に加わっている。

東京綿商社は、隅田川河畔の鐘ヶ淵に紡績工場を建てたことから、鐘淵紡績株式会社に社名を改め、1923年（大正12）には南勢紡績株式会社を合併し、松阪に鐘淵紡績株式会社松阪支店を開いた。

工場は、「松坂城」の西を流れる阪内川沿いに建てられ、現在の住所は松阪市外五曲町にあたる。

当初は1万5千錘（精紡機の錘数で紡績工場の生産能力を示す）で綿糸生産が開始され、1951年（昭和26）に第2工場が建設されると、6万2千800錘を誇り、工場の敷地面積は東京ドーム2・5個分に相当する約11万6千㎡に及んだ。

1930年（昭和5）には工場の東側に伊勢電気鉄道（津新地～新松阪間）が開通し、第2工場の建設を機に工場内には引き込み線が敷かれた。

ちなみに伊勢電気鉄道は、「伊勢電」と呼ばれて親しまれてきたが、その後は合併を重ねて近畿日本鉄道伊勢線となり、1961年に廃止された。線路跡は道路として活用され、現在も「近鉄道路」と呼ばれている。

●工場から公園へ

綿糸生産の最盛期には、敷地内には2つの工場と、寄宿舎、社宅、診療所、グランドなど、さまざまな施設がつくられ、多くの人びとが働いた。

1971年には社名が鐘紡株式会社に改称され、さらに1977年には分社化されてカネボウ綿糸株式会社となる。その後は、繊維業界の不況による経営の合理化で1982年には第2工場が閉鎖されるなど規模を縮小し、1993年には松阪工場は操業を停止し、70年に及んだ歴史に幕を閉じた。

松阪市では工場の敷地を取得して公園として整備し、ベルのマークで知られたカネボウにちなんで「カネボウ跡公園　鈴の森」と名づけた。

現在では市民の憩いの場となっているが、今では少し前までここに大きな工場があったことを知る人は少ないだろう。実際に訪れてみると、落

図1　整備された公園はケヤキの大木がシンボルとなっている

図2　松阪市市街図（松阪市役所、1950年）

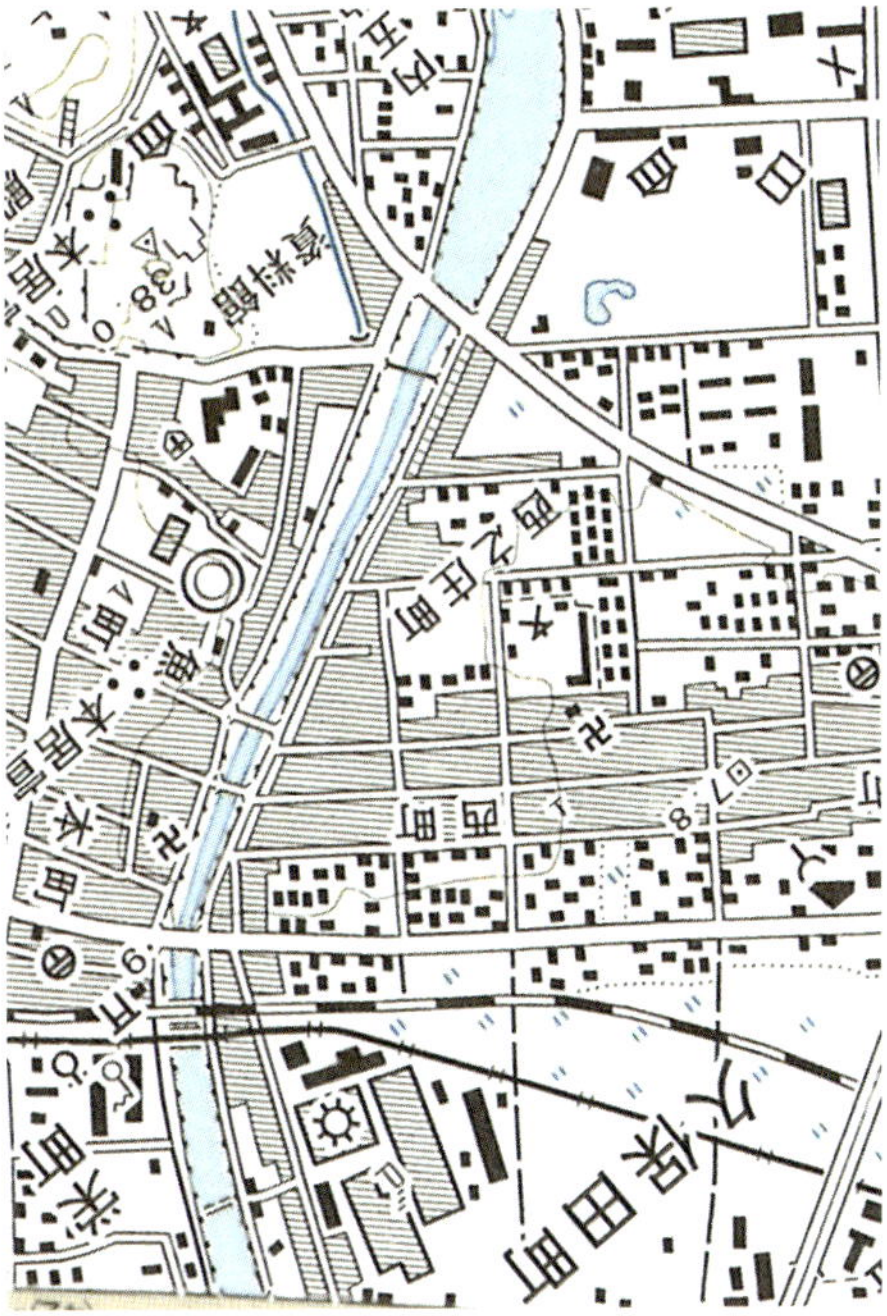

図3　1/2.5万「松阪」2007年更新

ち着いた雰囲気の中で、子どもたちが走り回るにぎやかな声が聞こえ、工場時代の面影を感じることはできない。

保存された倉庫

工場の建物が解体されていく中で、ひときわ古いレンガ積みの倉庫を保存する声が、市民からあがった。

この倉庫は、原綿製品を保管する倉庫として、1923年（大正12）に建築されたもので、2棟が存在したことが当時の写真からうかがえる。

各棟の長さは約74m、幅10・6m、建築面積1044㎡で、外壁の赤いレンガが長手面と小口面を交互に積み重ねる「イギリス積み」という工法で建てられ、内部は4室に区画されていた。

松阪市では倉庫の1棟を保存することを決め、補強・修復工事を施して、松阪市文化財センターの市民ギャラリー・収蔵庫として生まれ変わることとなった。

さらに2002年には国の登録有形文化財となり、現在も多くの人びとに活用され、かつてこの場所に綿糸工場があったことを静かに物語っている。

図4　旧カネボウ綿糸松阪工場綿糸倉庫
（現松阪市文化財センターギャラリー・収蔵庫）

伊勢神宮の門前町——宇治と山田

田村陽一

伊勢神宮の門前町であった宇治（内宮）と山田（外宮）は、1889年（明治22）合併し宇治山田町となり、1906年市制実施、55年（昭和30）に伊勢市と改称した。

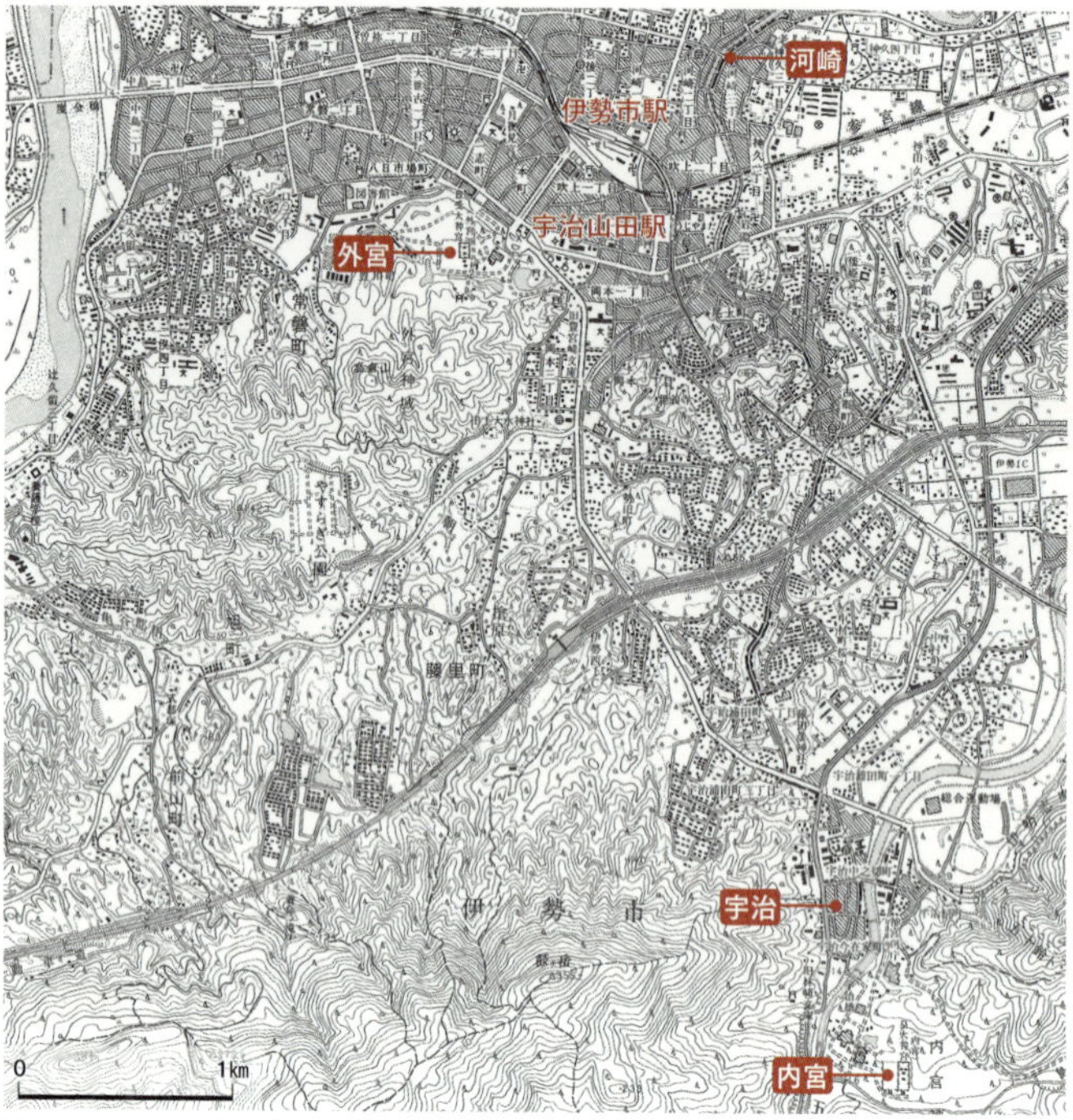

図１　1/2.5 万「伊勢」1998 年

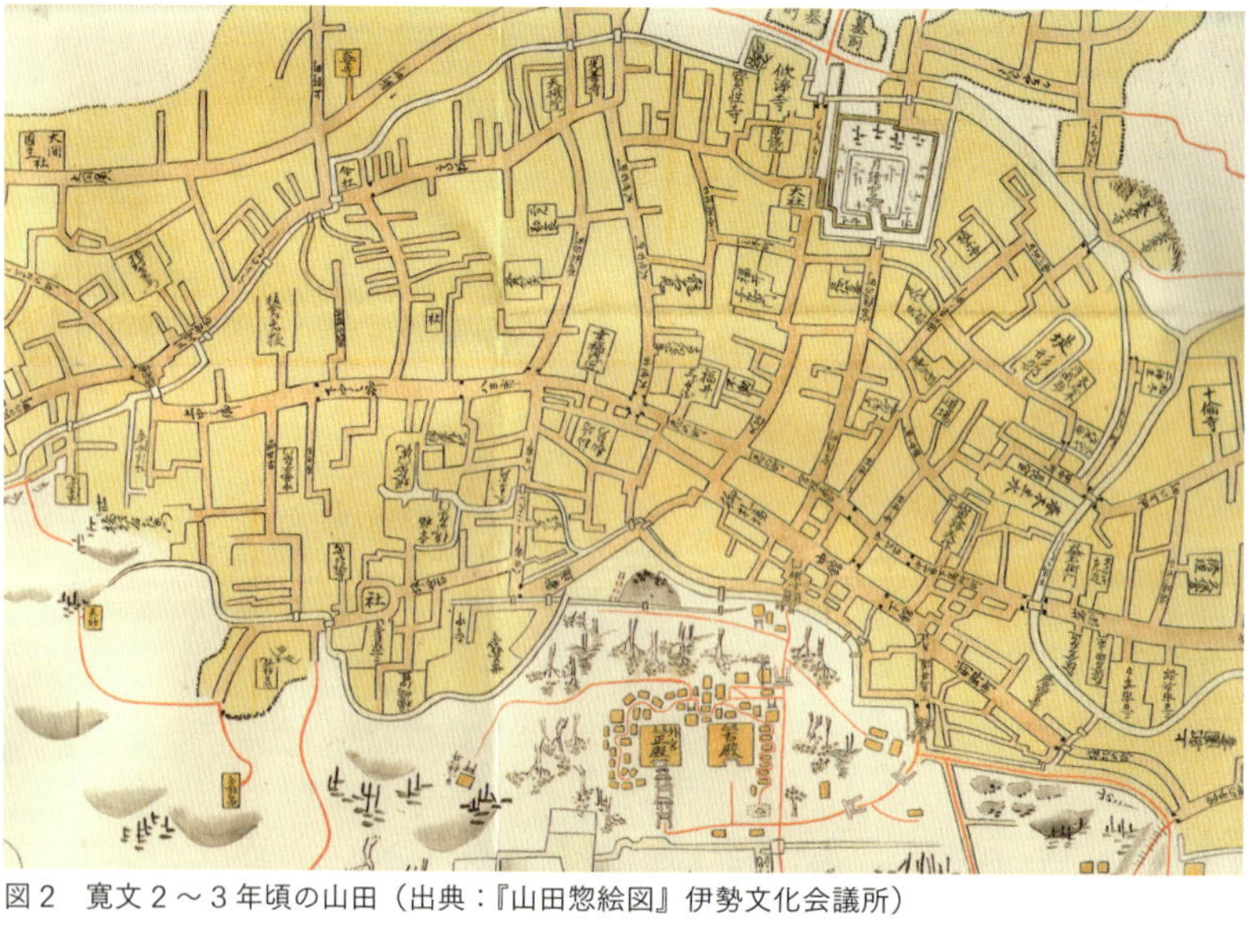
図２　寛文２～３年頃の山田（出典：『山田惣絵図』伊勢文化会議所）

門前町の定義には諸説あるが、「社寺への参詣者を対象として旅館・飲食店・土産物店・娯楽施設などが、社寺門前の街道両側に発達した町」（藤本利治『門前町』）ととらえるのもその一つだろう。

　しかし、現代都市はさまざまな機能が複合し、都市の中に埋没している門前町も多い。

　伊勢神宮はひとつの神宮と思われがちだが、皇祖神天照大神を祭る皇大神宮（内宮）と、豊受大神を祭る豊受大神宮（外宮）を中心に、別宮・摂社・末社・所管社をあわせた125社の総称で、正式には「神宮」と称する。

　神宮の創祀時期については多くの議論があるが、内宮が古く、外宮が新しい。両宮の鎮座とともに、神職をはじめとする関係者が門前（鳥居前）に集住する宗教的性格の強い集落が成立した。それが、内宮では宇治、外宮では山田であるが、前身となる集落の有無については明らかでない。

　マーク・シュナイダーによると、山田の場合、12世紀初めには山田に「村」と呼ばれる集落があり、平安時代末期までには外宮一ノ鳥居前から北西側、参宮道に沿って西方向へ八日市場町あたりまで街並みが広がり、それを構成したのは、神宮の禰宜や内人などの館、それに付随する人々や庶民の家であったという。

門前町の成立

　神宮は平安時代まで個人の参宮が厳しく禁じられ、参宮者は限られており、門前町が発達することはなかった。

　ところが、荘園制の崩壊とともに神宮の経済基盤は大きく変わり、参宮者の幣物《へいもつ》やさい銭が重要な収入となった。鎌倉時代頃から、神宮の権《ごん》

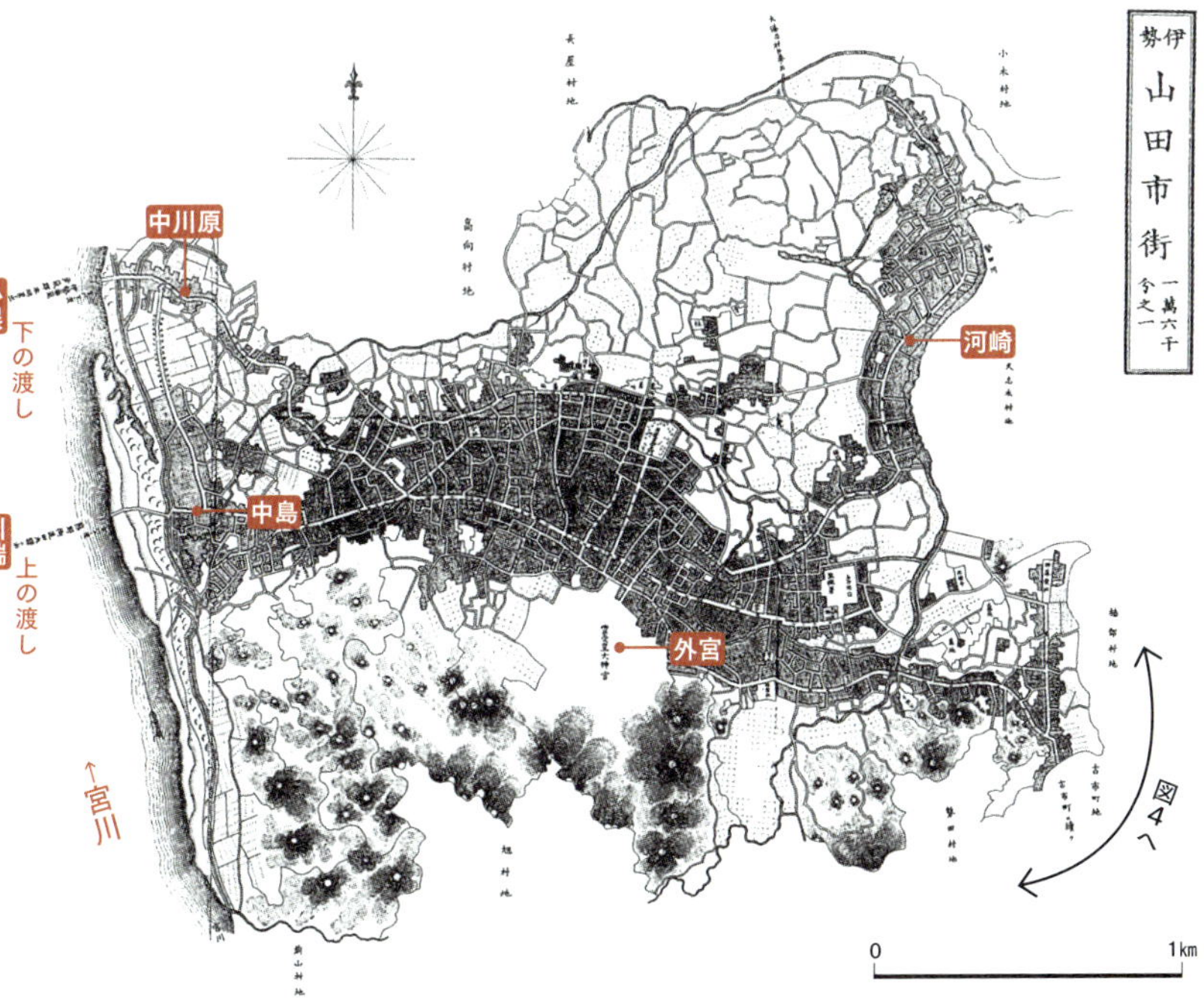

図3　1886年の山田（出典：『三重県管内全図』付図、三重県史編さん班所蔵）

禰宜《ねぎ》（下級神官）であった人たちが「御師《おんし》」と名乗り、全国を巡って神宮の信仰を布教し、参詣を勧めた。御師は公家や将軍・大名をはじめ、町・村単位で庶民と結びつき、得意先ともいうべき檀家を獲得していった。

御師は、山田の各町に分散して屋敷を構え、神宮参拝に訪れた檀家の人々を自らの屋敷に宿泊させ、参拝の案内をし、神楽《かぐら》をあげるなど手厚くもてなした。つまり御師は、今で言えば旅行会社兼ホテルオーナーであった。

彼らの活動により、神宮は室町時代後期に巡礼の聖地となり、参宮者の増大は、御師を中心とした宇治・山田の経済活動を活性化させた。

山田には14世紀前半、すでに二つの市場があり商業地域が存在した。戦国時代には上市場と呼ばれた八日市場と、下市場と呼ばれた三日市場（岩淵）を中心に市場町を形成、商業座もできて急速に都市化した。宇治にも市場はあったが座はなく、山田の経済力より小さかった。

経済活動の活発化による都市化の中で、宇治には「宇治六郷」、山田には「山田三方《さんぽう》」と呼ばれる自治組織が生まれた。いずれも「年寄」と呼ばれた町内実力者（神宮家・御師家など）が構成員となり行政事務を担当、高度な自治組織に発展した。

もともと、神宮においても内宮と外宮は古くから対立関係にあって仲が悪かった。外宮は内宮より格下とみられて

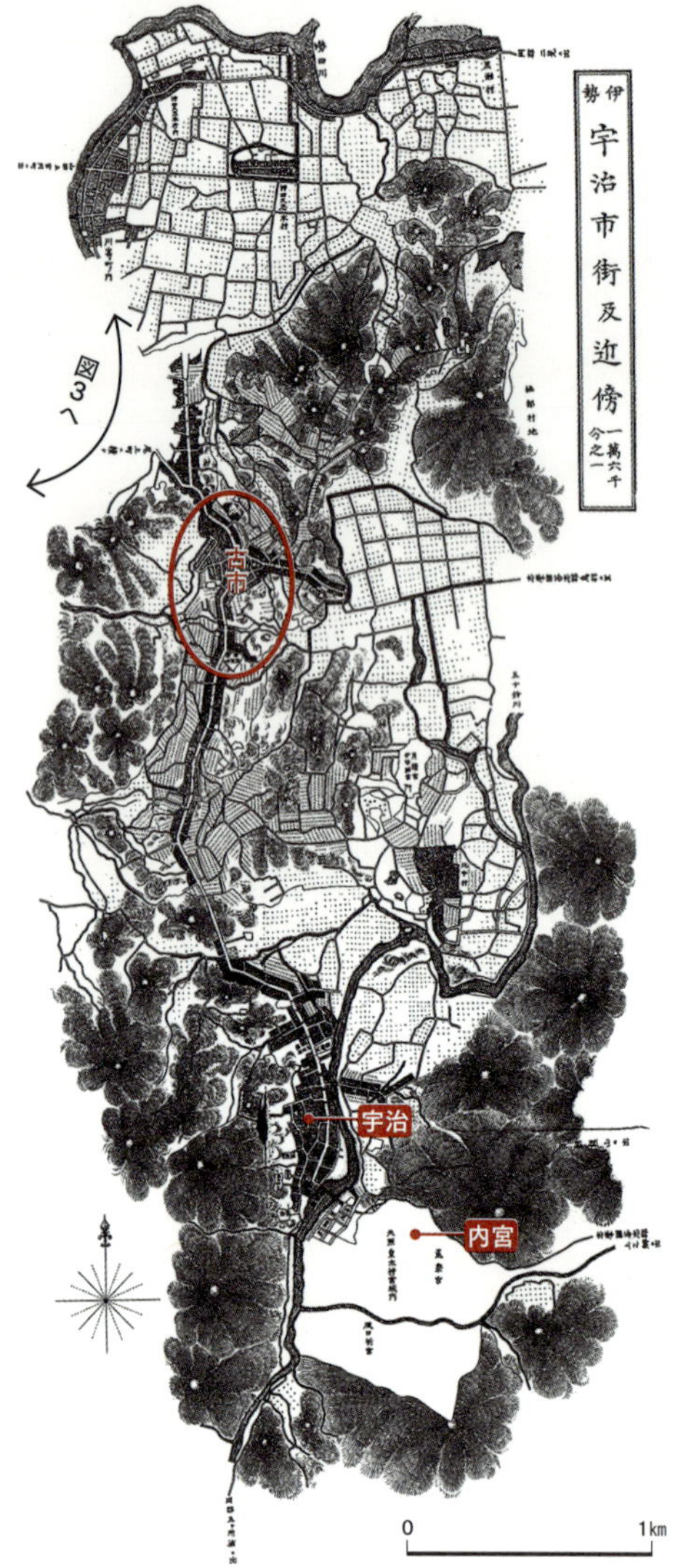

図4　1886年の宇治
（出典：『三重県管内全図』付図、三重県史編さん班所蔵）

いたが、地理的には山田のほうが宇治より恵まれており、経済力にも大きな格差があった。そのため、宇治六郷と山田三方は参宮人の奪い合いなどを発端として、戦国時代を通してたびたび対立し、時に激しい合戦さえ交えた。

この時期には、広大な御師屋敷を中心に、周囲に分家や内衆が居住する前屋敷が広がる「御師町」が形成され、市場町とともに、中世山田の都市景観を特色づけている。

◉江戸時代の門前町山田

庶民の信仰対象になりきった江戸時代には、さらに多くの参宮者を集めた。

御師家は山田だけでも400軒を超え、御師制度が廃止される1871年（明治4）まで、活発な活動が続いた。

また、江戸時代にほぼ60年周期で起こった「おかげ参り」は、短期間におびただしい数の庶民が集団参宮した現象で、1830年（文政13）には半年あまりで458万人が群参したという。

このように多くの参宮者を迎えた宇治・山田では、膨大な生活物資が消費された。その物資集散地として発達したのが、河口の大湊や勢田川水運を利用した河岸集落の河崎などであった。

河崎（図3）には諸州から船が集まり、さまざまな物資が集積、志摩方面からの水産物も入って盛んに交易がおこなわれ、各種問屋が集まる商業の中心地として繁栄をきわめた。

一方、陸路での参宮者のため、宮川の渡河点には渡津集落が発達した。参宮街道「下の渡し（桜の渡し）」には小俣（左岸）と中川原（右岸）、伊勢本街道「上の渡し（柳の渡し）」には川端（左岸）と中島（右岸）という、ふたつの対向渡津集落（図3）が成立した。特に山田側の中川原と中島は、街道に沿って茶屋が軒を連ね、長旅の末に神都に入った喜びの参宮者を迎え入れる渡津集落として賑わった。

こうして山田は、当初の鳥居前集落から順次拡大し、中世には市場町の機能を付加して商業都市化し、門前町が成立した（図2）。江戸時代には河崎の問屋町、宮川渡河点の渡津集落をも都市機能に取り込んで発展した。

宇治（図4）は地形的制約もあり小規模だが、内宮神官や御師の館などが集中する門前町として発展した。

内宮鳥居前から続く旧街道（おはらい町通り）には、さまざまな店が軒を連ね、連日観光客で賑わう現代門前町の一端を見ることができる。

図5　御師邸の門
（旧福島みさき大夫邸門、現神宮文庫門）

江戸期の伊勢神宮

千種清美

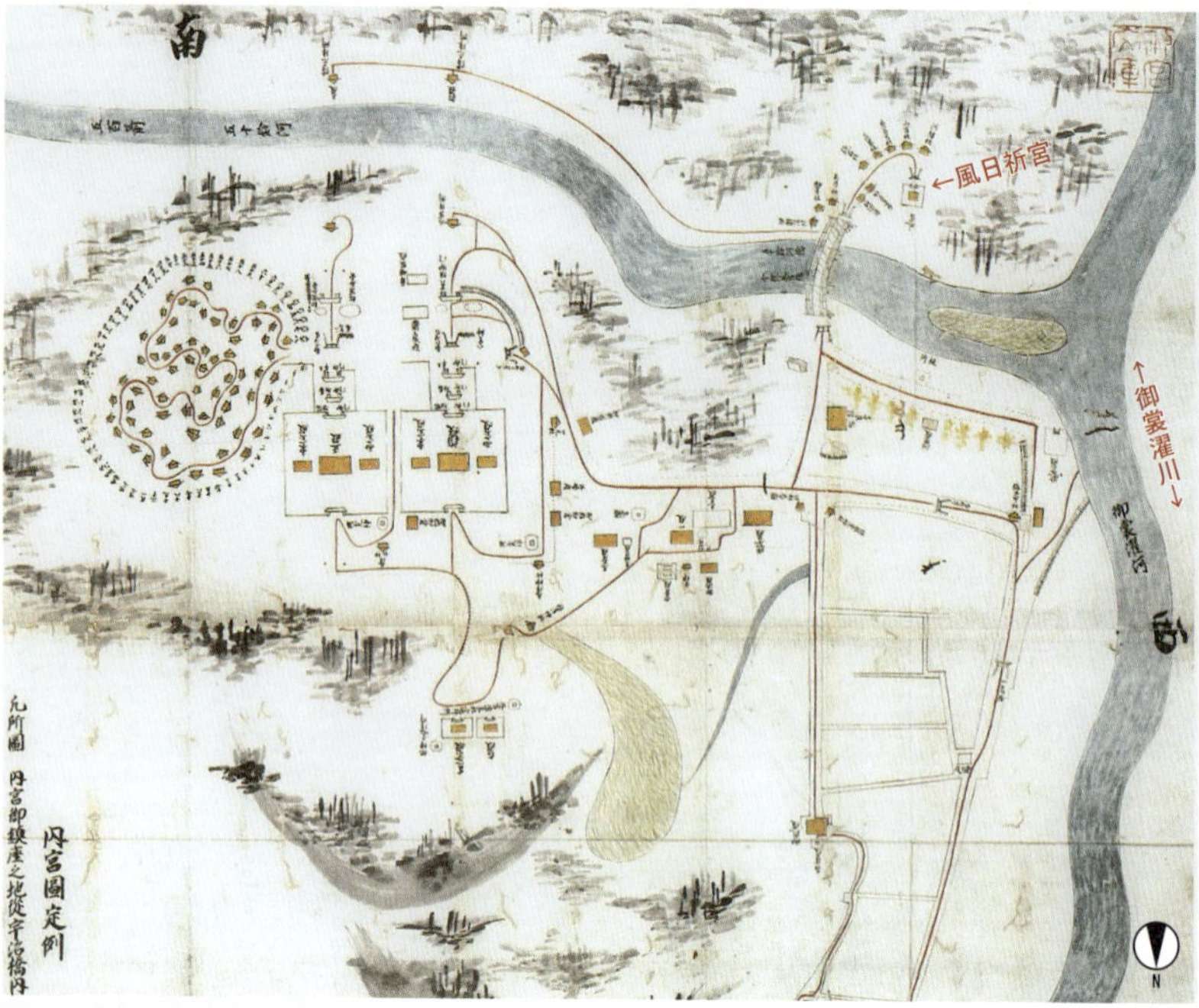

図1　慶安二年内宮図（神宮文庫所蔵）

内宮・外宮の神域

2013年に第62回式年遷宮を終えた伊勢神宮の皇大神宮《こうたいじんぐう》（内宮）と豊受大神宮《とようけだいじんぐう》（外宮）。式年遷宮では神を祀る正宮《しょうぐう》が遷されるため、現在は東西に並ぶ御敷地のうち、西側に建っている。図1・4は江戸時代初期の1649年（慶安2）の神域。室町末期の中断期を経て、20年に一度の式年が定着してきた頃で、同年9月に第44回式年遷宮があった。遷宮の年らしく、新旧2つの正宮が並び建つ様子が描かれている。新しい正宮は東の御敷地に建つ。

まず内宮の神域から見ていくと、玄関口にあたる宇治橋は見えないが、参道、第一鳥居、第二鳥居、正宮、別宮の荒祭宮、風日祈宮《かざひのみのみや》などの位置はほぼ現在と同じである。2つの川の流れも変わりないが、名称が異なる。現在、宇治橋が架かる五十鈴川《いすずがわ》は、御裳濯川《みもすそがわ》で、正宮近くを流れる島路川が五十鈴川となっている。御裳濯川の名は、古代に天照大神《あまてらすおおみかみ》を五十鈴川の川上に導いた皇女の倭姫命《やまとひめのみこと》が裳裾を濯いだことに由来する。また五十鈴川の由来は諸説あるが、神に供える神饌《しんせん》（食事）を斎濯《いすす》いだことに由来するともいわれ、それには正宮に近い川でなければならず、伝承に忠実であるのは、この頃の名称だ。川の名は明治以降に長い方が本流とみなされることから、五十鈴川が現在の流れをさすようになった。

伊勢神宮は1871年（明

治4）の神宮制度改革により、御師《おんし》の廃止や祭典の変更など大きく変わったが、それ以前の特徴が多く見られる。五十鈴川の対岸にあるのが、僧尼《そうに》拝所《はいしょ》。僧侶や尼は神前近くには行けず、川の対岸から拝した。また、神に神饌を供えたのは物忌《ものいみ》（子良）と呼ばれた童女たちだった。今の小学生くらいにあたる。風日祈宮橋の北詰にある子良館に住まい、神域から外に出られなかった。今回の遷宮諸祭でも神職の子弟が物忌を担い、古の祭祀を彷彿とさせた。

そして、目を引くのが、正宮の東側にあるおびただしい数の神社群である。末社80社と呼ばれる。神宮には正宮、別宮、摂社、末社、所管社があるが、遷宮の中断期には多くの摂末社がわからなくなり、1662、63年（寛文2、3）に各地に復興されるに至る。江戸時代は神域に神域外にある末社の遥拝所がお目見えし、参拝者が巡拝できるようになっている。『伊勢参宮名所図会』（1797年）にも描かれ、あまりの末社の多さに賽銭がかさむと参拝者泣かせでもあった。

天照大神を祀る正宮は、正殿を中心に東宝殿、西宝殿が横一列に並ぶのが大きく異なる。現在、両宝殿は後方に位置する。そして正殿を囲む御垣が、瑞垣《みずがき》一重のみ。現在、私たちが参拝するのは板垣を入り、外玉垣御門《とのたまがきみなみごもん》からであるが、江戸期には八重榊のある鳥居、玉串御門（内玉垣御門）まで進め、当時の方が神前近くで拝めた。

一方、外宮の神域も参道や正宮、3つの別宮の位置、第一鳥居、第二鳥居、北御門や御塩橋は変わらない。別宮の多賀宮が高宮に、勾玉池が茜弥池となっている。正宮が2

図2　末社巡拝（出典：『伊勢参宮名所図会』）

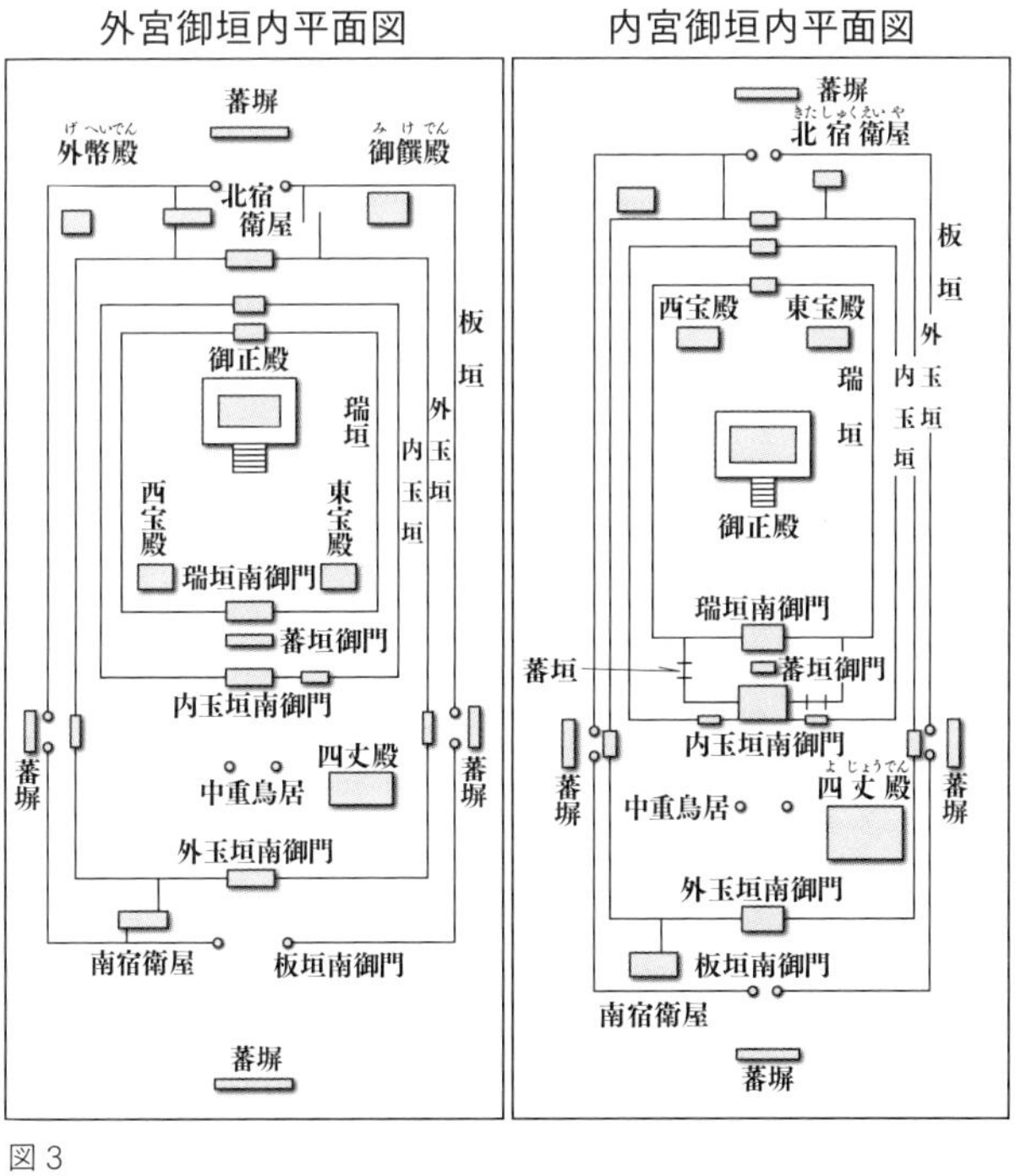

図3

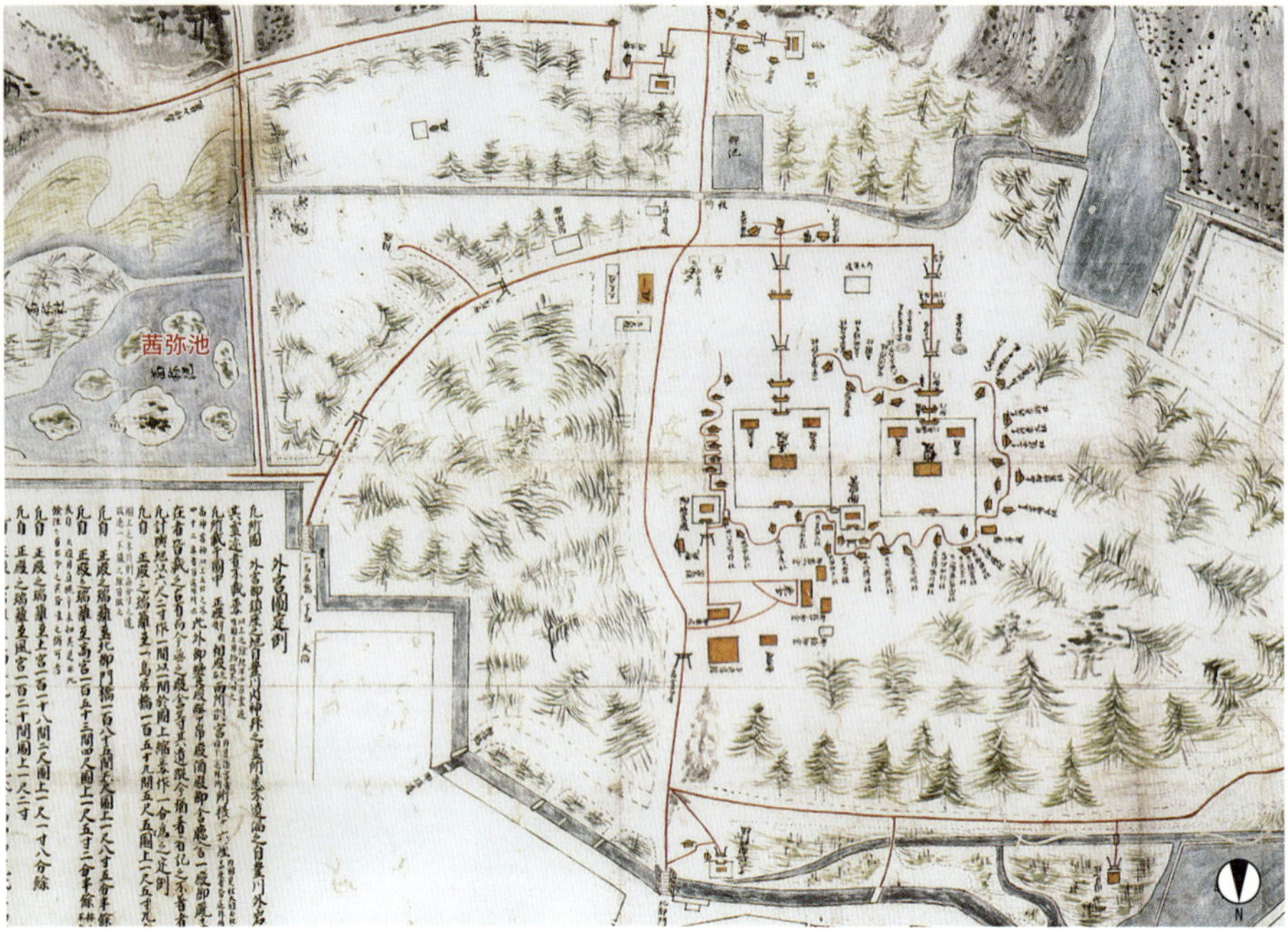

図4　慶安二年外宮図（神宮文庫所蔵）

つ並び、瑞垣一重で囲まれているのは内宮と同じだ。その周りにずらり並ぶのは末社40社と、こちらは数が少なくなる。

お伊勢参りの精進落とし

お伊勢参りの楽しみは、「伊勢参宮大神宮にもちょっと寄り」と川柳で詠まれたように、内宮と外宮の間の伊勢街道沿い一里（約4㎞）に発展した古市《ふるいち》の遊廓でもあった（次ページ「宇治山田市街精図」参照）。最盛期の天明年間（1781－9）には、妓楼78軒、遊女千数百人を数えたほどで、伊勢参りの精進落としの場所として知られた。なかでも代表格の備前屋は、寛延年間（1748－51）に遊女による伊勢音頭の踊りを始め、また1794年（寛政6年）にせり出し舞台も考案した。これが評判をとり、伊勢音頭が形のない土産として全国に広まった。明治以降、古市の妓楼は旅館に変わり、大正期頃から急速にすたれる。また太平洋戦争時には、伊勢神宮を守備する軍人の宿泊場所となった。現在は麻吉旅館のみが往時を偲ばせる。

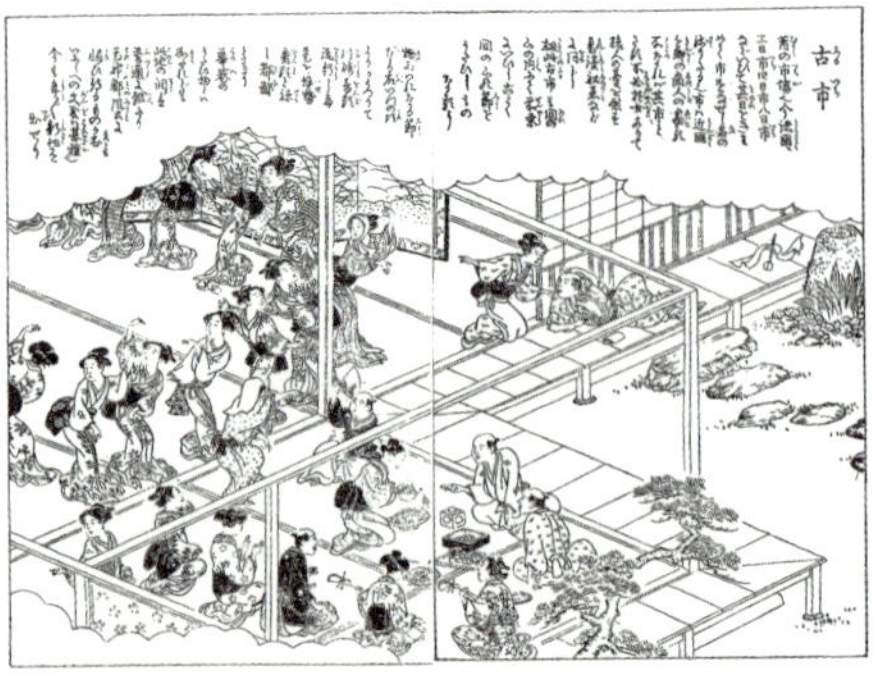

図5　古市（出典：『伊勢参宮名所図会』）

図6　参宮案内宇治山田市街精図
（部分、三重県総合博物館所蔵）

左上が内宮、右下に古市の町並み

図7　古市びぜん屋外観（絵はがき）

図8　歌川国兼画「古市びぜん屋伊勢音頭おどり之図」

column

二見の夫婦岩

目崎茂和

消失していた女岩

伊勢神宮とともに、伊勢志摩の代表的な観光地のひとつが、二見浦の立石崎の地先にある夫婦岩である。伊勢志摩国立公園に属し、国の名勝に指定され、渚百選にも選ばれている。現在は伊勢市だが、旧二見町にあり、「二見の夫婦岩」として、全国に数多くある夫婦岩のルーツ的存在である。

古くから地元では、男岩は「立石」、女岩は「根尻岩」と呼ばれている。夫婦岩を結ぶ大注連縄《おおしめなわ》は1本の長さ35mで男岩に16m、女岩に10m張られていて、その間は9mになる。毎年、5月5日、9月5日、12月中旬の土・日に大注連縄張神事がおこなわれるが、高波などで切れた時にはその度に実施される。

絶えず高波などにさらされたためか、女岩は1918年（大正7）の台風によって根元から折れて消失した。1921年（大正10）に別の岩を用いて接合したため、その結晶片岩の設置角度が変わり、片理《へんり》の方向が立石とは異なったものになった。

二見浦の興玉神石

ここには二見興玉《おきたま》神社（伊勢市二見町江）がある。毎年5月21日には、夫婦岩の沖合約700m先の海中に鎮座する興玉神石《おきたましんせき》に生えるアマモ類を無垢塩草《むくしおくさ》として、神職たちが採る「藻刈神事」がある。

興玉神石は周囲約1kmの岩礁帯であり、江戸時代の地震で水没し、現在は見ることができない。大しめ縄を張った夫婦岩は、興玉神石と夫婦岩の間から海を照らし昇る「日の大神」を拝す

図1　喜多川歌麿「二見ヶ浦」

る鳥居の役目であり、日の出遙拝所として知られてきた。

　天照大神を祀る内宮の神殿地の隅に、興玉神と宮地神とが並んだ小さな二つの神石があることから、二見浦の興玉神石は、海から昇る朝日・アマテラス（海照）大神の依り代（磐座いわくら）とも考えられ、それを迎える役割で猿田彦大神が、この神社の主祭神でもある。

　古来、伊勢参宮の前には、二見浦で禊《みそぎ》の風習が今でも残り、式年遷宮の「お木曳行事」「お白石持ち行事」などでは浜参宮がおこなわれ、禊の代わりになる無垢塩祓いもある。

　5～7月くらいには、夫婦岩の間から日の出を見ることができる。とくに夏至の前後の天気のいい日には、遠く富士山の背から差し昇る朝日が見られるために、多くのカメラマンなどの参拝者で賑わう。また11月～1月には夫婦岩の間から満月などが昇る、月見スポットとしても人気がある。

　二見浦海水浴場は、1882年（明治15）に、須磨（兵庫県）と大磯（神奈川県）とともに、日本で最初の公認海水浴場（潮浴場）として開設された。当時は、医療目的（浴治）での海に入る冷浴と、浜辺の浴槽に温めた海水を貯めて浸る温浴とがあり、海岸沿いには潮湯治のための旅館街が形成され、参詣客や修学旅行生の宿ともなった。

　そのため江戸期から名所絵図ばかりか、歌麿、広重、国重などの浮世絵画に、銭湯画として、二見浦、夫婦岩、朝日、富士の姿が伝統的に描かれ継承されてきた。

図２　二見浦図（嘉永７年）ここで興玉神石（矢印）は、「沖玉石」として海面に露出している（出典：『二見町史』）

図３　夫婦岩の先に蛙岩があり、境内に蛙の置物は奉納安置される

レトロな雰囲気漂う旅館街——二見浦

田村陽一

二見浦（国名勝）は、伊勢の市街地から北東へ約7㎞、五十鈴川河口近くに位置する。海岸を一望する音無山の北麓海岸、波間に浮かぶ大小二つの岩がある。大注連縄《しめなわ》のかかるこの岩は夫婦《めおと》岩と呼ばれ、伊勢志摩国立公園の名所として知られる。

伊勢神宮に参拝し、あわせて訪れぬ人はないほどの賑わいを見せた二見浦も、新しい観光地の台頭や、観光の多様化により変貌を遂げている。

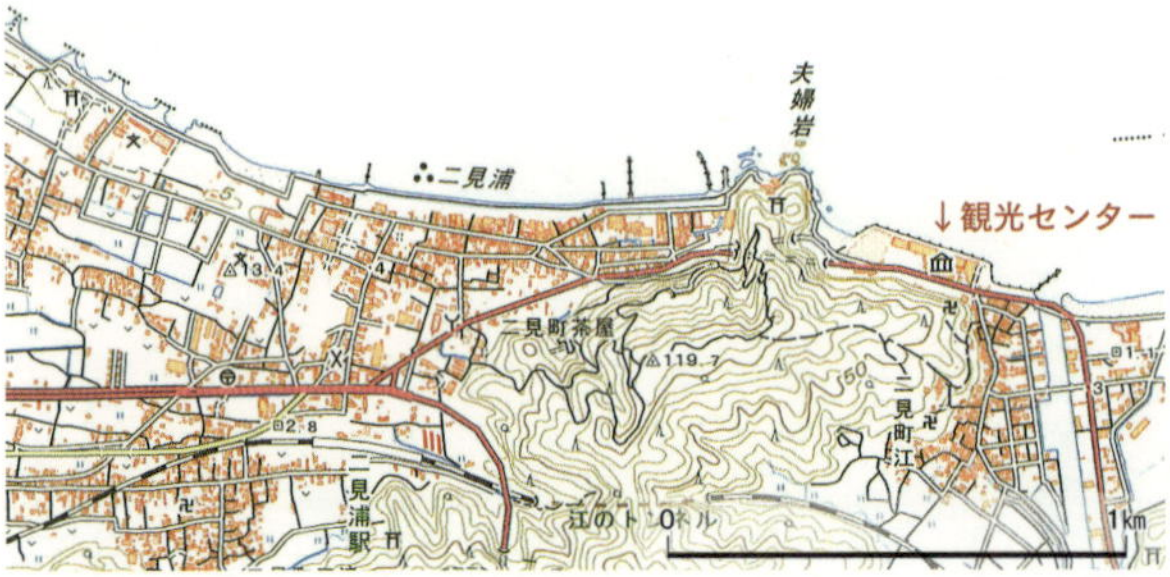

図1　1/2.5万「二見」2014年調整

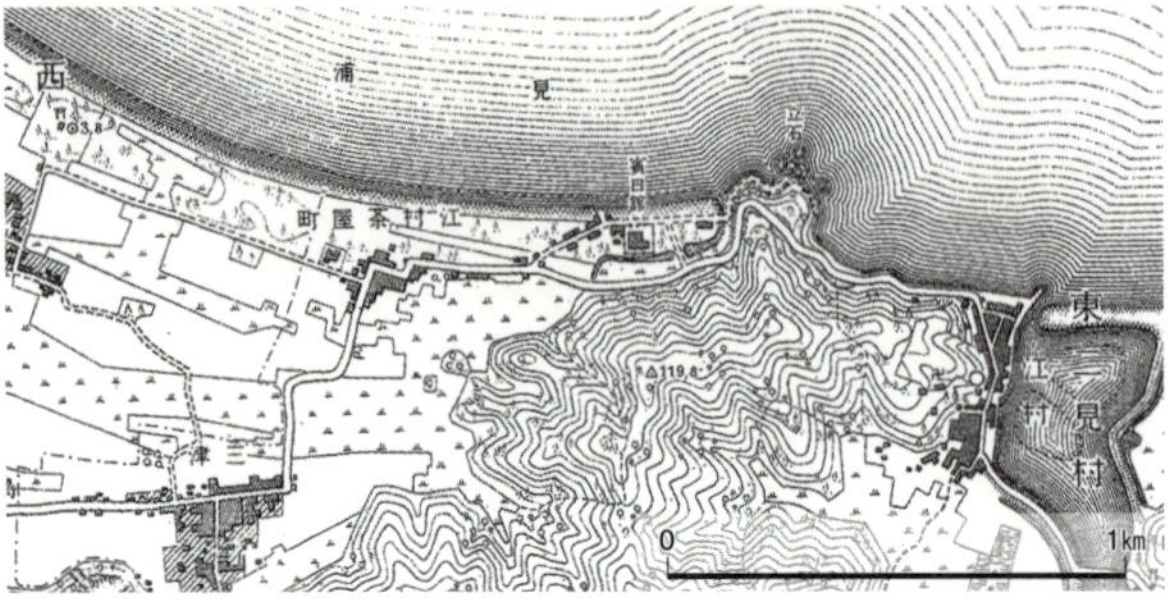

図2　1/2万「山田」1892年

シニセの観光地

二見の地は神話や伝説に彩られ、古くから文学や歴史舞台に登場する。平安時代末期の歌人西行は、晩年の6年間この地に庵を結び、多くの人々と交わり歌を詠んだ。以後、西行を慕う文人をはじめ、幾多の伊勢参りの人々が二見を訪れるようになった。

このように二見は信仰と結びつき、参宮前に身体を禊ぎ清める垢離《こり》場として、また名勝地として全国に知られることとなった。

現在の旅館街を形成する茶屋の集落は戦国時代に成立し、江戸時代には十軒を超える茶屋があったという。当時は御師《おんし》が参宮客の宿泊を掌握していたこともあり、大きな宿場に発展することはなかった。1892年（明治25）測

図3　昭和初め頃の旅館街（絵はがき、浜千代日出雄氏提供）

図の地形図（図2）に当時の集落の姿を見ることができる。

明治になると、御師制度の廃止にともない、宿泊地として脚光を浴びるようになる。茶屋街は海岸近くへ移動し旅館街を形成、現在の基礎ができあがった（図3）。

戦前の隆盛期

1882年には二見浦に日本最古の公認海水浴場が開設され、87年には神宮外郭団体の神苑会が貴賓客のための宿泊所として「賓日館《ひんじつかん》」を建設。時の皇太后や皇太子時代の大正天皇が長期逗留するなど、著名な保養地として認知されていった。

1897年には興玉《おきたま》神社を現在地に分祀、1903年には山田〜二見間の電車開通。05年には旅館街に新道が完成、続いて電灯、電話の敷設、11年には鉄道（現JR参宮線）が開通するなど、インフラ整備が進んだ。

こうして大正から昭和初期にかけて、二見浦は全国屈指の観光地となり、第一の隆盛期を迎えた。

戦後のあゆみ

1946年（昭和21）には、伊勢志摩国立公園が戦後初の国立公園に指定された。また天皇陛下の行幸（二見浦宿泊）もあって、戦後復興とともに二見浦も観光地としての活気を取り戻していく。

第一次隆盛期に始まっていた伊勢への修学旅行は、戦後の経済成長・ベビーブームともあいまって急増し、60年には年間48万人を超える子供たちが宿泊し、ピークを記録した（図4）。一般客も73年まで増え続け、二見浦は第二の隆盛期を迎えた。

この時期にはモータリゼーションの急速な進展があり、夫婦岩の東側海岸に観光センター（現二見プラザ）が建設（図1）されるなど、茶屋地区を中心とした地域構造が大きく変化した。

加えて、近鉄線の鳥羽、さらには賢島までの延伸と、鳥羽・志摩地区での開発が進み、伊勢志摩観光は広域化・多様化していった。

経済成長とともに生活様式も大きく変化し、観光に対する意識も様変わりした。この変化に既存の観光地は対応しきれず、衰退の道を歩み始める。全国きっての観光地二見浦も例外ではなかった。

木造三階建ての大きな旅館も残る街の風情は、昭和初期から40年代にかけての面影をよく残し、レトロな雰囲気を醸し出している。

賓日館（国重要文化財）を見学し、人通りの少なくなった旅館街を歩くと、この街が最も輝いた時代へと、ひとときのタイムスリップを楽しむことができる。

図4　修学旅行で賑わった旅館街（出典：『わが町 二見』）

朝熊かけねば片参宮——朝熊ケ岳今昔

田村陽一

標高555mの朝熊《あさま》ケ岳（地元では朝熊山と呼ぶ）は、伊勢志摩の霊峰である。山頂からの眺望はすばらしく、伊勢湾を眼下に見下ろし、知多・渥美半島から遠く富士山を望むこともできる。

山上には金剛證寺という古刹がある。当初は真言寺院で、室町時代に臨済宗に改められ、国重要文化財の本堂は慶長年間に建立された。伊勢神宮の鬼門を守る寺として、神宮の奥ノ院とも言われ、伊勢参宮の普及とともに、民衆の信仰を集めてきた。

江戸時代には千日参の盛行に加え、臨済宗徒にかかわらず、ひろく周辺地域の人々の間に祖霊安置の聖域として、卒塔婆《そとば》奉納供養・初盆供養の風習が広まった。今日でも〝岳参り《たけまいり》〟と呼び、盛んに参詣がおこなわれる。

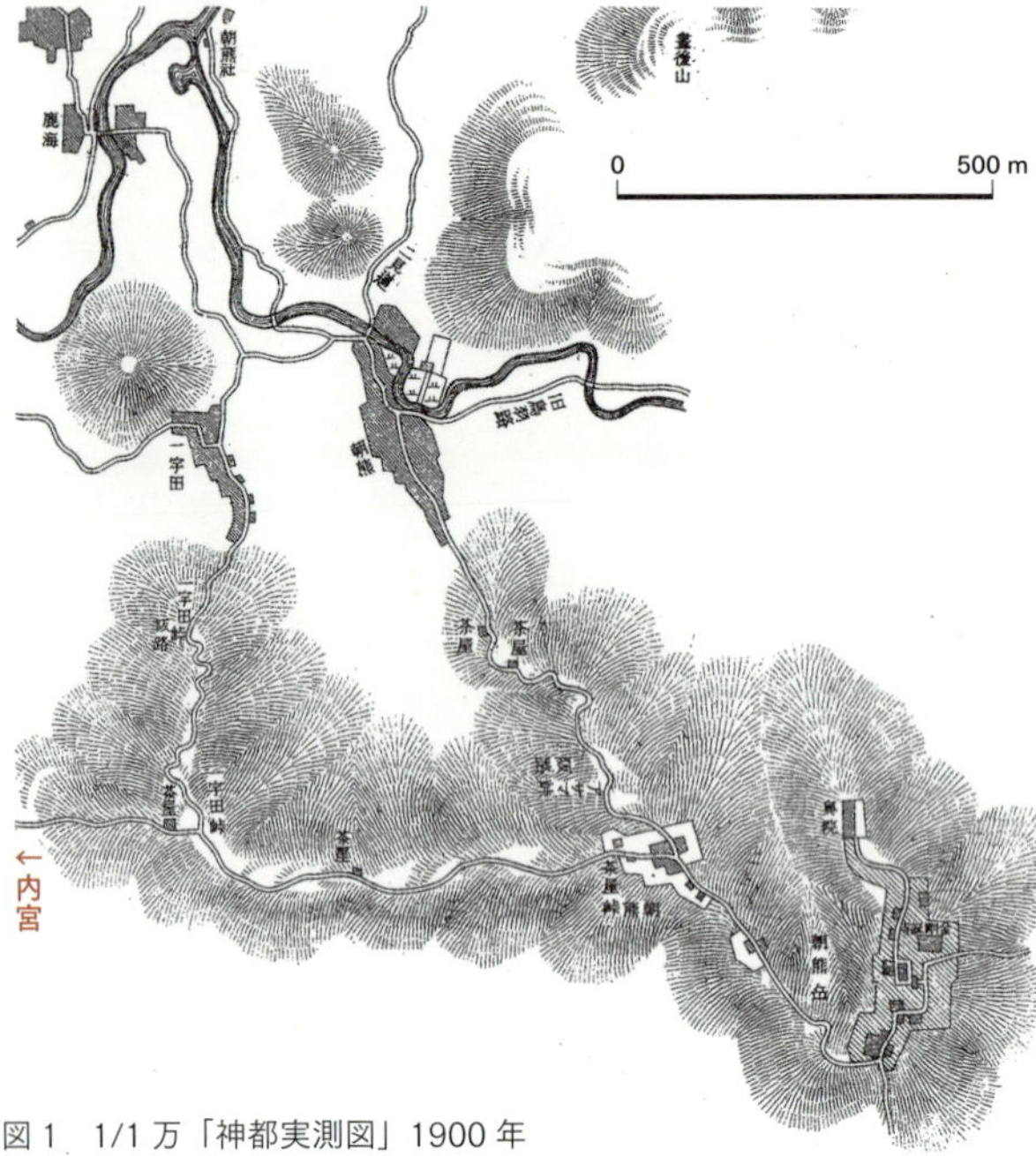

図1　1/1万「神都実測図」1900年
（出典：『市政80周年記念　地図でみる伊勢のあゆみ』）

●朝熊参詣道いろいろ

「お伊勢詣らば朝熊をかけよ、朝熊かけねば片参宮《かたまいり》」と俗謡にも唄われ、参宮を終えた人々の多くが、険しい山道を朝熊ケ岳めざした。

参詣道には、内宮神域のはずれから山上をめざす宇治岳道をはじめ、楠部岳道、一宇田岳道、朝熊村岳道、鳥羽岳道や、磯部岳道、丸山道など、四方からのルートがあった。道標や町石、茶屋も設置されて、多くの参詣人で賑わった。なかでも、朝熊村岳道は最も早くから開け、内宮参拝を終えた人をはじめ、海路経由の参詣者など多様な人々が利用したという（図1）。

途中の朝熊峠付近では、江戸前期創業の旅館「とうふ（東風）屋」が、山門前には当時全国に知られた野間万金《まんきん》丹《たん》本舗があった。「万金丹」は効能高い霊薬として旅の土産に大人気で、店は大いに繁盛した。

朝熊登山鉄道

明治から大正へと移る頃、朝熊ケ岳に登山鉄道建設の計画がもちあがる。曲折を経て1920年（大正9）、朝熊登山鉄道株式会社設立。これは、伊勢電気鉄道楠部停留所から山麓の平岩駅（図2）までの平坦線と、平岩駅から朝熊岳駅を鋼索線（ケーブルカー）で結び（図3）、乗客を一気に山上に運び上げようとするもので、25年8月に開通した。

高低差412m、最大勾配625‰（パーミル）のケーブルカーは東洋一と言われ、「お伊勢詣らば朝熊をかけよ……」のキャッチフレーズを用いた宣伝（図4）も功を奏し、多くの参詣客を呼び込んだ。

登山鉄道開通

図2　朝熊登山鉄道 平岩駅と鋼索線（出典：『続・追跡 朝熊登山鉄道』）

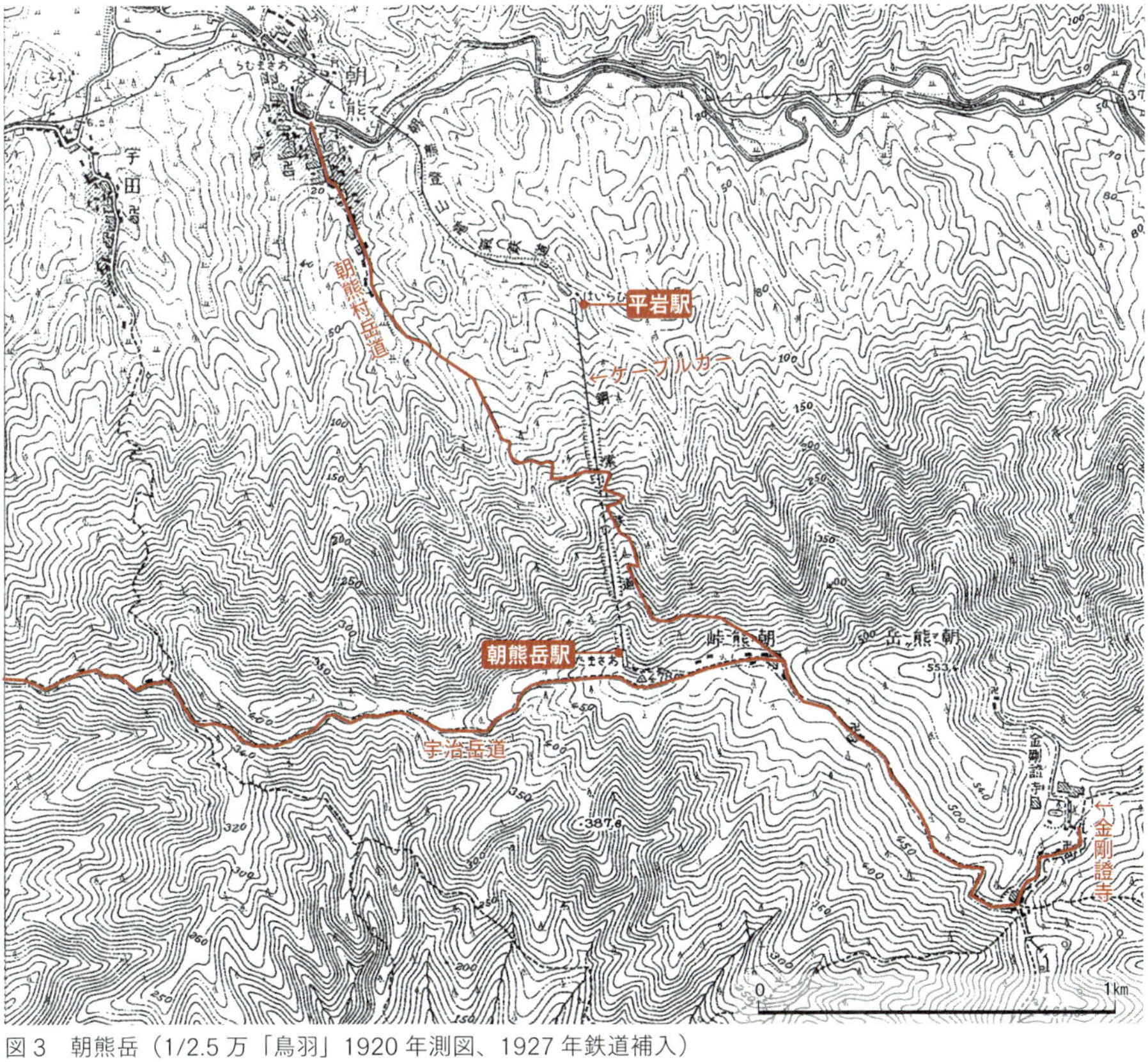

図3　朝熊岳（1/2.5万「鳥羽」1920年測図、1927年鉄道補入）

図４　登山鉄道沿線案内（出典：『合同電車沿線御案内』部分、三重県史編さん班所蔵）

の翌26年には、朝熊岳自動車という会社が設立され、ケーブル終点の朝熊岳駅からとうふ屋旅館経由、金剛證寺山門までの約2kmに登山バスを走らせた。開業初年の半年間で5万2000人の乗客を運んだという。

しかし、厳しい戦時統制により登山鉄道は不要路線とされ、44年（昭和19）には鋼鉄供出命令を受け、営業休止に追い込まれた。登山鉄道とともに多くの参詣客を運んだ登山バスも命運を共にし、山上唯一の旅館とうふ屋も廃れていった。

戦後、登山鉄道は再開されることなく62年に正式廃止されたが、平岩駅跡や索道跡（図5）、朝熊岳駅の建物は現存し、当時の面影を今にとどめる。

また、38年に運行が始まった乗り合いバスは、宇治橋前から朝熊ケ岳山上まで、宇治岳道を拡幅した尾根道約7kmを走った。戦後は三重交通により再開されたものの、64年に開通した伊勢志摩スカイラインにその役割を譲った。

図５　鋼索道の跡

鳥羽

江戸川乱歩の鳥羽——貼雑年譜から

尾西康光

三重県名張市新町に生まれた江戸川乱歩は、1917年（大正6）11月、鳥羽造船電機部庶務係に就職した。このとき23歳、鳥羽湾の内海に臨むおだやかな気候と風光明媚な景観は、波乱に満ちた乱歩の生涯に、幸せな時間を与えた。同社を退職して上京する19年（大正8）1月までの足かけ3年間、乱歩は経済的に安定するだけではなく、生来得意としていた雑誌編集に取り組んだ。

図1　日和山から鳥羽湾を望む

図2　1918年、雑誌「日和」編集当時の乱歩

鳥羽造船所

乱歩が勤務した鳥羽造船所は、現在鳥羽水族館が所在する付近にあった。まず、その歴史をたどってみよう。

1916年（大正5）12月、神戸の財閥鈴木商店が、それまで二つに分かれていた造船・電灯事業のすべてを買収し、株式会社鳥羽造船所を設立した。1918年（大正7）5月、鈴木商店は鳥羽造船所および播磨造船所を鈴木商店傘下の帝国汽船株式会社に合併し、帝国汽船造船部鳥羽造船工場と改称させた。

発展膨張の著しさは、生産額が1917年（大正6）には205万円であったのが20年（大正9）には503万6000円に拡大するとともに、職工数が980名から1871名へと急増していることに示されている。

当時の町の殷賑ぶりは、かつて鳥羽藩の侍屋敷あった鳥

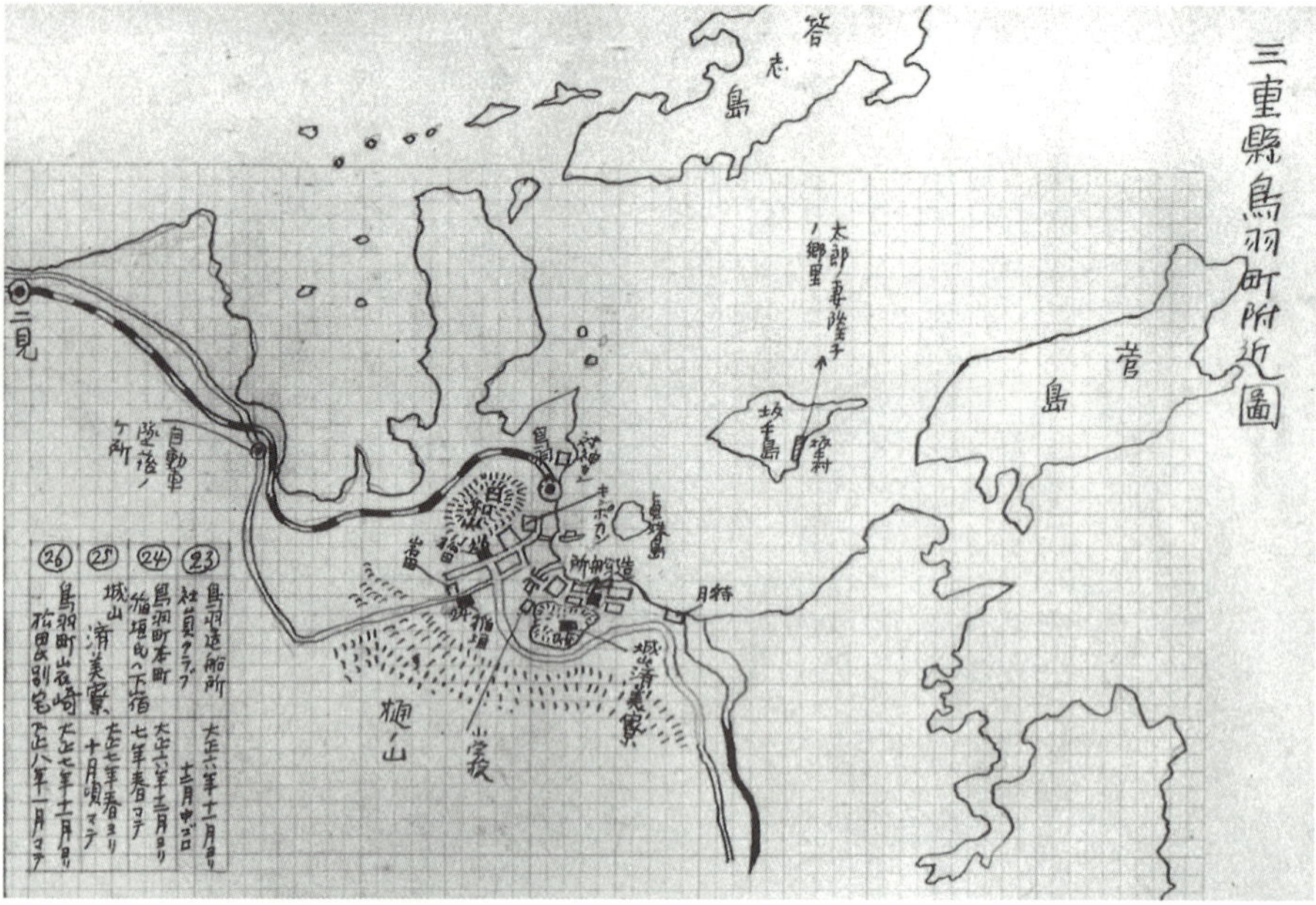

図３　三重県鳥羽町附近図（出典：江戸川乱歩『貼雑年譜』）

図４　岩田準一生家（現・鳥羽みなとまち文学館）

羽町奥谷の区域に、100軒余の社宅が立ち並ぶほどであった。乱歩が滞在していた間、鳥羽造船所では5隻の船が建造されて進水し、総トン数は7697トンに達するほどであった。

独身生活

乱歩は、鳥羽町本町の稲垣氏宅に下宿をする。この下宿の正面に、友人岩田準一の住んでいた家があった。『パノラマ島奇談』や『踊る一寸法師』などの乱歩作品の挿絵を担当する他、民俗研究家としても活躍するなど、準一は異才の持ち主であった。彼の生家は現在、鳥羽みなとまち文学館（岩田準一と乱歩・夢二館）に改築され、観光客に公開されている。

つぎに乱歩は造船所の独身寮である済美寮に移る。現在、市立鳥羽小学校の付近にあったと推定されている。深夜近くにある禅寺（光岳寺）にひとりで座禅を組みに出かけたり、会社を休んで押し入れのなかで寝ていたりした。『屋根裏の散歩者』は、このときの体験が創作のヒントになっていたといわれている。

　最後の下宿は、鳥羽町岩崎にある松田氏別宅であった。1918年（大正7）秋、第一次世界大戦の余波を受けた物価高騰のため、乱歩の月給は3倍になった。ボーナスを加算すると100円ほどになった。乱歩は贅沢を楽しもうと、松田という名前の裕福な医師の別荘を、20円ほどの家賃で借りた。そこにひとりで住み、食事は仕出し屋から運ばせたという。

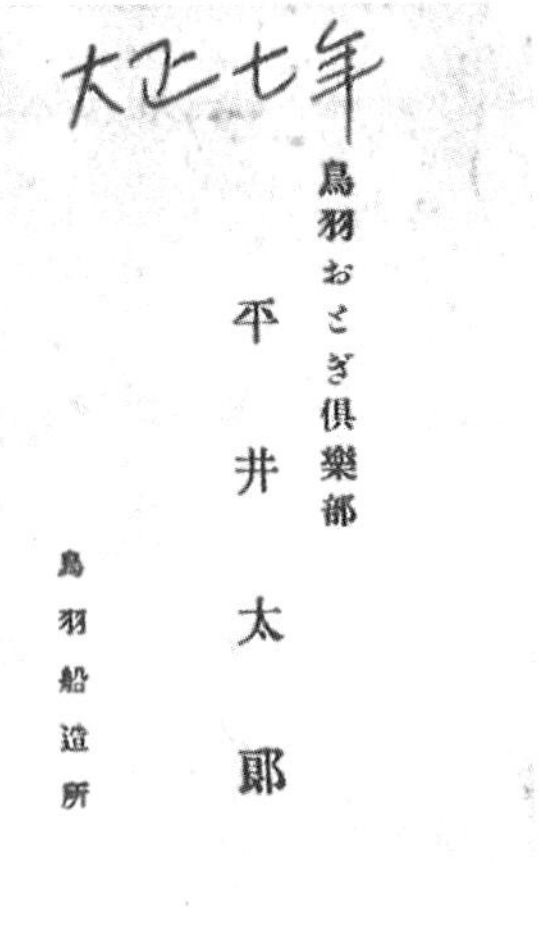

図5　鳥羽おとぎ倶楽部の名刺
（出典：江戸川乱歩『貼雑年譜』）

●鳥羽暴動

　乱歩が贅沢三昧の生活を送る間、日本社会は経済格差の拡大から、米騒動の混乱に包まれる。鳥羽の町でも、造船所の職工が地元商店を襲撃するという事件が発生する。それが1918年（大正7）11月7日の鳥羽暴動であった。

　暴動の原因は、好景気で賃金収入のよい職工たちに、地元商店が高値で商品を売りつけていたことにあった。職工たちは、九州や大阪や神戸から来た、職人肌で気の荒い熟練工が多かった。

　造船所職工200名が293余戸を破壊した。被害総額は2万4335円に上った。

　とりわけ被害が甚大であったのは、造船所の関係者に人気のあった待月楼であった。待月楼は、赤崎銅山の土で埋め立てた海岸に、大阪の精肉店が建てた料理旅館であった。

　職工たちが2階まで押し入って建具類を破壊し、被害額は1万円に上った。地元住民との間に異なる価格を設定し、暴利を貪っていた経営者に対する反感が高まっていた。

　乱歩は、技師長の桝本卯平に依頼され、職工と地元住民を融和するために創刊された社内報「日和《にちわ》」の編集執筆を担当することになった。乱歩にとっては、願ってもない好機であったが、2号を出した頃、退社せざるを得ない事情になった。

　鳥羽を去るとき、乱歩には「料亭その他」に借金が1000円あった。300円の退職金では到底支払うことができず、借金を抱えたまま上京した。乱歩もまた、待月楼で贅を尽くしていたのだろう。

　庶務係職員として職工の生活を知りつつ、職工が打ち壊した料亭で遊蕩三昧していたという生活は、平凡な市民のなかに、隠れた顔を発見する乱歩の文学の根底を形成することになった。

　鳥羽時代の乱歩のエピソードで忘れてならないのは、生涯の伴侶となる女性を見つけたことである。坂手島の坂手村に住む小学校教師の村井隆子であった。ただし、当時、独身主義者を表明していた乱歩は、隆子とは手を握ったこともない間柄であった。

日和山眺望真景

松月清郎

鳥の眼で描いた鳥羽

鳥瞰図の面白さはわかりやすい点にある。これを完成品としてのジオラマとすれば、地形図はその設計図で、誰もが親しめるというものではない。文字通りに鳥の眼で地形を楽しめる工夫が鳥瞰図だ。

手元にあるのは1890年（明治23）に発行された鳥羽の鳥瞰図である（図1）。「日和山眺望真景」と表題があり、発行は鳥羽町齋藤幸助。日和山は当時にあっては鳥羽唯一の観光地といってよく、観光が文字通り、高いところから下界を見渡して国の光を観る行為だった時代に、「鳥羽にきて日和山に登らぬ人と阿波幸のうどんを食べぬ人はいない」といわれるほどの名所だった。ちなみに「阿波幸」は御木本幸吉の生家のうどん屋である。

鳥羽の城跡と街地を中央右手に置き、遥かに富士浅間までを見晴かす。右は志摩の安乗、左は鈴鹿伊吹までを視野に収める、お約束の構図である。

「日和山眺望真景」とうたいながら、日和山をも含んだ構図になっているのは、見る人の視点をまず定め、そこを起点として四方に誘導するための仕掛けであろうか。山水画の庵のような役割が与えられているように思える。

日和山は標高69m。名前の通り、上方から江戸に向かう廻船が寄港して、遠州灘を越えるための日和見すなわち観天望気の場所として知られてきた。眼下に錦浦と称された鳥羽湾が広がり、小さな島々を擁した風景の美しさは江戸時代から文人墨客によって喧伝されていたところである。

往古、鳥羽の入口は絵図手前方向の峠坂だった。日和山へは途中から山道を登る。木々の間を抜けて頂上に立った旅人の眼に映る、碧い海と緑の島々の織りなす風景はまさしく一服の清涼剤に等しい価値があったことだろう。

真珠王も楽しんだ眺望

1911年（明治44）に国有鉄道参宮線が延伸、鳥羽駅が日和山下に置かれると、鉄道の利用客はこの駅を起点として鳥羽観光を楽しむことになり、それに応じて日和山への登山道も駅側に整備される。鳥羽の玄関口が入れ替わったことになる。

1929年（昭和4）には鳥羽から賢島真珠港まで志摩電気鉄道が開通、駅前の賑わいに拍車をかけた。日和山にはエレベータが建設されて、観光客を頂上に運んだ。山頂には小規模な園地なども置かれて、修学旅行生で賑わったというから、江戸の文人が好んだ静寂な景勝地とは異なる様子だったと思われる。とはいえ、眼下に広がる島嶼風景にさほど変化はなかったであろうし、真珠島も水族館もない頃の鳥羽にとっては依然として唯一の観光地であった。

御木本幸吉もここからの眺望を楽しみ、讃えたひとりである。山頂に構えた居宅の一室に客を招き入れ、「わしの

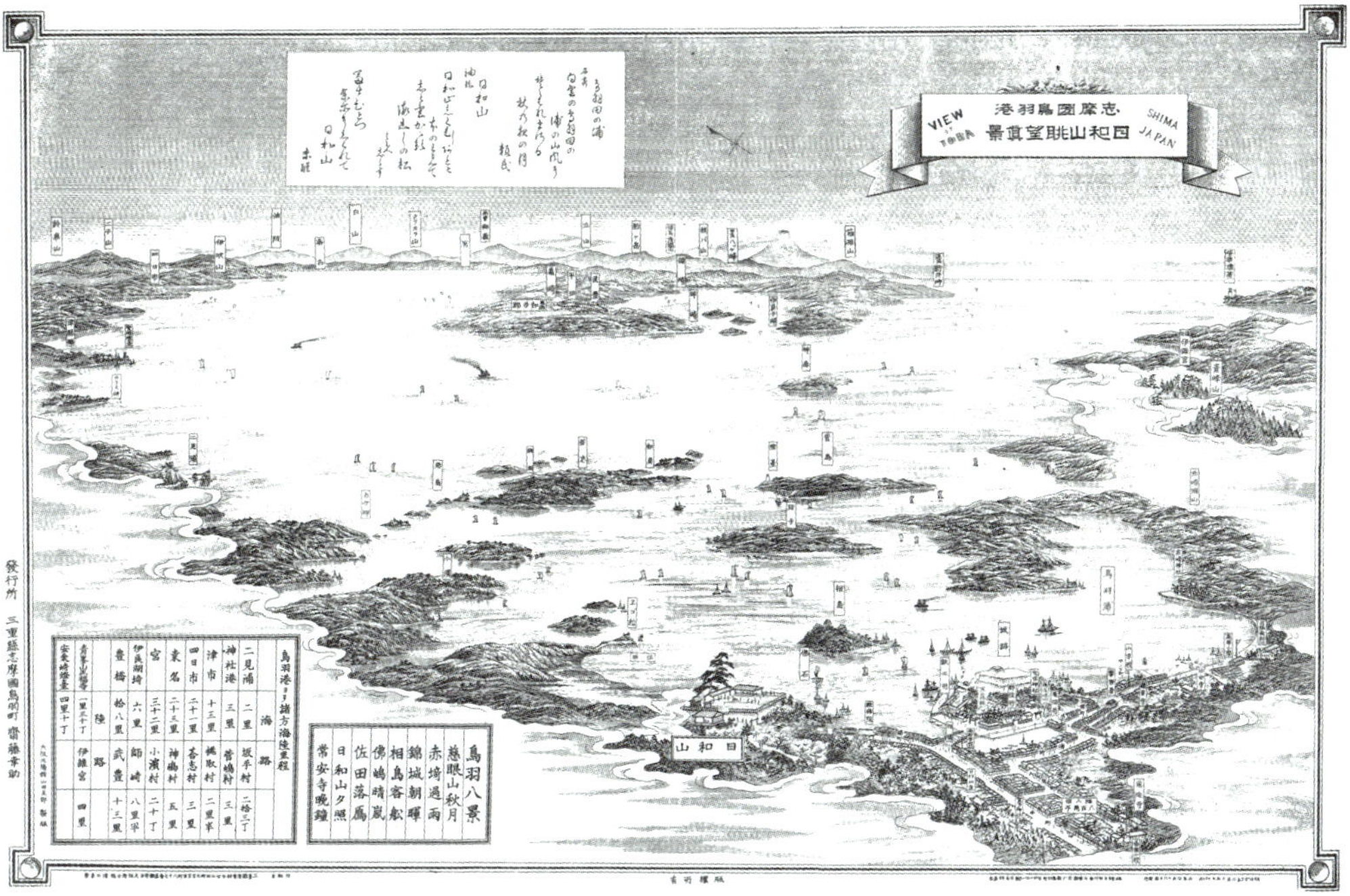

図1 『日和山眺望真景』（1890年、ミキモト真珠島 真珠博物館所蔵）
風待ち港として恵まれた地形だったことがわかる。右下の城は破却され、石垣を留めるのみ

自慢の光琳の屏風をご覧にいれましょうか」と誘う。そして客が肯うとおもむろに海側の障子を開き、眼下に広がる島々の景色を指して「これがわしの自慢の屏風です。どうです。光琳の画に似た枝ぶりの松があるでしょう。これは防虫剤もいらぬ。わしは優れた風景を楽しむのに、土地ごと手に入れるのです」といったと伝えられる。文人趣味とは無縁と思われる御木本幸吉の裏ワザというべきだろう。

鳥羽観光の原点

あらためて図の日和山山頂を見ると、茶店と思しき建物の脇に大きな木が描かれている。これが「海越の松」で、日和山のシンボルとして親しまれてきたが、すでに枯れ死して存在しない。この松に呼応するように浜に「エゴ（縁期）の松」が描かれているが、こちらが光琳の屏風の様と評された松かも知れぬ。

今、日和山に登る人は数少ない。エレベータは1974年の鳥羽駅火災で類焼し、廃された。護岸工事で眼下の風景も大きく様変わりしている。何よりも高見に上って風景を楽しむという観光行動自体が時代遅れになってしまったかに思える。

しかし、何といっても鳥羽観光の原点ともいうべき場所である。それに、風景を眺めて思索に耽るという観光行為がいつまた見直されないものでもない。古の文人が愛でた、鳥羽のランドマーク日和山がふたたび脚光を浴びる日の来ることを期待しつつ、しばらくは地図の上の風景に遊ぼうか。

鳥羽

九鬼水軍

目崎茂和

●謎に包まれた出自

九鬼《くき》水軍は、紀伊半島の熊野灘を中心に、南北朝時代から江戸末期まで活躍した九鬼氏の水軍一族の総称である。江戸時代に作成された九鬼氏の家系図には、藤原氏の末裔とされたが、その出自は不詳である。

図1　九鬼嘉隆（鳥羽市、常安寺蔵）

熊野本宮大社の八庄司の一派が九木浦（九鬼浦）に移住し、その地名から九鬼を名乗ったとか、南北朝時代に京都で生まれた藤原隆信がまず伊勢国に移住した後に紀伊国九木浦に築城したので、九鬼隆信を名乗ったとの説もある。

九鬼氏は、熊野での勢力を十分に伸ばせずにあった折に、三代目隆房の次男九鬼隆良が、志摩半島の波切村の川面家の養子となり、波切城城主になった。この時期は貞治年間（1362−1366年）とするのが定説であるが、元中年間（1384−1393年）の異論もある。隆良は子に恵まれなかったため、志摩和具の青山家から養子を迎え、波切九鬼二代目の隆基となり、この時点で本来の九鬼氏の血統は断絶する。

なお、近藤安太郎『系図研究の基礎知識』によれば、三代目とされる九鬼隆良は分家であり、本家は隆良の兄・隆長であるとする（隆良系は七代で絶える）。隆長のあとは光長・政長・政隆・浄隆・澄隆と続き、澄隆の異母弟・光隆が家督を継いで、熊野地方に留まり、光隆の弟の嘉隆は、伊勢北畠氏に仕えたと伝えられている。

戦国時代初期、九鬼氏は伊勢北畠氏に仕えていたが、伊勢北畠氏の勢力が弱まると、織田信長の下に入った。信長が北畠氏を侵攻した際に、当主の九鬼嘉隆は、織田勢を後ろ盾を得て、妻の実父である橘宗忠他を制圧し、志摩国一円を手中に収めた。

その後、信長の海戦部隊の九鬼水軍として、伊勢長島の一向一揆の戦いにおいて活躍し、大坂での石山本願寺の攻略戦では、第一次木津川口の戦いでは敗れるが、第二次木津川口の戦いでは、鋼鉄で外板を覆った日本最初の鉄鋼船「日本丸」を用いて、村上水軍ないし毛利水軍をことごとく撃破し追い払った。

信長没後は織田信雄《のぶかつ》に仕えたが、蟹江城合戦で羽柴秀吉方に寝返り、1585年（天正13）、従五位下・大隅守に叙位・任官された。九州征伐、小田原征伐に参加し、文禄・慶長の役では、朝鮮出兵への主力水軍として武功を挙げた。

このような戦功の結果、紀伊半島の制海権を与えられ、5万石の鳥羽城主の大名になった。この後、嘉隆は息子守隆に家督を譲って隠居、こうした経歴から、江戸時代には軍記物などで「海賊大名」の異名をとった。

図2　鳥羽城図（江戸時代後期、鳥羽市教育委員会所蔵）

図3　九鬼嘉隆の胴塚（答志町和具浦、鳥羽市提供）

「水軍」の末路

関ヶ原の戦い（1600年）では、石田三成挙兵の報を受け、徳川家康の上杉討伐に参加していた守隆は急遽志摩に戻る。西軍方の桑名城を落城させ、東軍最初の勝利となった。

一方、石田三成に加担要請され西軍についた嘉隆は、娘婿である堀内氏善《ほりのうちうじよし》と鳥羽城を占拠し、守隆と嘉隆は城外の合戦でも決着はつかなかった。しかし関ヶ原の戦いでの西軍敗北が伝わると、氏善はすぐさま失踪し、嘉隆は鳥羽沖の答志島へと逃亡。騒乱は収束した。

守隆は、桑名城戦での功により鳥羽城を安堵された。そして徳川家康から嘉隆の助命の許しを得るが、嘉隆は逃亡先の答志島で自刃した。

鳥羽城主として5万6000石を持っていた守隆は、仏門に帰していた五男の九鬼久隆を還俗させ後継者にしようとした。しかし三男の九鬼隆季から猛反発をうけ、家督争いとなった。

守隆の死後も家督争いは続き、この騒動をみた幕府により、九鬼家は代々守ってきた志摩国を失い、九鬼久隆は摂津国三田藩3万6000石に、九鬼隆季は丹波国綾部藩2万石に移封された。ここに九鬼水軍はその水軍力を失い消滅する。

幕末、三田・綾部の両藩は、共に討幕派について参戦。藩主家は1885年（明治17）子爵となり、華族に列した。男爵・九鬼隆一、その子で『「いき」の構造』の著者で哲学者・九鬼周造などが末裔である。

「御食つ国」の中枢――志摩国府

田村陽一

「御食《みけ》つ国志摩の海人《あま》ならし真熊野の小舟に乗りて沖へ漕ぐ見ゆ」(大伴家持『万葉集巻六・1033』)

「御食つ国」は志摩の枕詞である。すなわち古代の志摩国は、天皇の食料を献上する国であった。

志摩国ははじめ志摩郡の一郡で成立、のちに答志《とうし》・英虞《あご》の二郡となったが、平地に恵まれず口分田の班給もままならい小国(下国)だった。

平城京跡から出土する木簡には、名錐《なきり》・船越・和具といった郷名とともに、鰒《あわび》や海《み》松《る》、海鼠《なまこ》、海藻などの海産物の名がみえる。古来、志摩国から朝廷への貢進物はすべて海産物であった。それは志摩国が豊かな海の幸に恵まれた土地だったからに他ならない。

◉砂州の上に国府

律令体制下の地方中心都市として、それぞれの国におかれたのが国府《こくふ》である。今で言えば県庁所在都市とでもいえようか。ゆえに全国に国府・国分・府中などといった関連地名が多く残る。

志摩国の国府《こくふ》は、地名が今に残る志摩市阿児町国府《こう》にあったとされている。国府集落は、国府白浜と呼ばれる美しい砂浜海岸に沿って、北北東から南南西にのびる標高2~3mほどの砂州(砂堆)上に立地する(図2)。

集落の北端近くに国府《こう》神社があり、この近辺に国庁があったと考えられている。鳥居前から南に約1kmにわたって直線道路がのび(図3)、

図1　1/2万「的矢」「浪切村」1892年

図2　上空からみた国府集落(1975年、国土地理院　CKK-75-12 C27-36　部分使用)

それに直交する東西道路や地割が残る（図1）。

集落西側の低湿地を中心に、東海道、北海道、西海道、岡海道など「海道《げと》」という小字地名が残る。「海道」は海からの、あるいは海へ出る道（水路）を指すという。

今でこそ湿地は陸化しているが、かつては砂州により取り残された海の一部（ラグーン＝潟湖《せきこ》）であり、古代・中世には天然の良港として盛んに利用されたという。したがって、志摩国府においても、ラグーンの奥部、すなわち国庁の西傍らに国津を想定できるのかもしれない。

貢進物はいったん国府に集められてから都へと出荷されたと考えられ、答志や波切周辺から国府への集荷や、都へむけての出荷には陸路でなく、海路が利用されたのだろう。

海岸に重要な国家施設を設けた背景には、このような志摩国における海上交通の重要性も関係するのだろう。

国府神社北方には国分寺があり、周辺に「大門」「大堂《おおど》」「御堂後《みどうしろ》」などの小字名が残る。奈良時代の瓦なども出土しており、近辺に国分寺および同尼寺があったことが想定され、発掘調査による国府や国分寺関連遺構の発見が期待される。

国府集落を歩く

国府には碁盤目状の区画をなす国府域がともなうのが一般的だが、志摩国府の場合には平地が狭く余裕はない。それでも、前述の直線道路や直交する地割から狭小な国府域が想定できる。都から続く官道がこの直線道路に通じ、国庁との公式な往来を想定した、小国なりの都市計画に基づいて国府がつくられたことをうかがわせる。

国府集落は、防風・防砂機能を備える背の高い槇垣を四周に巡らせた屋敷が軒を連ねる美しい集落だった（図4）。

しかし、端正に刈り込まれていた槇垣は、住人の高齢化により手入れが行き届かなくなり、背を低くされたり撤去されるなど、特徴的な集落景観を失いつつある。

また、子女が独立すると夫婦単位で屋敷内にて別居する家族別隠居がおこなわれ、親子間でも別居・別食・別財とする独特の家族制度があった。

だが、今や若い世代は職を求めて集落から去り、隠居制度は崩れ去って久しいことを、自宅の槇垣前にたたずむ老婆が教えてくれた。

古い歴史と自然環境によって長らく保たれてきた集落景観が、地域社会の変容によって急速に変貌しつつある姿を、ここでも見ることができる。

図3　国府神社からのびる直線道路

図4　直線道路沿いの槇垣

志摩

真珠筏浮かぶ里海——英虞湾今昔

田村陽一

〝海女と真珠のふるさと〟こんなイメージが定着している伊勢志摩の海。なかでも先志《さき》摩半島に抱かれた英虞《あご》湾周辺の景観は、絶景と呼ぶにふさわしい。近鉄志摩横山駅から西へ車で約10分、横山展望台に立つと、先志摩の特徴的な地形を一望することができる（図1）。

図1　横山からの展望

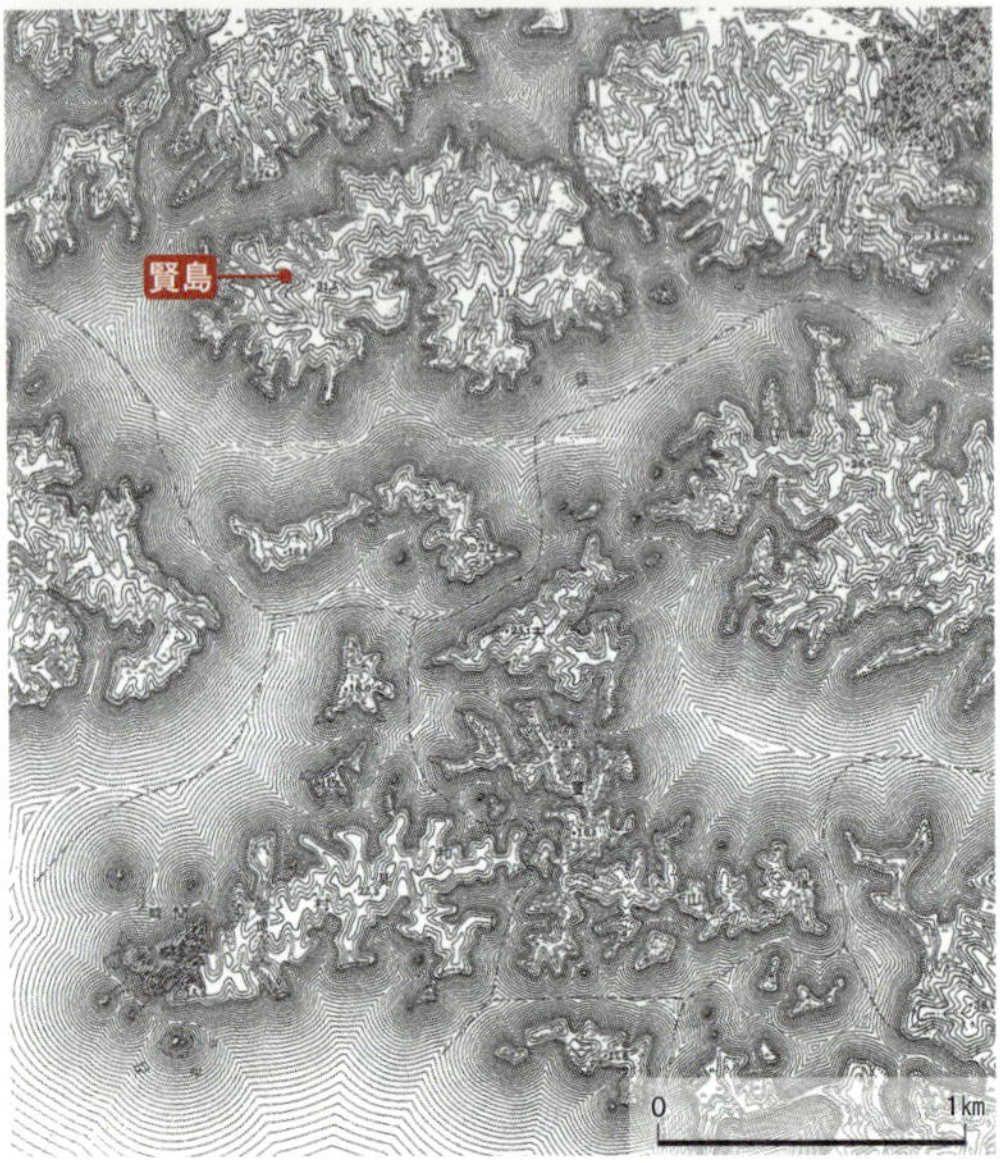

図2　1/2万「波切村」1894年

標高20~40mほどの平坦な台地。複雑に入り組んだ海岸線と、養殖筏《いかだ》浮かぶ青い海。鮮やかな緑の木々に包まれた大小の島々。これらの織りなす多島海の光景に、人々の暮らしがとけ込んで美しい。

かつて、先志摩一帯は浅い海底にあり、浸食（海食）と堆積によって平坦な地形（海食台）が形成され、のちに隆起、陸化して台地（隆起海食台）となった。

その後、長年の浸食により、台地には樹枝状に谷が刻みこまれ、後に海面が上昇して谷は波静かな溺《おぼ》れ谷となった。

この、里海とも呼べる穏やかな英虞湾は、真珠養殖に格好の海であった。

1893年（明治26）、世界初の半円真珠養殖に成功した御木本幸吉は、特許を得て企業化を進めた。英虞湾での養殖を拡大する一方、販路開拓にも力を注ぎ、東京銀座に進出、世界各地の博覧会へ出品するなどしてミキモトパールの名を広め、幸吉は「真珠王」と呼ばれるようになった。

●真珠養殖業の発展

統計によると、1926年（昭和元）、三重県では251

kgの真珠を生産、33年以降急増し、38年には4081kgと戦前のピークを迎えた。小資本でも高収入が得られたので、湾内漁民の多くが養殖業に転じたのだった。

その後、戦争による統制のため生産は激減したが、戦後は進駐米軍将兵による真珠の買い漁りをきっかけに、市場は活況を呈し輸出が急増、空前の真珠ブームが訪れた。

そのため再び養殖業者の乱立を招き、49年の260から、52年には1147に激増。実に全国事業者の95%、生産量においても58年には75%を占めるに至り、真珠王国三重の名をほしいままにした。

この真珠生産を支えたのは、わずかな養殖筏を経営する家族労働中心の零細業者であった。戦後のピークを記録した66年の総事業者3103に占める零細事業者（筏数1~29）は2508で、その割合は実に81%にのぼる。

この真珠ブームは英虞湾の海岸景観を一変させた。湾内は真珠筏で埋め尽くされ（図3）、樹枝状の半島尾根に、作業に行き来するための小道が切り開かれ、海岸には養殖工場が軒を連ねる特徴的な景観が形成された。

このように、英虞湾周辺の景観には、海上の筏群だけでなく、真珠養殖に関わる人々の生業景観が深く刻み込まれているのである。

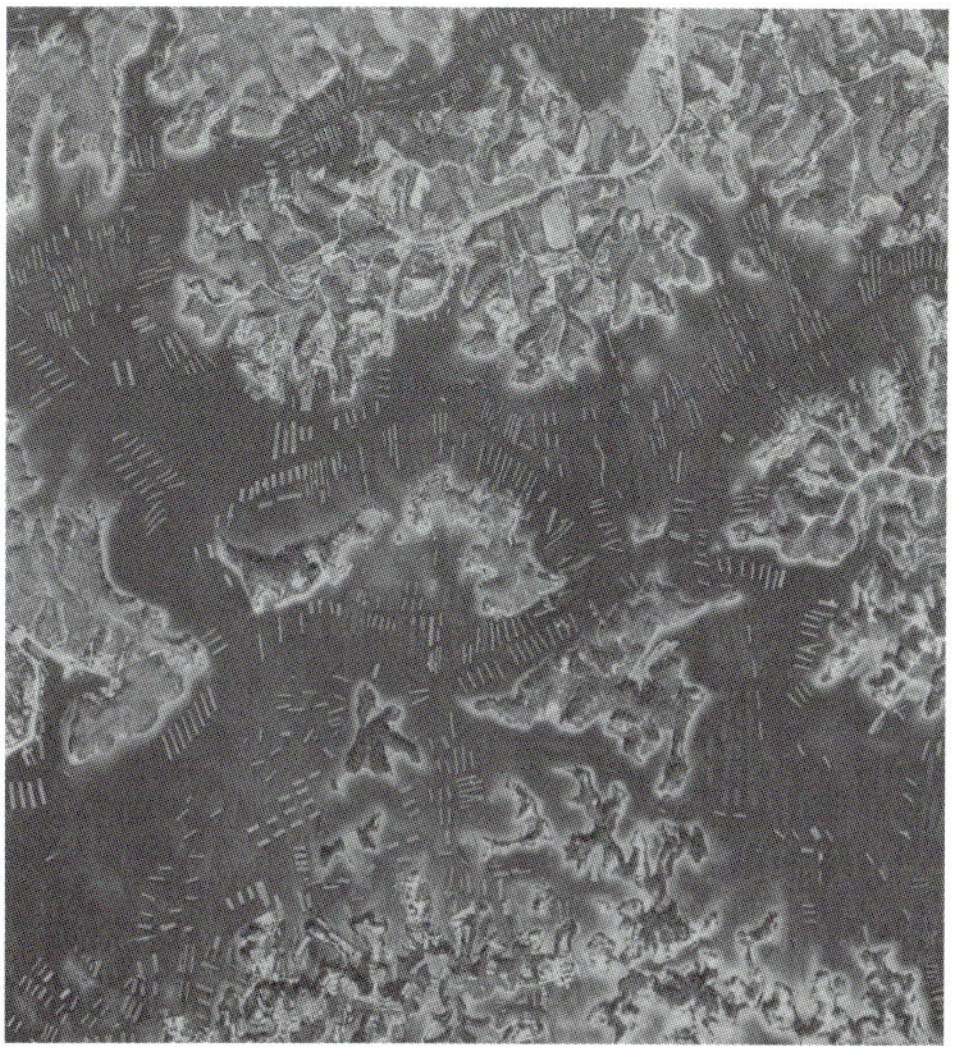

図3　湾を埋める養殖筏（1963年、国土地理院 KK6313X-C5-21　部分使用）

真珠養殖業の衰退

67年以降、三重県の真珠生産量は減少に転じ、三重県の地位も低下し始めた。さらに英虞湾の環境悪化、アコヤ貝の大量死、価格不安、不況などにより、生産は減少の一途をたどった。養殖従事者の高齢化と後継者不足も、衰退に拍車をかける。

2013年の三重県の真珠生産量は3919kg。愛媛県・長崎県に次ぐ全国3位で、23%を占める。

阿児町立神や神明の集落を歩くと、真珠養殖での成功を物語る立派な庭園付き屋敷を目にするが、住人が去り廃屋化した家も少なくない。

かつて湾内を埋め尽くした養殖筏もめっきり少なくなった。活気にわいた養殖工場にも、今や人影はほとんどない。割れたガラス窓、朽ちて傾く壁、打ち捨てられた器具や廃棄貝。雑木や雑草に覆われ廃墟と化した姿は痛々しい。

そこには展望台からでは見えない、〝英虞湾の今〟がある。

中世壬生野を歩く

竹田憲治

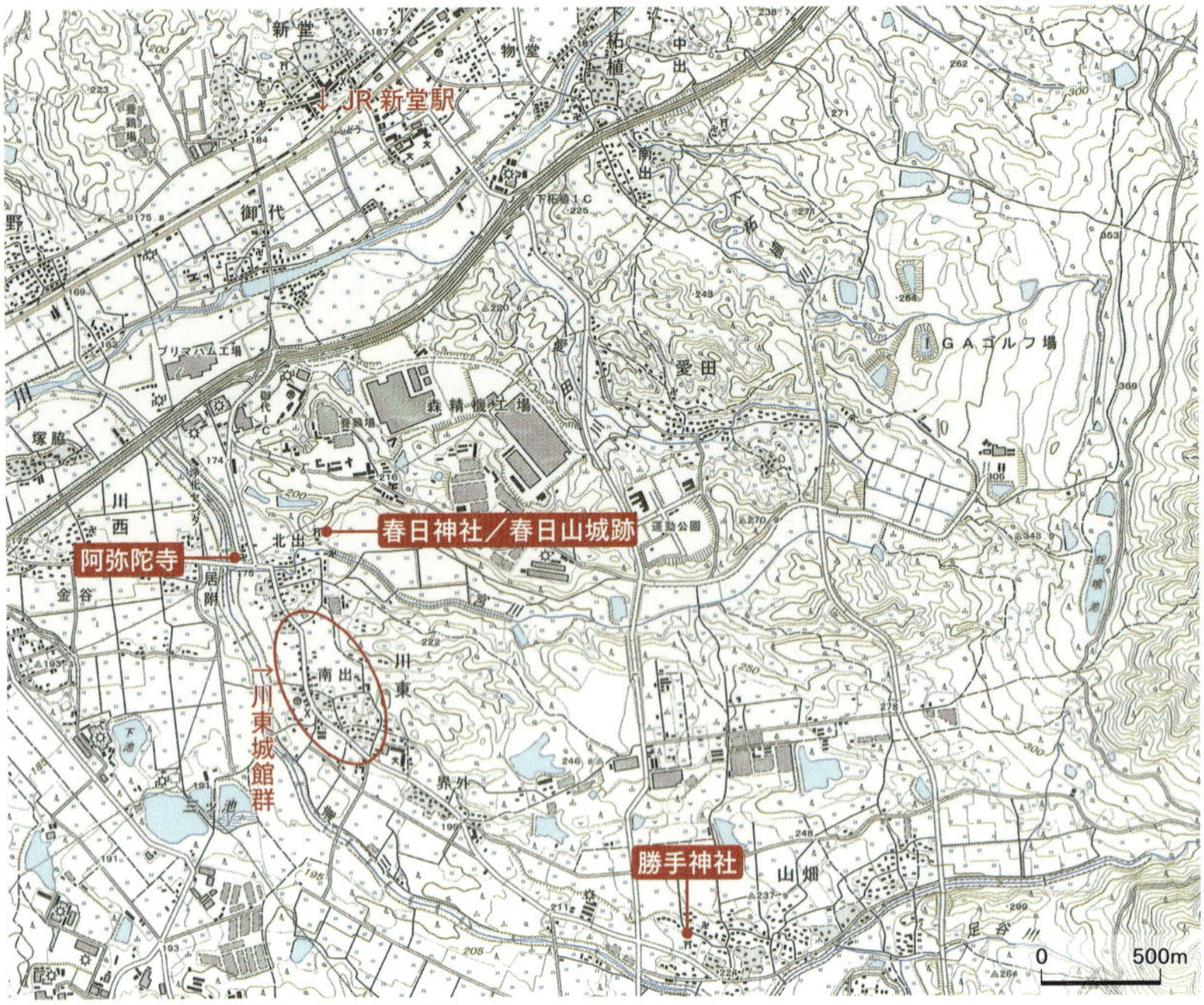

図１　1/2.5 万「上野」2006 年修正

図２　阿弥陀寺の五輪塔

ＪＲ関西線の新堂駅から南下し、柘植川と名阪国道を越えると、川東の集落が近づいてくる。このあたりが、平安時代から鎌倉時代にかけての奈良春日若宮社の荘園であった「壬生野庄」の中心地となる。

川東集落の西には、阿弥陀寺がある。山門をくぐって右手には、高さ２・４ｍを越える巨大な五輪塔（阿弥陀寺の五輪塔、三重県指定有形文化財）が目に入る。この塔は、鎌倉時代後期の美しいもので、三重県内の五輪塔の典型ともいえるものである。奈良県西大寺の叡尊供養塔を模して造られたという説が有力である。

寺の東には、通称「ダイショウジ」という地名が残る。この辺りには、西大寺の直末寺（本山が住持職を任命する寺）である「大聖寺」という寺院があったと伝えられている。鎌倉時代後期に律宗が伊賀に教線を拡大し、西大寺の直末寺である大聖寺と、叡尊の供養塔を模した五輪塔が建てられるという、壬生野と西大寺・律宗とのつながりの強さを示す物語を描くこともできる。

人々の暮らし伝える絵馬

寺を出て東に向かうと、春日神社がある。神社の拝殿（三重県有形文化財）は織田信長の伊賀侵略時（天正伊賀の乱）の火災を免れたと伝えられるもので、柱や斗栱には室町時代の部材が残っている。柱の角部分の大きな面取りが時代の特徴をよくあらわしている。

拝殿内には、江戸時代中期から昭和にかけて奉納された大絵馬（三重県指定有形民俗文化財）が飾られている。絵馬には「春日神社境内図」、「相撲図」、「鍵屋の辻仇討図」などがある。これらは銘文から、雨乞祈願あるいは雨乞満願御礼のため奉納されたもので、旱魃に苦しんだ伊賀の人々の暮らしをよく伝えている。

図３　春日神社拝殿

春日神社にはこのほか、安土桃山時代の宮座の様子を伝える文書（春日神社古文書、伊賀市指定有形文化財）、獅子神楽（伊賀市指定無形民俗文化財）、社叢（伊賀市指定天然記念物）、文化財指定は受けていないが神社裏山の春日山城跡や拝殿横にある室町時代の石造層塔など、多くの文化財が残る。

点在する中世の屋敷地

神社を出て南に向かうと、道沿いに土塁に囲まれた屋敷が点在していることに気づく。これらは、戦国時代から江戸時代にかけての村の有力者たちの屋敷地である。今も住み続けている人が多いので、見学には注意したい。遺構の残りの良い屋敷は、藁葺きの建物の周りにある高い土塁や出入り口の虎口がよく観察できる。その中の一つ、澤村氏館の敷地内にある「ケヤキとしなのがき」は伊賀市の天然記念物に指定されている。

図４　川東城館群

さらに南に向かい、県道から東に離れると、勝手神社がある。この神社で10月の第２日曜に行われる勝手神社の神事踊（三重県指定無形民俗文化財）は、江戸時代から盛んに行われた「風流踊り」の流れを伝えるもので、色とりどりの花を付けて垂らした飾りを背負い、胸につけた羯鼓を打ちながらゆっくりと踊る。かつて伊賀で盛んに行われていた「かんこ踊り」の代表例といえるものである。

図５　勝手神社の神事踊

伊賀国の条里と国庁跡

服部久士

伊賀国の条里と万町の沖

四周を山に囲まれた伊賀国は、東を鈴鹿山脈・布引山地に阻まれ、柘植川・服部川・長田川・名張川の四河川は北流あるいは西流し、木津川・淀川となって大阪湾に注ぎ込む。この四河川の流域には、条里地割が見られるが、阡線は河谷ごとに異なっている。

図1　1/2.5万「上野」1982年　❶伊賀国庁跡　❷御墓山古墳　❸さしがね　❹一之坪　❺伊賀国分寺跡

伊賀国は一時期、伊勢国に編入されていたが、680年に阿拝《あへ》（阿閉）・山田・伊賀・名張の四郡を割いて置かれた。律令制下では、大・上・中・下国のうち志摩国などとともに下国に位置づけられていた。

阿拝郡（伊賀市）の柘植川と服部川に挟まれた地域は「万町の沖」と呼ばれる。服部川の寺田付近を扇頂として緩やかに堆積した沖積扇状地である。柘植川南岸にある国史跡の三重県で最長を誇る全長188mの前方後円墳の御《み》墓山《はかやま》古墳の西方まで条里地割が広がっていた（図1）。

伊賀の条里地名の残存は少ない。阿拝郡では奈良時代の玉滝杣《そま》券の記事などから、条里の復元が試みられた。各里の南東角から坪並が始まり、一坪から西進し六坪まで行くと、千鳥式に連続して北に向かって進んでいき、条は第一列の進行方向すなわち、東から西へ、里は南から北へ向かって進んでいる。

坪は約109m四方であるが、「万町の沖」では、ほぼこの規格による区画が連続しており、寺田の西北に位置する高畑地区に「一之坪」という小字名が残る。また、通称「さしがね」と呼ばれる地点の南北道路や印代《いじろ》の集落から高羽根への南北道路なども条里区画の痕跡がうかがえる。

伊賀国庁跡と古代の景観

伊賀国府の所在地は、18世紀の『三国地誌』刊行時には、すでにその位置は明確でなかった。近年では阿拝郡の柘植川南岸の「万町の沖」を比定する説が有望であった。

しかし、圃場整備事業に伴う埋蔵文化財発掘調査の成果により、やがて、その所在地が明らかとなっていった。1988年（昭和63）に印代地区で幅3mのトレンチで約5000㎡の確認調査がおこなわれた。その結果、弥生時代や中世の遺跡が確認されたが、古代の遺構・遺物はほとんどなかった。伊賀国府跡は伊賀盆地の特性である霧の中に隠れた状況となった。

翌89年から調査範囲が一之宮・千歳《せんざい》地区に広げられたが、顕著な遺構や遺物はなく、条里地割のある柘植川南岸で古代官衙が造営された可能性はなくなった。

柘植川北岸は、わずか100mほどの沖積台地があるが、平たん地は少ない。しかし、坂之下地区で奈良・平安時代の遺物が採集され、字名の国町を地元の人たちが「こくっちょ」と呼ぶことが判明した。ここに、調査範囲が坂之下字国町に及び、伊賀国府の政庁にあたる伊賀国庁跡の姿が出現した。この遺跡は、2009年7月に「伊賀国庁跡」として国史跡に指定されている。

なお、1888年（明治21）に内務省地誌取調所の川井景一が編輯した『伊賀国名勝図』の「伊賀国明細図」には、柘植川北岸に「国府」の文字が記載されているが、典拠は不明であり、経緯はわからない（図2）。

伊賀国庁跡の調査では、正殿・脇殿・前殿と考えられる中心的建物の掘立柱建物跡が確認され、1993年には、「国厨」と書かれた墨書土器も出土している。なお、東へ1・5㎞の地には御墓山古墳が所在する。

図2 「伊賀国明細図」に記載の国府（矢印）（出典：『伊賀国名勝図』三重大学附属図書館所蔵）

柘植川北岸は、711年（和銅4）に平城京からの官道である古代東海道が開かれ、国庁跡から西南西に約3・5㎞には三田廃寺が、約5㎞の地には新居駅家《にいのうまや》が推定されている。また、国庁跡から「万町の沖」のN4度30分―Eを阡線とした顕著な条里地割に沿って南行すると、約5㎞の所に奈良時代に建立された国史跡伊賀国分寺跡がある。その東には国分尼寺にあたる国史跡長楽山廃寺跡があり、古代伊賀国の景観が浮かび上がってくる。

伊賀の「忍び」

山田雄司

●忍びとは

「忍び」という語句は、『太平記』巻第二十「八幡宮炎上の事」を初見とし、以来『日葡辞書』に記載されるなど、一般に用いられるようになっていった。しかし、そのもつ意味は、江戸時代前後で大きく異なる。すなわち、江戸時代以前の南北朝時代から戦国時代にかけては、敵陣に侵入して情報を獲得することを第一の職能とし、その情報により主君は敵方に攻撃をするか否かの判断を下した。忍びは堀を渡り、塀を乗り越え、鍵を開けて侵入し、兵糧の有無、城の内部構造、敵将の様子などを探り、自陣に戻ってきてそれを図面に書き起こして伝えたのである。こうした職務に加えて、時には戦闘・放火・破壊などをおこなうこともあった。

ところが、江戸時代になって太平の世が訪れると、戦闘をともなうことはなくなり、敵城に忍び込む必要性も少なくなっていった。ときには探索などの任務をこなすこともあったが、平時は門の警備や護衛などの職務をこなすこととなったのである。一方、徳川家康が江戸城の警備や探索役として伊賀者・甲賀者を採用したことから、1618年（元和4）成立の軍学書『軍法侍用集』に「諸家中に伊賀甲賀の者あるべきの事」とあるように、伊賀者・甲賀者は忍びの中でも最も優れているという認識が広まり、諸大名がこれらを採用して城下に住まわせて忍び役とすることとなった。そのため藤堂藩は伊賀者が妻子を残して他藩に仕えることを禁ずる命令をたびたび下している。そしてそのまま他藩に移住した者も少なくなかった。

そうした忍びは、名前が秘密にされていたり親子でも忍びということを知らなかったというわけではなく、絵図等にしっかり名前が記されている。それでは次に、江戸時代の上野城下における忍びについて具体的に見てみたい。

●上野城下の忍び

上野城は1585年（天正13）8月、大坂城の守りとするため、豊臣秀吉に命じられて伊賀に転封された筒井定次によって、文禄年間（1592〜96）に築城がおこなわれた。東南角に三層の天守、本丸西に二の丸、北の山下に三の丸を配置し、南と西の旧集落に城下町が形成された。

徳川家康によって天下統一がなされると、1608年（慶長13）8月25日、家康は信頼を寄せていた藤堂高虎を伊賀一国10万石、伊勢の内10万石、伊予の内2万石で移封した。そして、築城の名手である高虎によって1611年（慶長16）正月から上野城の大改築がなされ、このときに城の性格も大きく変化し、大坂城を守るための城から大坂城を攻撃するための城となり、城の西側には高さ30mほどの日本一、二とされる石垣も築かれた。

築城とともに城下町の整備

もおこなわれた。城の南側に外堀を通し、主にその南に城下町が形成された。通りに沿って、東西に本町通り、二之町通り、三之町通りの三筋町、南北に東之竪町、中之竪町、西之竪町が形成された。城下町の南には鉄砲者の屋敷が、南東には寺院が配置され、外堀の南の町屋の南側に武家屋敷が並び、その一角に忍びの居住地が設けられた。城下町に忍びの住む地区が設定されるのは上野独特なわけではなく、桑名や彦根をはじめ各地で見られ、忍びは藩主の意を受けて探索や警備、さらには城下の治安維持のための任務をこなした。

『公室年譜略』1614年（慶長19）の項には、「伊州ニ代々居住スル郷士ニ忍ヒ間諜ノ妙術ヲ得タル者多シ、是ヲ十人撰ミ出シ、貝野孫兵衛・山本喜太郎・木津伊兵衛・服部七右衛門・井岡瀬之助・早田仁左衛門・曽我五郎兵衛・板崎喜兵衛・松尾五郎左衛門・壱人名不知、右十人各割小屋敷ヲ伊州上野城外ニ於テ賜フ、今ノ忍町是也」と記されている。戦国時代以来、伊賀各地に居住していた土豪衆の中から、忍びの術に優れていた者を選んで上野城下に住まわせたことがわかる。また、1630年（寛永7）の分限帳には忍びの者10名が記され、1645年（正保2）からは「忍び衆」を改めて「いが衆」または「いか者」と呼ぶようになり、城下の監視もおこなうようになっていったのであった。

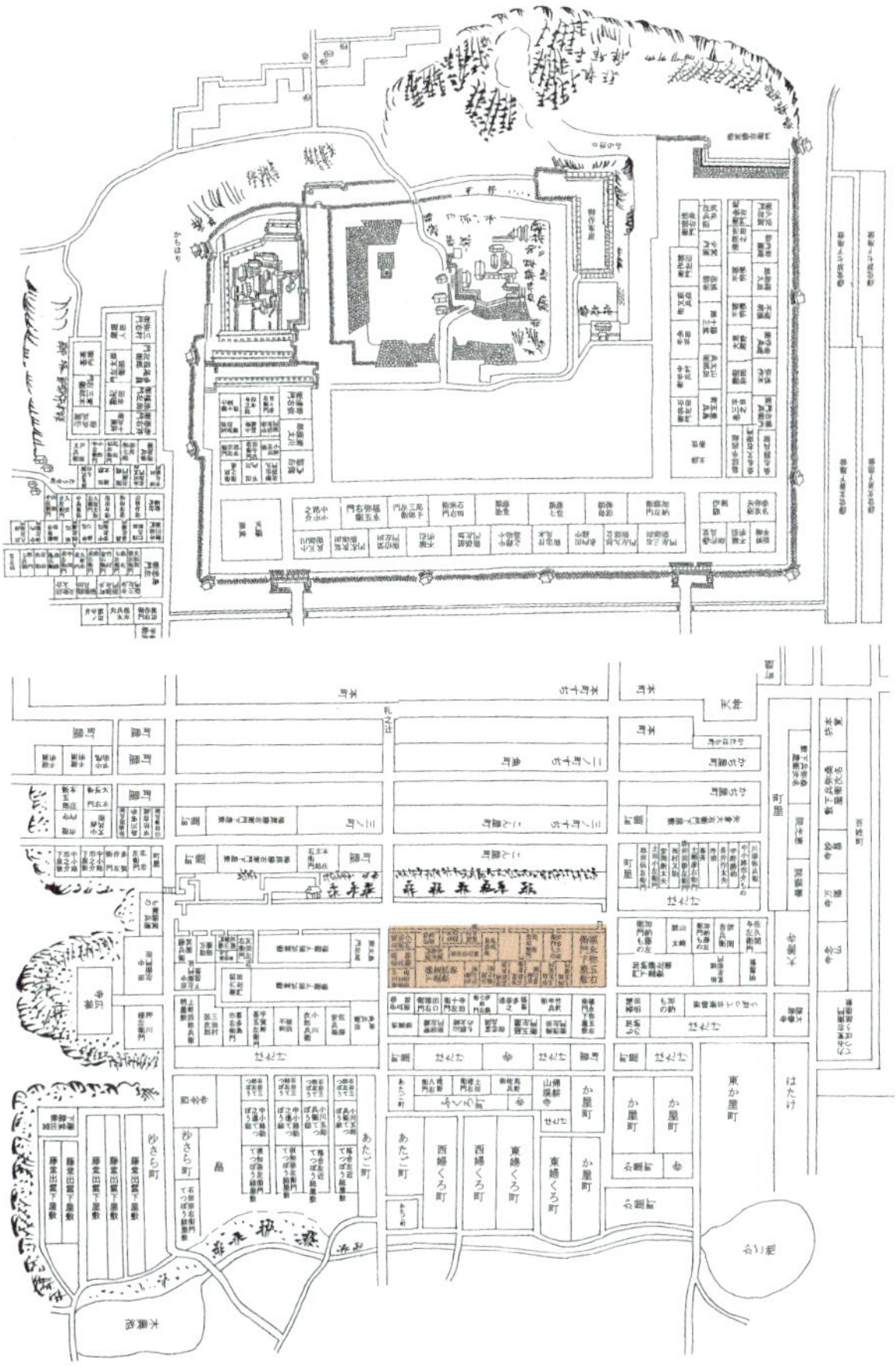
図1 「寛永年間上野城下町図」（出典：『上野城絵図集成』）

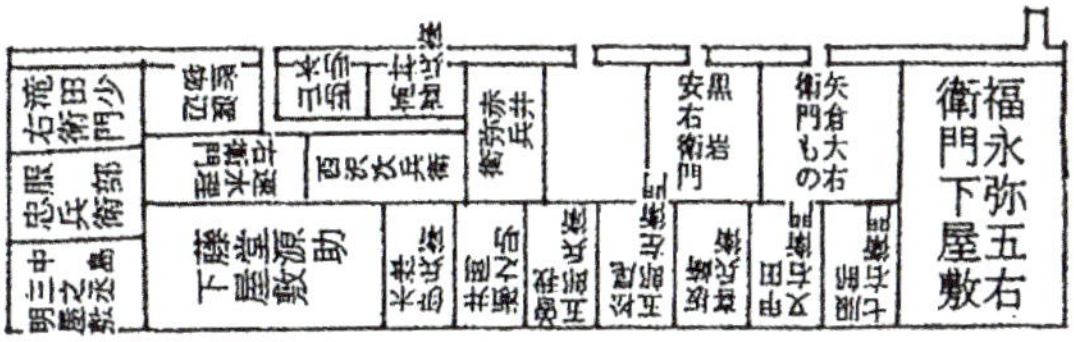

図2 忍町部分（図1の赤枠部分）

名張城下町と初瀬街道の町並み

竹田憲治

近鉄名張駅西口を出て、県道を右に曲がり、坂道を下ると左側に名張中学校、名張小学校がある。この場所には、松倉氏の城、のちの名張藤堂家陣屋があった。今は学校の敷地になっていて往時の面影を留めていないが、陣屋の北端、かつての「中奥」、「祝間」などを中心とした部分が、名張藤堂家邸跡（三重県指定史跡）として公開されている。

名張藤堂家は藤堂高虎の養子高吉の家系で、一族最大の領地を持ち、代々「宮内少輔」を名乗った。

再び県道に戻り、坂道を下りると、初瀬街道との交差点がある。右に折れると、上八町の町並みがある。町並みの中にある山口家住宅、梅田家住宅（ともに国登録有形文化財）がある。かつては、山口家は旅館業を、梅田家は鋳物屋を営んでいた。

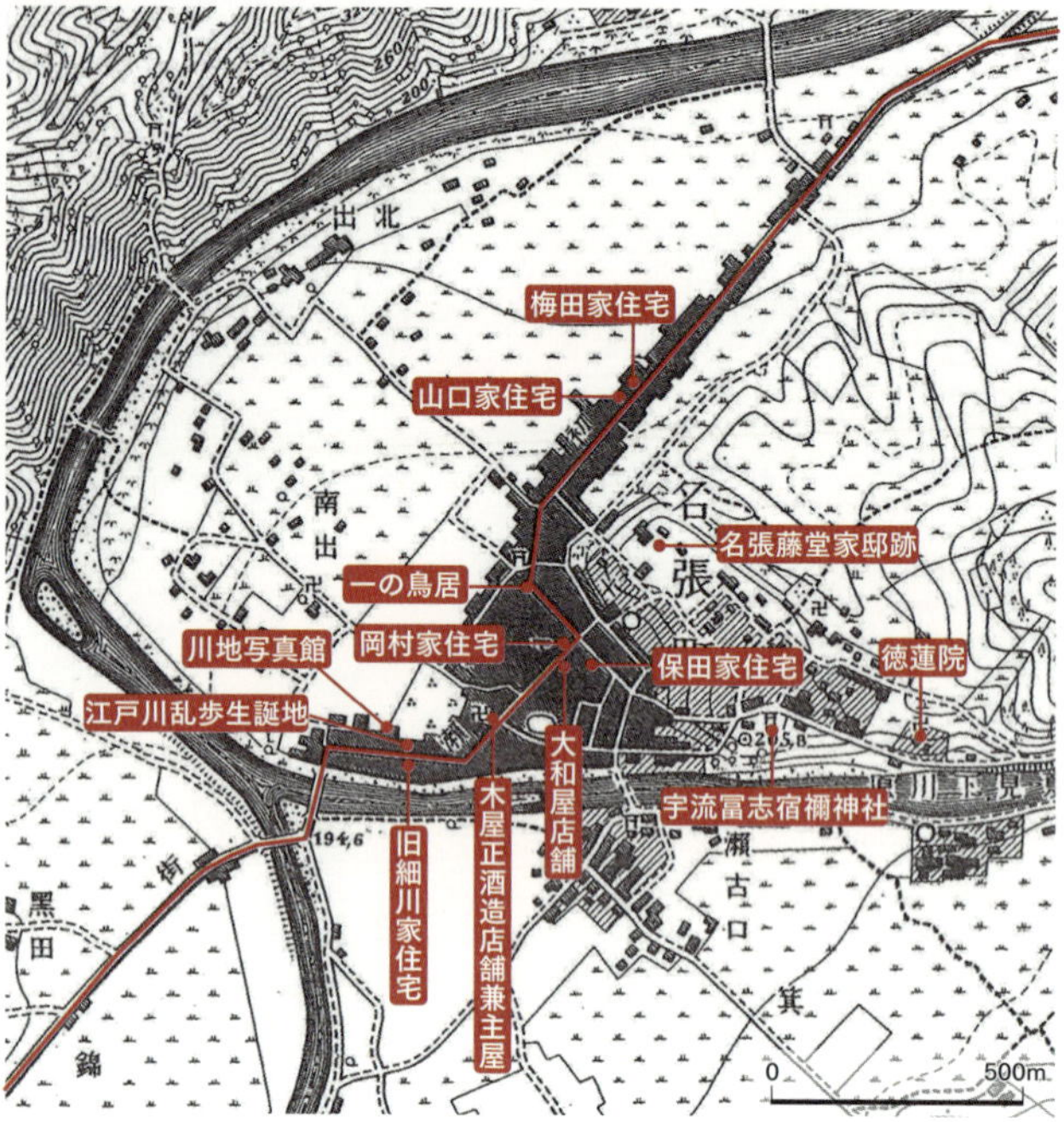

図１　1/2 万「名張」1891 年

図２　名張藤堂家邸跡

図３　梅田家住宅

街道を戻り西に進むと、宇流冨志禰神社の一の鳥居（名張市指定有形文化財）がある。

初瀬街道は鳥居の脇を通り、アーケード街の手前を右に折れる。このあたりには、岡村家住宅、大和屋店舗、木屋正酒造店舗兼主屋、旧細川家住宅など、国登録有形文化財の建物が続く。大和屋店舗では秋になると名物の「栗羊羹」が売られ、10月最終土日の宇流冨志禰神社の祭礼日には、当日限定の「丁稚羊羹」が売られる。木屋正酒造店舗兼主屋は、清酒「高砂」、「而今」の銘柄を持つ老舗である（「而今」はネット販売のみ）。

初瀬街道が名張川を渡る新町橋の手前を右に折れ、さらに右に折れると、地元で「ひやわい」といわれる路地裏道になる。この近くには、推理小説で有名な江戸川乱歩生誕地の碑がある。

さらに「ひやわい」を進み、左に折れると、目につくのが三角の妻壁の上に小塔形の飾りがついた川地写真館（国登録有形文化財）である。

初瀬街道を戻り、アーケード街に入ると、宇流冨志禰神社の参道となる（ちなみにアーケード街の名前は「サンロード」）。しばらく直進すると、保田家住宅（国登録有形文化財）がある。さらに進み鳥居をくぐると、宇流冨志禰神社が見えてくる。この神社は名張では「春日さん」と呼ばれ、市民の崇敬を集めている。神社に伝わる「能・狂言面」（三重県指定有形文化財）は名張藤堂家から寄進されたものである。

神社の北を抜け、近鉄の踏切をわたると、名張藤堂家の菩提寺、徳蓮院がある。ここには名張藤堂家初代の藤堂高吉をはじめとする歴代当主の供養塔が並ぶ。

図4　宇流冨志禰神社一の鳥居

図5　木屋正酒造店舗兼主屋

図6　江戸川乱歩誕生地碑

図7　宇流冨志禰神社

矢ノ川峠と熊野街道の今昔

家崎 彰

尾鷲と熊野（木本）を繋ぐ道は、時代により随分変化してきた。

江戸時代の道は、2004年「紀伊山地の霊場と参詣道」として世界遺産登録された通称「熊野古道」とよばれる石畳の峠道で、尾鷲からは八鬼山を越えて熊野灘沿いに、歩いて1日半の険しい道である。

明治になって、その道が一部変更され、さらにその八鬼山越えの道に代わって、1888年（明治21）新たに矢《や》ノ《の》川《こ》峠越えの自動車道が開かれた。

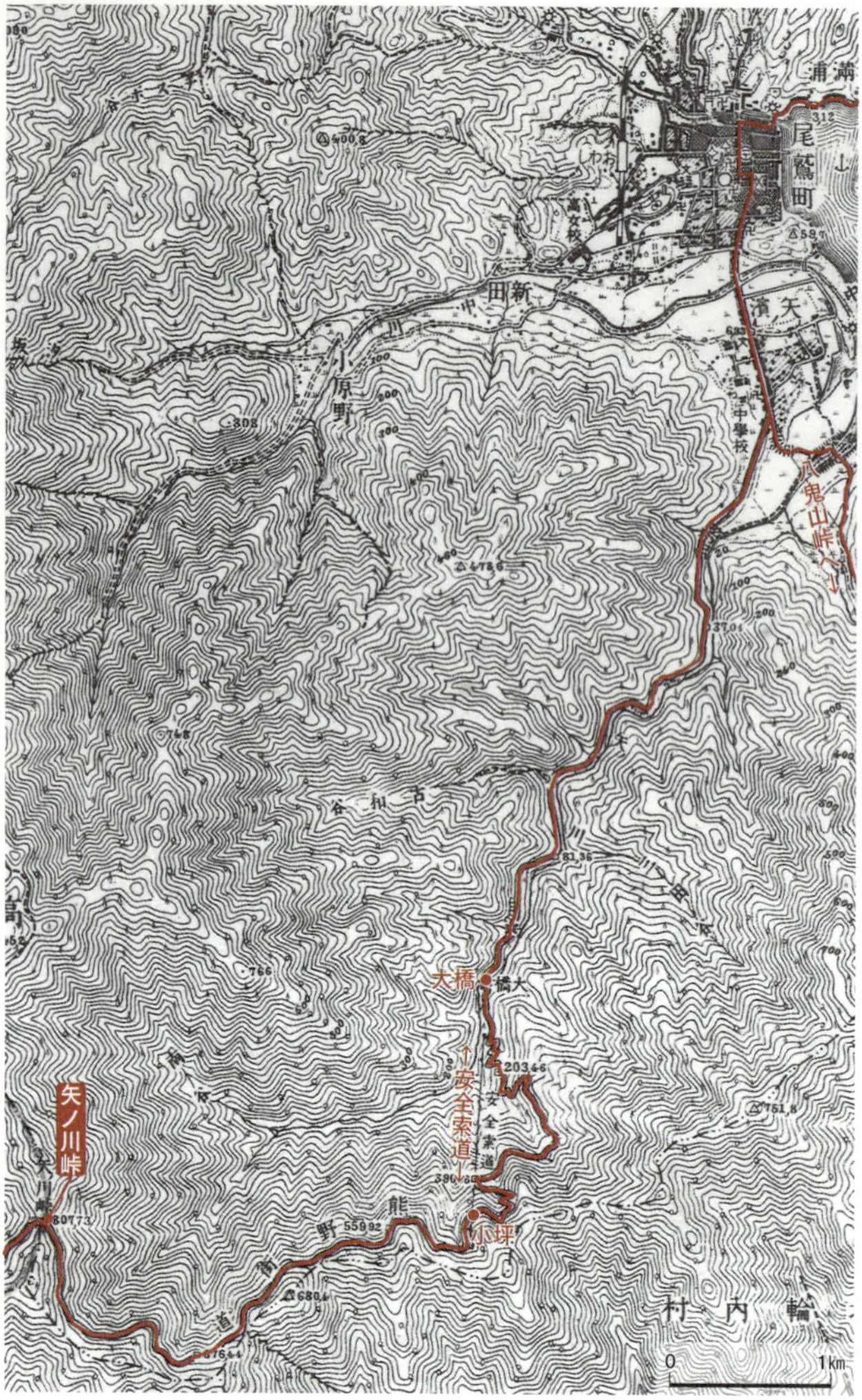

図1　1/5万「尾鷲」1948年修正

しかし、この道は勾配がきつく、冬場は凍結して危険なので、1927年（昭和2）、途中の大橋—小坪間を索道で結び、二人乗りのゴンドラで貨客を運んだ。この索道は「安全索道」という名称で、日本初のロープウェイであった。小坪駅からは雄大な熊野灘とリアス式海岸が眼下

図2　安全索道のゴンドラ（想い出の矢ノ川峠の会提供、以下同じ）

に広がり、これを眺望するために多くの観光客が訪れ、安全索道は尾鷲の名物になった。

1934年、国鉄紀勢東線が相可口（多気駅）から尾鷲まで延びると、木本への乗り継ぎの必要から、1936年、矢ノ川左岸の南谷を迂回する新たなバス道（矢ノ川新道）が開かれた（図4以下参照）。この道によって、奥地の木材はトラック輸送が可能になり、人々も定期バス（省営バス）によって木本まで3時間で結ばれるようになった。カーブになるとボンネットバスの後部座席は空を飛ぶようで恐ろしかったそうだが、営業期間中一度も事故のなかったことが関係者の誇りである。

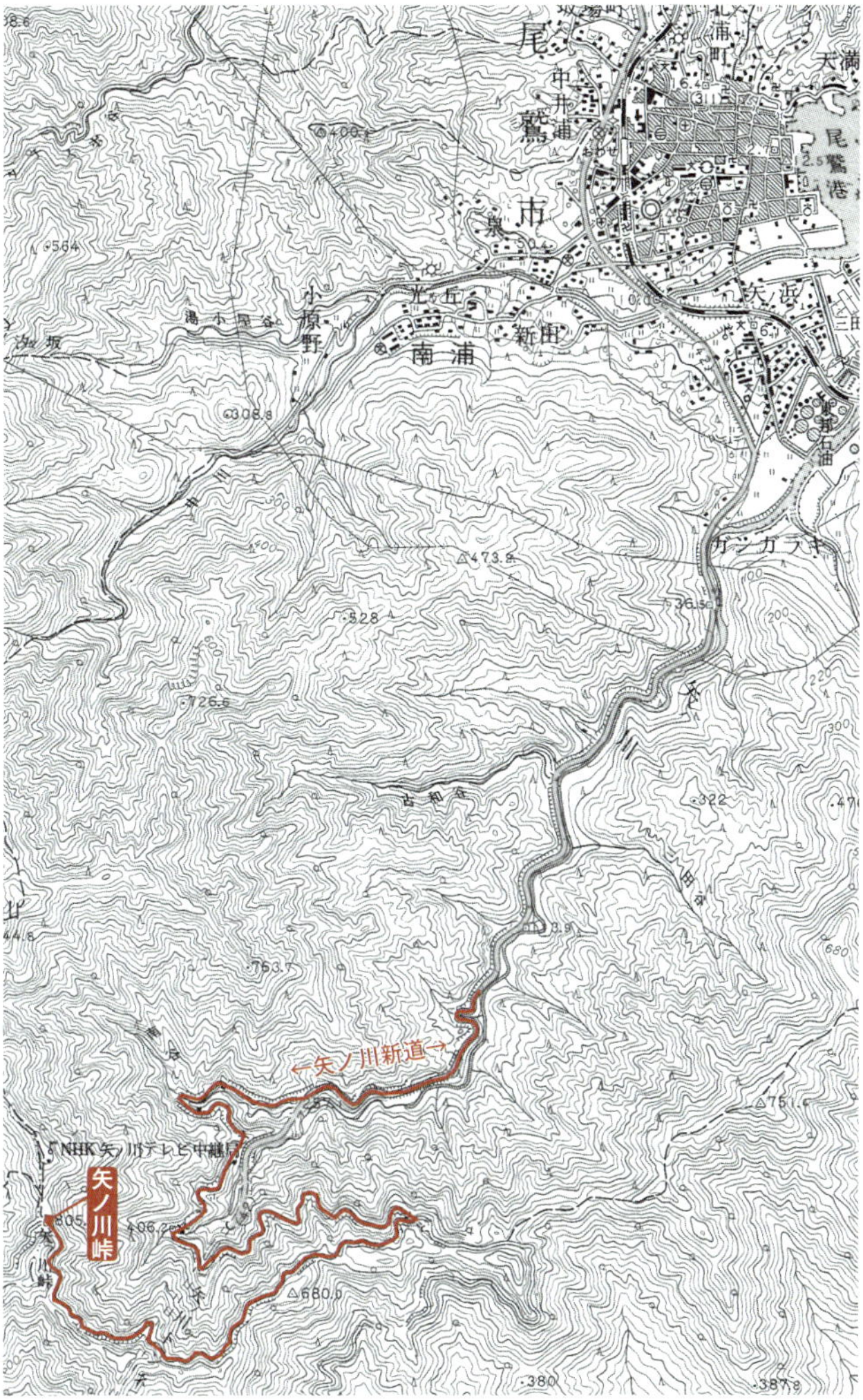

図3　1/5万「尾鷲」1974年修正

1950年、「新平家物語」の取材旅行で南紀を訪れた作家吉川英治は、矢ノ川峠の茶屋で「背の乳子を／生ひふりかえる／よき日あれ／峠の茶屋の／榾《ほだ》焚きし母」という短歌を残している。その乳飲み子は、今も尾鷲に健在である。

そして、戦後の1959年には紀勢本線が全通し、同68年には国道42号も完成し、海抜800mの峠道は、海抜400m辺りで2本のトンネルとなり、行程も40分ほどに短縮された。

さらに2013年には待望の自動車専用道路（高速道路）が完成し、尾鷲―熊野間は20分に縮まったのである。

図4　バス開業記念スタンプ（1940年10月11日）

図5　茶屋と見晴台
（昭和30年代初期）

図6　峠をいくバス
（1950年6月）

図7　峠で（昭和30年代初期）

図8　峠のバス（1958年7月17日）

Part3

地図は語る、地図と語る

古道の面影

三重の古道は、いまでは「歴史街道」とも呼ばれ、観光の主要なアピールともなっている。歴史散策ばかりか、登山やハイキングルートとしても人気だ。古道・街道の一端を辿ってみよう。

三重の古道ルートは、三重の地形や地勢と密接に関連している。本書7ページの「三重の姿とかたち」からわかるように、南北方向に走る鈴鹿山脈・布引山地に平行する山麓道（巡見道）と平野道（東海道の東半・伊勢街道）があるのに対し、この両山地を横切る山道・峠道（東海道の西半・大和街道・初瀬街道・和歌山街道など）が多いのが特徴である。

　また県南部には、東西方向に走る紀伊山地があり、それを横切る山道（熊野街道など）もある。石畳道も残っており「熊野古道」のハイキング観光ブームを巻き起こした。

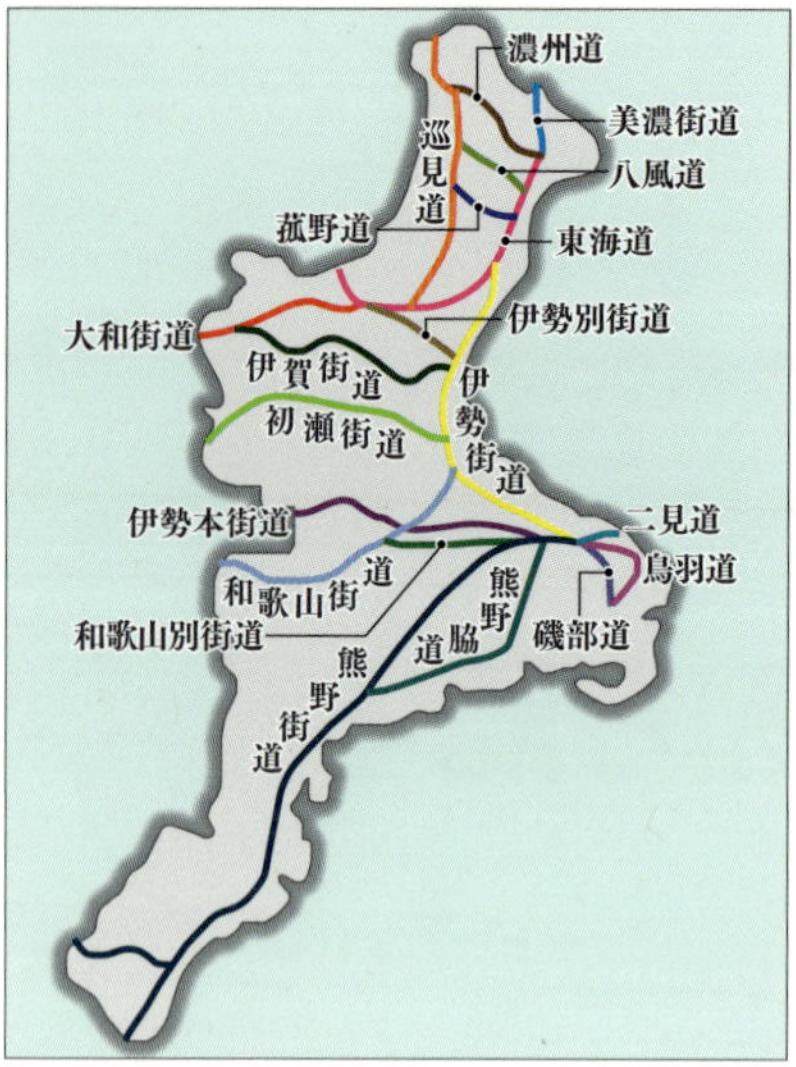

三重の歴史街道（出典：「観光三重」三重県観光連盟）

　これら古道は、伊勢神宮や熊野三山、多度山などへ参詣道であったため、江戸期の常夜燈、石仏、石塔、道標などが数多く残っている。伊勢神宮への道（御木本道路）には、無数の常夜燈が並ぶ。また、歴史街道の名の通り、多くの歴史を刻んだ道があり、例えば以下がある。

（1）倭建命（日本武尊）の東国遠征の道は、飛鳥から伊勢の倭姫命を訪ねる道が、伊勢本街道か初瀬街道かであろう。その帰路、熱田の宮簀媛《みやづひめ》の下に草薙剣を置いて伊吹山で敗退し、三重村までの道は東海道や濃州道か明らかでないが、三重郡の能褒野で「吾が足三重に勾」と亡くなり、白鳥になって西の方に飛び去った、いわゆる「神話の道」である。

（2）大海人皇子「壬申の乱」（672年）の遠征道では、吉野から伊賀を鈴鹿川のほとりで神宮を遥拝して、近江で大友皇子を攻め滅ぼした。

（3）持統天皇は、天皇としてはじめて伊勢への行幸した。

（4）斎王の道は、天皇即位のはじめに未婚の内親王などが、伊勢神宮での奉仕のために京都から東海道、伊勢街道で、伊勢の斎宮へきたルートである。

（5）「松阪牛への道」を考えてもおもしろい。松阪は江戸期は紀州（和歌山）藩であり、但馬牛の子牛が和歌山から和歌山街道で連れてこられたのが、始まりである。（目崎茂和）

古道の面影

二之瀬越

森　勇一

二之瀬は、三重県北部のいなべ市北勢町に位置している。この集落を通り、養老山地の標高約420mの峠を越え、岐阜県海津市南濃町に至る峠道は、「二之瀬越」と呼ばれ、古くより多くの人々が利用してきた。現在は、県道南濃北勢線が通じていて、車の通り抜けも可能だが、冬季は雪のため閉鎖されることが多い。近い将来、このルート付近の養老山地にトンネルを掘り東海環状自動車道が開通することになっており、完成すれば大垣と四日市がわずか55分で結ばれる。

北勢町は、2003年に員弁郡大安町・藤原町・員弁町とともに合併し、いなべ市となった。旧員弁庁舎がいなべ市役所となり、行政の中枢は員弁町に移動したが、員弁郡の繁栄は長らく北勢町阿下喜とともにあったという。そのため、二之瀬越の旅の起点は、商工業の中心地として栄えた阿下喜からたどることとする（図1）。三岐鉄道阿下喜駅を降り、本町通を北に進む。

●伊勢暴動と地形探訪

1876年（明治9）12月、明治新政府を震撼させる大事件が、三重県で発生した。伊勢暴動である。事の発端は、財政の安定を図るため、政府が地租改正を断行しようとしたことによる。前年より米の値段が下がり、ただでさえ生活が苦しくなっていたのに増税である。怒った農民が三重県各地で蜂起し、役所や学校・銀行などを襲って火を放った。暴動はまたたく間に拡大し、愛知・岐阜両県にまで及んだ。阿下喜商店街の丁字屋には、伊勢暴動のおり押し入った農民たちの刃物やなたの痕が今も柱に残っている（図2）。図3は、本町通の一角に建つ旧阿下喜郵便局である。木造総二階の大建築に、往時の賑わいをしのぶことができる。

県道の交差点を過ぎると、右手にいなべ市役所北勢庁舎・阿下喜小学校・北勢中学校などがあり、ここから二之瀬までは一本道、約5kmの道のりである。地形学に興味があれば、道中、田切川や二之瀬川がつくった河岸段丘を観察することができる。養老山

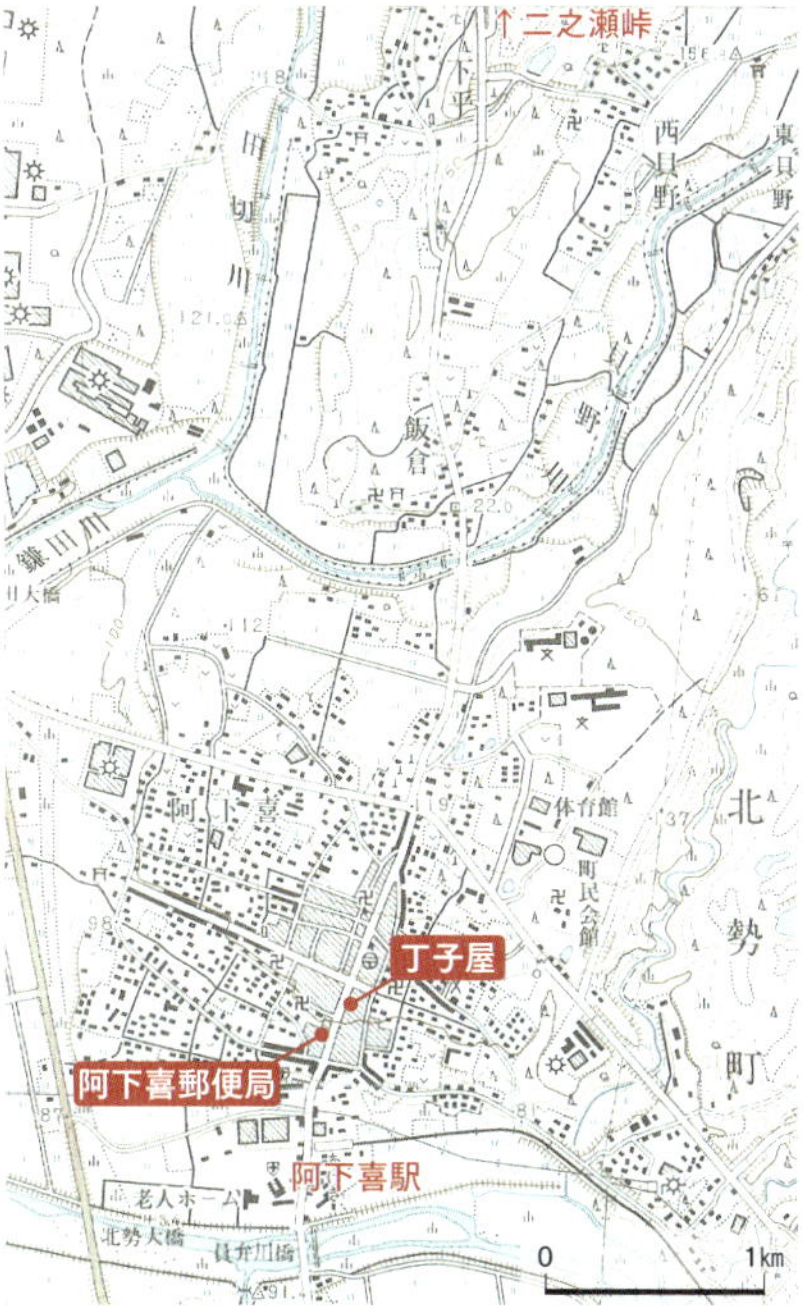

図1　1/2.5「阿下喜」2000年修正測量

地の隆起に伴って、河川が著しく下方浸食をおこなったためにできた地形である。京ケ野新田がのる地形面は、ほれぼれするほど平坦な中位段丘である。地質学の素養がある人なら、二之瀬に至る丘陵地の崖を調べると、およそ200万年前の植物化石や淡水生貝化石を採集することができる。メタセコイアやコナラの仲間の葉っぱの化石が多い。こうした化石の展示は、藤原町にある藤原岳自然科学館で見ることができる。

●年貢の道・出稼ぎの道

三重県側から養老山地を越え岐阜県に出る山道を、1793年（寛政5）桑名藩が作成した絵図（図3）に見ることができる。絵図に、小原一色・田辺・二之瀬・川原などの地名があり、これらは現在の集落の位置とほぼ一致している。歩いて養老山地を越えた峠付近に、入山者を監視するための桑名藩の裏山御番所が設置されていたのである。裏山とは、そのころの養老山地の桑名藩領の総称であり、峠の向こうは高須藩領であった。絵図の中に養老山地を越える三本の線が描かれているが、この線は実際の交通路とは必ずしも一致するものでなく、二之瀬集落を通り美濃へと至る二之瀬越ルートは、新坂御番所を通る道だったと考えられる。

養老山地の横断ルートは、美濃側では西山越と呼ばれた。養老山地の標高が最も低いところを通る西山越は、庭田村より徳田谷を経て六丁の道を登坂することから、六丁越といわれた。二之瀬越のことである。1600年（慶長5）、関ヶ原の戦いに敗れた島津義弘の一行が養老山地を横断し、時山から多賀に出て薩摩に逃げ帰ったときには、六丁

図1　丁字屋の大黒柱に残る伊勢暴動の刀傷

図2　旧阿下喜郵便局の庁舎

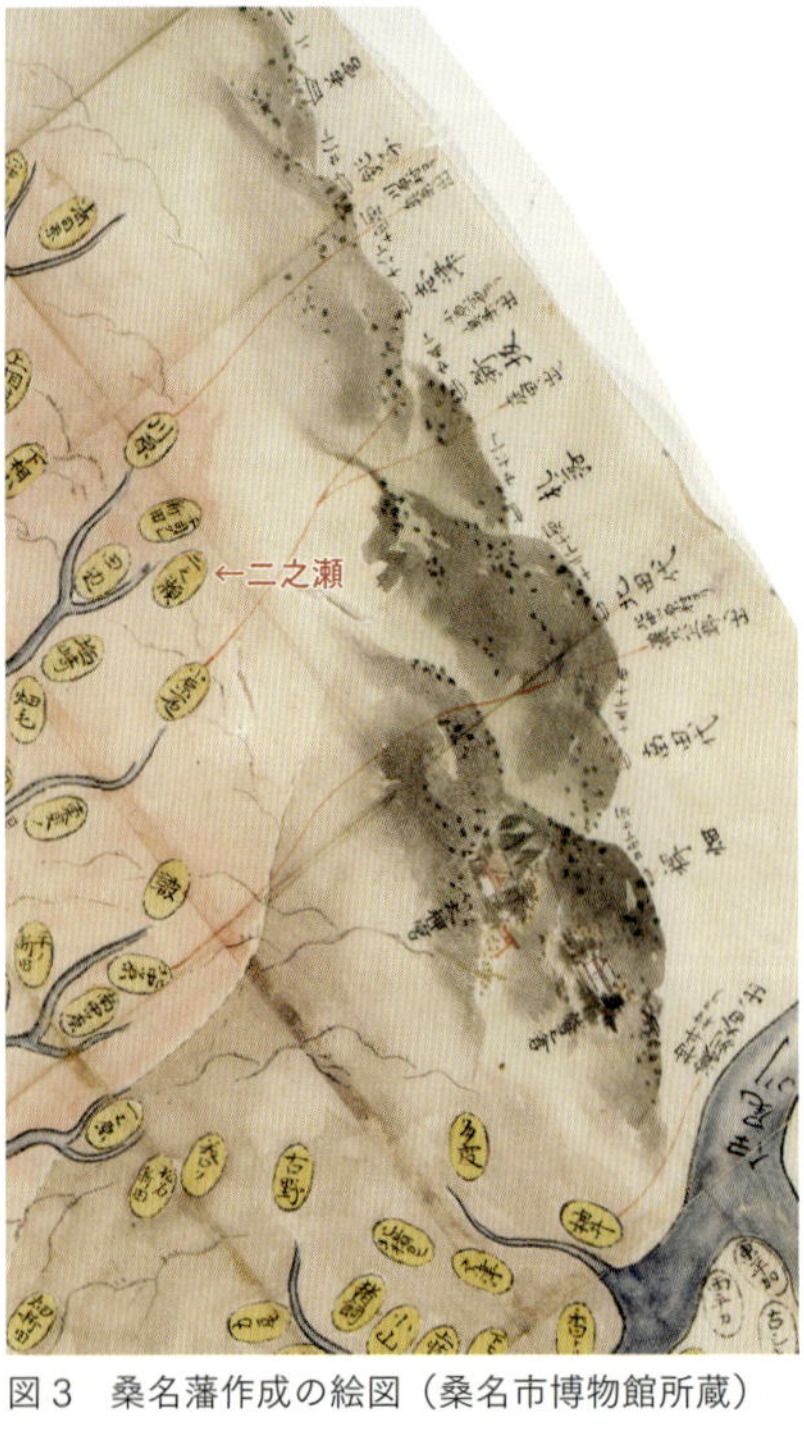

図3　桑名藩作成の絵図（桑名市博物館所蔵）

越を通ったと思われる。1881年（明治14）の町村略誌「庭田村」によれば、「高須より西伊勢に至る里道村内10丁、道巾4尺（約1・2m）、背負荷及び牛馬を以て運輸」とある。

二之瀬越ルートは、美濃から伊勢へと抜ける往来より、伊勢側から美濃へと至る行程の方が利用価値が高い。養老断層が通っていて傾斜が大きい岐阜県側（図4）を登るより、傾動地塊で構成されていてなだらかな三重県側から登り岐阜県側へ下る方がはるかに運動量が小さいのである。

もっぱら舟運に頼った時代、川から海に直結する揖斐川河畔にさえ出れば、多くの物資がらくに運搬できた。桑名藩領時代、二之瀬峠を越えて年貢を駒野まで運び、川を下って桑名の港へと運び入れた。そして、峠道は、貧しかった北伊勢の農民が、農閑期に美濃方面に出稼ぎに出るために通った道でもあった。二之瀬峠には、年貢の道、出稼ぎの道として、語り尽くせない物語が秘められているのである。

さかのぼって、今から5000～3000年前の縄文時代前期から中期のころ、岐阜県海津市には庭田と羽沢の貝塚が位置していて、縄文時代の人々が豊富な海産物を採取しながら生活していた。縄文時代には、濃尾平野は広い海におおわれていた。この時期にも、多くの人々が二之瀬峠を越え海へと至る山道を往来していたことだろう。

図4　岐阜県側から「二之瀬越」を登る山道

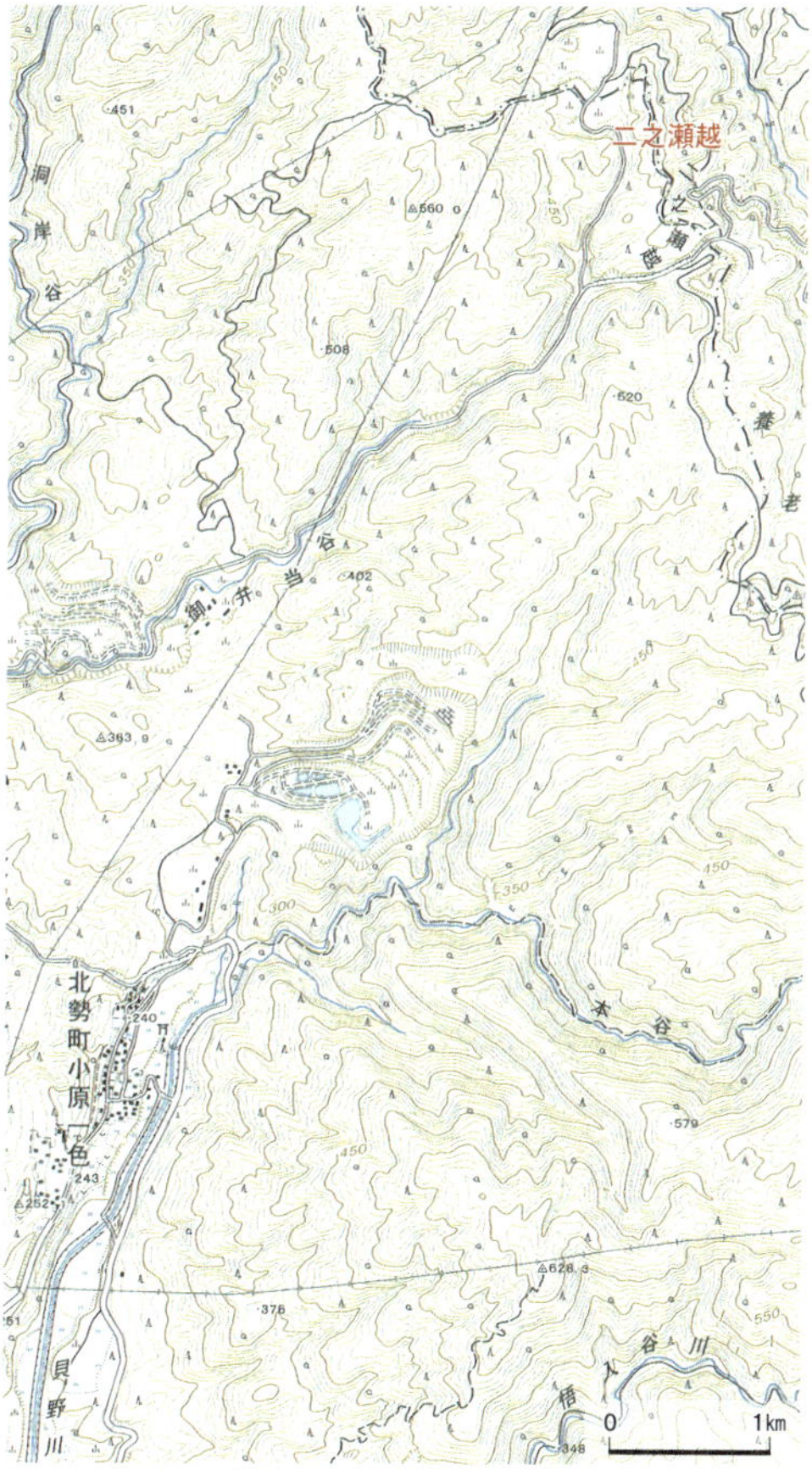

図5　1/2.5万「駒野」2007年更新

松阪市東部の道路変遷——古代・中世・近世・現代

伊藤裕偉

図１　松阪市東部、櫛田川西岸部の幹線道変遷（1/5 万「松阪」2009 年）
長い破線が奈良時代、一点鎖線は平安〜室町時代・織豊期前期、短い破線は江戸時代である。松ヶ嶋城は、かつて「細頸」と呼ばれていた地にあたる。「郷津」（松阪市郷津町）には、室町時代の交通に関わると考えられる、北畠氏が関与した「郷津役所」があった

人が歩けば道ができる。道の歴史は人の誕生とともに始まったといって差し支えないだろう。初期の道は、動物が通る「ケモノ道」とさほど違わなかっただろうが、いつしか人は道を繕い、新しくすることを覚えていった。

　ある地点と地点をつなぐ道は一本ではなく、通常は複数ある。その中で、最も中心となる幹線道の変遷について、松阪市の東部、櫛田川下流部（松阪市）を素材に見てみよう。

●奈良時代

　この時期の幹線道は当時の国家が設置した道（官道）で、多少の地形制約はもろともしない、まっすぐな道であった。新幹線の名にもなってい

図２　松阪市松崎浦町の町並み。ここは鎌倉・室町時代の伊勢幹線道が通っていた。織田信長の次男・信雄がこの地の南に松ヶ島城と城下町を整備した段階で、町割り整備がおこなわれたと考えられる。真っ直ぐに延びたこの狭い路地は、織豊期の名残であろう

図３　松阪市朝田町の町並み。鎌倉・室町時代の伊勢幹線道はここを通っていた

る「東海道」や「山陽道」はこの時期に設定された古代官道（五幾七道）の遺名である。三重県を通る古代官道は東海道から枝分かれする「支線」で、大きく見れば奈良から神宮（伊勢神宮）を目指す道であった。

　櫛田川下流部の古代官道は、足利健亮氏の研究で推定飯高駅家《うまや》（松阪市駅部田《まえのへた》町）から斎宮（多気郡明和町竹川）へ、山寄りを一直線に通ることが想定された。足利氏の推論は、付近に残る地割や、斎宮跡での発掘調査事例等によってほぼ追認されている。

平安時代から鎌倉・室町時代

国家が造成した古代官道は、地域を無視した造作であったためか次第に廃れたようである。そして伊勢の幹線道は、記録上は平安時代後期頃から次第にその路線を海寄りへと移動する。これは、国の中枢が奈良から京都に移動したことによる路線の変化ではあるが、一方では、地勢や集落環境と幹線道のあり方とが合致するという、本来あるべき姿に戻ったという側面もある。この道も、国の中枢と神宮とをつなぐという意味では官道に違いないが、道そのものに対する国家支配力は低下していると見られる。

　この時期の伊勢幹線道は、京都を発し、近江（滋賀県）から鈴鹿峠を経て伊勢に入る。そこから、安濃川流域を南下し、安濃津（津市）へと至っている。このルートは、平安時代後期の公卿勅使が使う道として、多くの記録にも載っている。

『方丈記』の著者として著名な鴨長明が記した『伊勢記』という紀行文がある。残念ながら全文は残っていないが、『夫木和歌抄』（『新編国歌大観』第二巻）という歌集にその一部が記載されている。これを見ると、三渡川（松阪市北部）には3つの渡河地点が

図4　松ヶ嶋城跡（松阪市松ヶ島町）左手の一段高い畠地が城郭部、手前の水田は堀跡にあたる。織田信雄が整備し城下町も整えた

あり、通常は最も海側の道を通って現在の松阪市漁師町あたりに通じていたようだ。

室町時代の末頃には、当地を支配していた北畠氏によって伊勢幹線道沿線の細頸（松阪市松ヶ島町）に城郭が築かれた。その後、北畠氏は織田氏に併呑され、この城郭は1580年代に織田氏が改修して松ヶ嶋城となり、城下町も整備された。

松ヶ嶋城とその城下は、室町時代以来の幹線道に即して造作された。つまり、それまでの交通路に準拠して造成されたといえる。

織豊期以降

織田信長から豊臣秀吉へと天下の采配が移った後、伊勢幹線道にも大きな変化が起きる。1584年（天正12）に松坂築城がなされ、松ヶ嶋城とその城下町はそこへ移された。重要なのは、それに伴って幹線道のルートも変わったことである。これは、幹線道と城下町が不可分なことを示すが、さらにいえば、幹線道が城下町の従属下に入ったことを意味している。

織田・豊臣政権期を「織豊《しょくほう》期」と呼んでいるが、この時期は交通路の一大転換期である。織豊期前半期（織田氏段階）は、幹線道に付随するかたちで城下町建設が進められた。これに対し、後半期（豊臣氏段階）には城下町建設が先行し、そこに交通路が通された。つまり、幹線道を含めた交通路支配が政策レベルで完成した時期こそが織豊期後半期なのである。この志向は江戸幕府にも引き継がれ、冒頭で見たような江戸を中心とした街道網の整備として完成する。

なお、松坂城下町から伊勢神宮へと向かう幹線道は、松阪市上川町付近から奈良時代の官道とほぼ重複する。奈良時代以降、官道そのものは廃れても、その一部は近隣に住まう人びとの生活道として使われていたのであろう。

道の時代相

以上のように整理すると、道の時代相が見える。幹線道が通る場所を見ると、奈良時代と織豊期後期から近世は内陸指向、平安時代から室町時代にかけては沿岸指向である。これは、権力者が道への支配強化をすれば内陸に向かい、その影響が薄れれば海因りになると言い換えることもできる。人は、権力から開放されると海辺を目指すのだ。これは、時代を超越した人の特性のひとつと考えられるのである。

古道の面影

古城の面影残す旧城下町　田丸

田村陽一

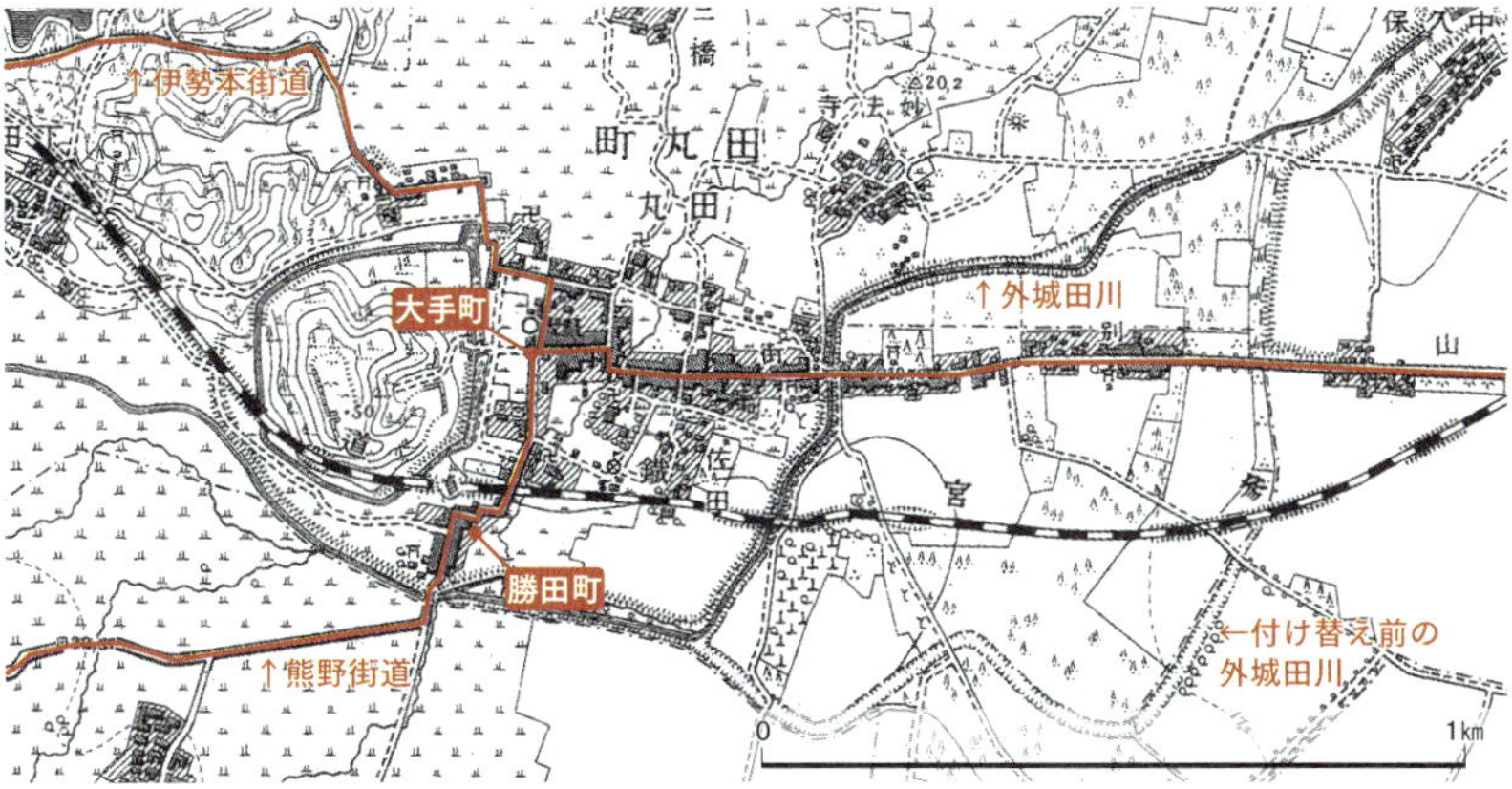

図1　1/2万「田丸町」1898年修正

図2　大手町の街道合流点に残る道標

度会郡玉城町の中核をなす田丸は、宮川左岸の支流である外城《ときだ》田川が形成した氾濫原平野に立地する。周辺一帯は豊かな水田地帯で、ほ場整備がおこなわれる前には条里制遺構が広く残っていた。由緒ある式内社も多く、古代から開発の進んだ地域であった。

町並の起源は、玉城丘陵東端部、標高51・6mの頂部に築かれた田丸（玉丸）城下に発達した城下町兼宿場町である。

◉城下町以前

古代の度会郡は伊勢神宮に属する神郡であった。田丸周辺は、内宮の禰宜《ねぎ》を世襲した荒木田氏により開発が進められ、神領となった地域である。平安時代に成立した『和名抄』によると、田部（田辺《たぬい》）、城田《きだ》、湯田の三郷があった。

田丸（玉丸）の名は、鎌倉時代の神宮領を記録した『神《じん》鳳抄《ぽうしょう》』に「玉丸御薗《みその》」として登場する。

玉城丘陵の東端頂部に、いつ城が築かれたかは定かでないが、1336年（延元1）以前に、北畠氏によって塁が築かれていたという。

南北朝時代の幕開けとともに、北畠親房《ちかふさ》が南勢地方支配の拠点として、また南朝方の拠った吉野と、伊勢大湊から東国とを結ぶ重要な交通の要衝として、中世城郭の整備を進めたものと考えられる。

田丸（玉丸）城は幾多の変遷を経て、1569年（永禄12）に織田信長の南伊勢侵攻を受ける。和睦ののち北畠氏の養子となった信長の次男信《のぶ》雄《かつ》は、1575年（天正3）

田丸城に移り、城の大改修をはじめた。

信雄は、西方から続く丘陵を堀割り、城山として独立させ、外城田川の流路を変えて城下を守る外堀とし、石垣を積むなど強固な城つくりを進めた。また、三層の天守を抱く本丸を中心に、二の丸、三の丸、北の丸を配した新しい平山城を完成させた。

この大改修にあわせて城下町の整備にも着手し、町割りの基本的なプランはこの時に固まったと考えられる。

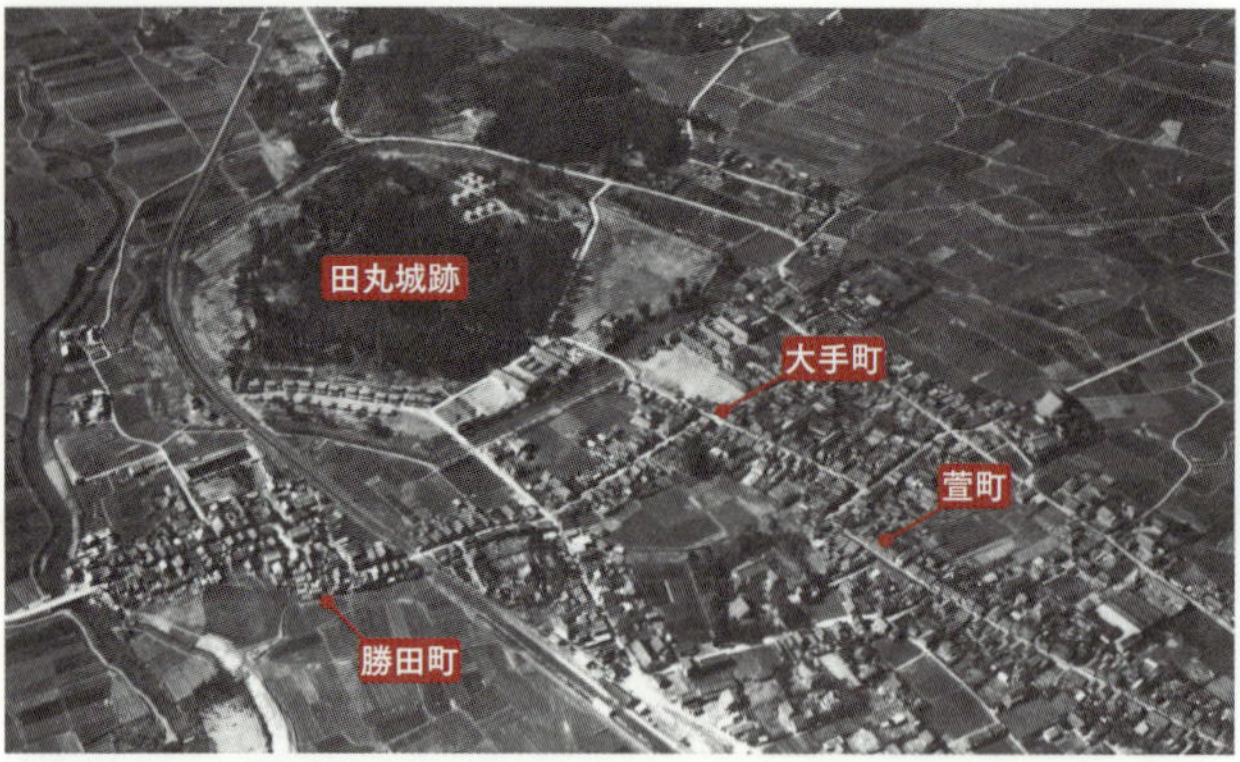

図3　上空から見た城下町（昭和30年頃か）（出典：『田丸郷土誌』）

◉江戸時代の田丸

城下町の整備は江戸時代に入って完成した。

信雄ののち、田丸城は稲葉道通《みちとう》、藤堂高虎を経て、1619年（元和5）には紀州藩領となり、家老久野氏が明治維新まで代々城代を務めた。1892年（明治25）測図の地形図（図1）には、江戸末期の城下町の姿をよくとどめている。

江戸時代を通して、田丸は交通の要衝であった。大和・初瀬方面から伊勢参宮をめざす伊勢本街道は、城の北方から城下に入る。一方、南側からは高見峠越えの紀州別街道・熊野街道が城下へ入り、大手町で伊勢本街道と合流（図2）、山田（現在の伊勢市街地）へと向かう。街道は随所でわざと鍵型に折り曲げられ、すなおに直進できないようになっている。これは城下町ならではの特徴で、遠見《とおみ》遮断と呼ばれる防御のための工夫である。熊野街道から城下に入った最初の町、勝田町にも典型的な姿で今に残る（図3）。

萱町・板屋町の街道沿いに建ち並ぶ町家は、街道に面して間口を平行にとらず、わざとずらせていた。武者隠しと呼ばれ、市街戦を想定したもので、ずれてできた隙間に武者が身を隠し、敵を迎え撃てるようにしたものである。

町家の多くが建て替えられたため、直接その姿を見ることはできないが、道路と各戸の境界に残るジグザグの側溝に、往時の面影をしのぶことができる（図4）。

このように田丸の町は、城

図4　ジグザグの側溝に残る武者隠しの面影（萱町）

図5　城下の賑わい
（出典：『西国三十三所名所図会』）

図6　昭和初期の勝田町（絵はがき、成瀬匡章氏提供）

下町特有の機能を有しつつ、参宮道者や熊野詣・四国巡礼などを相手にする旅籠や商家、遊女屋・揚屋《あげや》なども数多くあって、多くの旅人が往来する宿場町として賑わうとともに、田丸領内二百数十カ村の商工業の中心でもあった。

　江戸時代の旅のガイドブック『西国三十三所名所図会』（1848年刊）は、旅籠や名物の合羽《かっぱ》、煙草入れを商う商家が軒を並べ、街道を行き交う旅人を描いた田丸城下町の挿絵をのせる（図5）。

　この書物は、参宮後に西国三十三所巡礼に向かう旅人が、最初の宿場である田丸において、旅中の用具や巡礼の笈摺《おいずる》などを求め、旅支度を整えることを記す。

　熊野詣・西国巡礼出立の地として、城下町田丸がおおいに栄えたことを私たちに教えてくれる。

◉城下町の変貌

　明治以降、街道網の再編・整備や、鉄道の開通により、城下町は大きく変貌した。

　1893年（明治26）には田丸駅を通る参宮鉄道（現JR参宮線）が敷設され、街道から旅人が姿を消した。宿場町は衰退し、やがてその機能を失っていった。

　鉄道に加え、戦後のモータリゼーションの進展は、地域の交通体系にも大きな変化をもたらした。城下町特有の鍵状で狭い街路は、自動車交通の妨げになるとして拡幅や新設がなされ、城下町の景観は急激に変貌した。

　自動車交通が主流の現代、田丸の町にもつぎつぎと道路が新設され、市街地が乱雑に拡大するスプロール化が著しい。鉄道は北方を走る近鉄線の方が、名古屋・大阪方面へ出るにも便利で、田丸は人口の流動も少ない地方の在町となっている。

　それゆえ、一部には今も落ち着いた街並みも残る。田丸城跡（三重県史跡）は古城の面影を残しているし、すでに多くが失われているのは残念だが、かつての風情を旧城下町界隈に散見することができる。なお、町内各所に案内の石標や解説版も設置され、散策の助けとなっている。

東の鯖街道

家崎　彰

日本海で獲れた鯖に一塩して、一昼夜かけて運ばれたものは、四季を通じて京の人々を喜ばせた。鯖を担った人々が行き来した道を近頃「鯖街道」と呼ぶようになったが、この若狭小浜の鯖街道に対して、三重県にも「東の鯖街道」と呼ぶべき「塩の道」があった。

　江戸から明治・大正にかけて、度会郡南伊勢町古和浦および大紀町錦浦からは、県内の山間部をはじめ奈良県吉野地方へ、天秤棒で担われた魚介類が一年を通して運ばれていた。中でも吉野地方の各村で夏祭りがおこなわれる旧暦の6月頃には、酢飯に薄く削いだ塩鯖の切り身を載せ、青い柿の葉に包んで重石で締めた「柿の葉寿司」がなくてはならないごちそうだった。

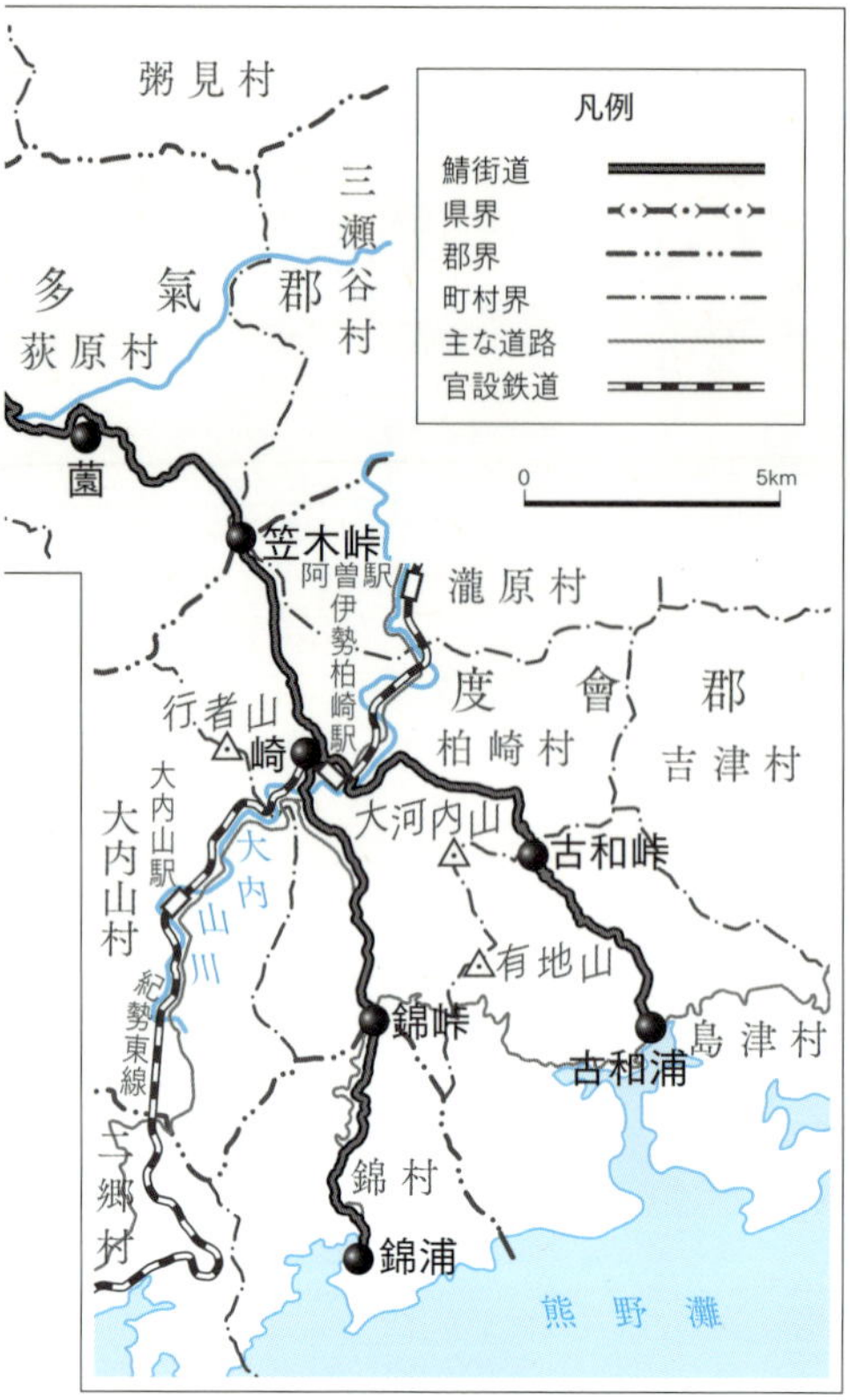

図1　鯖街道

　熊野灘で獲れた鯖（マサバ・ゴマサバ）は、それぞれ「古和峠」、「錦峠」を越えて熊野街道の通る大紀町「崎」へ。ここからは道は一つになって「笠木峠（薗《その》越えともいう）」を越えて宮川沿いの「薗《その》」へ。薗からは漁師の信仰の篤い太陽寺《だいようじ》のある「栗谷《くりだに》」を経て、和歌山街道の通る「七日市」へ。ここで一泊し、2日目は街道を西にとって奈良県境の高見峠へ向かう。峠を下った吉野・大宇陀地方で、鯖は「柿の葉寿司」に変身するのである。峠の茶屋には大和の魚屋が待ちかまえており、峠で商談したという話も伝わっている。

　このルートは熊野灘から奈良県への最短コースであり、かつての日本人は鍛え抜かれた健脚で険しい山坂を走り抜けていたのである。数日かけて運ばれた鯖は、塩がなじんでちょうど良い塩梅《あんばい》になったといわれている。

　吉野郡川上村や上北山村では、大台ヶ原山などへの登山客を相手に、今も柿の葉寿司

がつくられている。お店の人に聞くと、今は日本海産の鯖を使っているが、かつては「熊野鯖」を使っていたという。そう言えば、谷崎潤一郎の「吉野葛」の中にも「熊野鯖」が登場する。

汽車や国道の整備など輸送手段の変化によって、かつての「鯖街道」も今では廃道同様になっているが、地方自治体や有志の力でハイキングコースとして再生させようという動きもある。その様子を各峠のお地蔵さんは、静かに見守っている。

「塩の道」のルートは、さらに南の紀伊長島や引本、尾鷲など熊野灘からのものだけでなく、西の紀伊水道からのものもあって、柿の葉寿司は、今も奈良県の食文化となっている。

図2　笠木峠への道標（薗）

図3　笠木峠（薗越え）

熊野灘と大和国（奈良県）を繋ぐ塩の道

家崎　彰

図１　塩の道１

図２　木組峠への道標になっている石地蔵

1863年（文久3）、天誅組が吉野の鷲家《わしか》で全滅した時、古ノ本《このもと》村（紀北町相賀）の二人の魚売りがその死骸を見て帰り、村の庄屋に報告した古文書がある。このルートは不明だが、紀北町の魚売りが高見峠を越えて商売していたのは確かである。

尾鷲市街地の西、小原野《おばらの》の奥に「汐ノ坂」という山道がある。途中から北西に進めば出口峠や荒谷峠を越えて奈良県吉野郡上北山村へ、真っ直ぐ進めば八幡峠や大塚《たいづか》を越えて同下北山村へ通じている。名前の通り大和国《やまとのくに》へ塩などを運んだ道だったのだろう。

同様の道は、紀北町引本港から木組峠や荒谷峠を越えて、やはり上北山へ続いている。紀北町便ノ山《びんのやま》に、この道をおうこ（天秤棒）で米や魚などを運んだ男がいた。前日に荷作りをして翌朝暗いうちに便ノ山を出発し、お昼には上北山の小橡《こどち》に着いて弁当を食べ、得意先を回って次回の注文を取って、夕方には便ノ山に帰ってきたそうだ。大正

図３　塩の道２

図４　池坂峠の石地蔵

から昭和前期頃の話であるが、驚くべき健脚である。

木組峠の東の尾根道には、栂の大木の下に道標を兼ねた石地蔵が今も立っている。１８７６年（明治９）に古本村（現紀北町相賀）の商家渡辺嘉兵衛氏が寄進したもので、「右木組　左出口」とあり、どちらを通っても上北山村の小橡へ繋がっており、塩の道を行き来した旅人の安全を見守ってきた。

また、戦前、紀北町紀伊長島の魚を、赤羽奥の池坂峠を越えて大台町大杉辺りに運んだ人もいた。この峠にもかわいい石地蔵が立っている。銘文には「南　ながしま／北　大杉こし大和道／為見顔妙性童女／嘉永五年壬子秋建立」とあり、紀州と大和国とを繋ぐ脇街道の一つだったことがわかる。

地蔵を建立したのは、地元桧原《きそはら》の林業家吉田多市氏で、言い伝えによると、多市氏は行き倒れの娘を弔った上で、峠に石積みの祠を建て、道標を兼ねた供養碑を寄進したそうだ。地蔵は見晴らしのいい峠に熊野灘を見つめるように静かに立っている。

これらの道は、１９５９年（昭和34）に東西の紀勢線が繋がり、その後国道42号などの整備によってほとんど使われなくなっていたが、昭和30年代に国の電源開発事業によって北山川に３つのダムが造られた折に、尾鷲と下北山村池原を結ぶ国道４２５号が開かれ、乗用車での行き来が可能になった。

伊勢湾の近代航路と鉄道網

服部久士

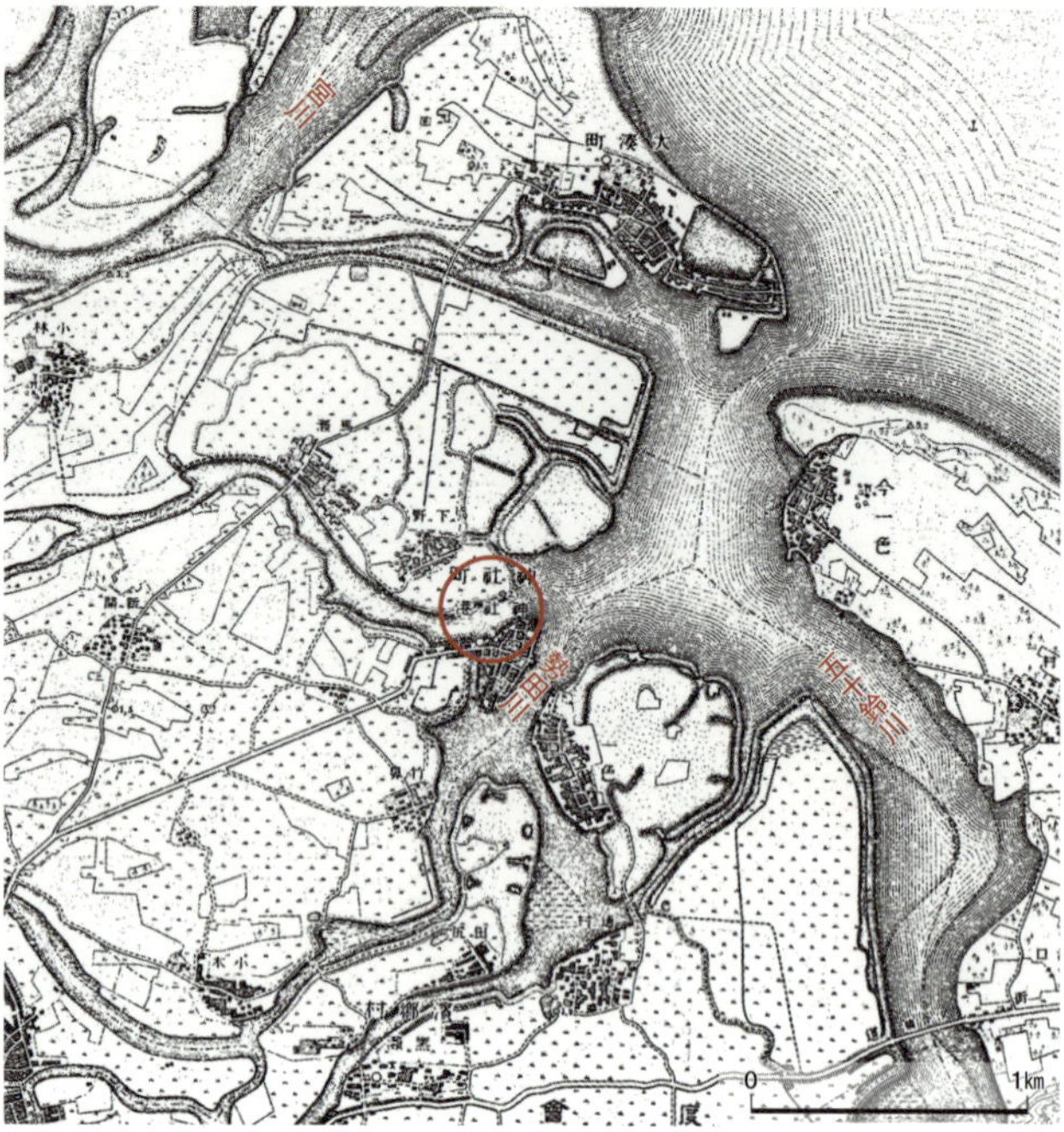

図1　神社港（1/2万「山田」1898年）

●伊勢湾の近代航路

1870年代になると、四日市と東京・横浜間を結ぶ廻漕会社の蒸気船に代わり、政府と強く結びついた三菱汽船会社が定期航路を開設した。やがて、郵便汽船三菱会社と改称し、1878年（明治11）に熱田（愛知県）・四日市間の定期航路を開設している。1880年代になると共同運輸会社が横浜・四日市間に定期航路を開設し、郵便汽船三菱会社との間で激しい競争を展開したが、両社はやがて日本郵船として合併した。

一方、1887年以降、伊勢湾岸や熊野灘沿岸を寄港する熱田・大阪間の定期航路が、神田汽船と日本共立汽船会社によって開設された。

愛知県春日井市の加藤僊家文書によると、1891年頃に神坂村から伊勢参宮をおこなった時の記録がある。往路は宮（熱田）から伊勢の勢田川河口にあった神社《かみやしろ》港（図1）まで共立汽船の航路を利用し、復路は松阪・津・白子・四日市と陸路を通り、四日市港から汽船で宮に戻っている。この記録には、熱田からの船便が記載されており、大野（愛知県）・四日市行と四日市・津・神社行が毎日運航し、1・3・6・8のつく日は神社までの直行便が出ていた。日本共立汽船は1900年に大阪商船に買収されるが、熱田・大阪線や熱田・鳥羽線の運航は継続された。

●鉄道の発展と海上交通の衰退

ここで、明治期の鉄道状況を見てみよう。1889年（明治22）には官設鉄道の東海道線が名古屋から岐阜県関ヶ原経由で神戸まで全通し、県内では私鉄鉄道条例によって関西鉄道が1888年から草津（滋賀県）・四日市間の建設工事を始め、１８９０年12月に営業を開始した。その後、関西鉄道は１８９１年に亀山・津間の支線を開業した。１８９５年には名古屋・草津間が全通、１８９７年には柘植・上野（伊賀市）間が開通し、１９００年には名古屋・湊町（大阪市）間が全通した。

なお、津以南は、参宮鉄道が１８９７年に津・山田（伊勢市）間を全通させ、翌年から官設鉄道や関西鉄道と協定を結び、京都・山田間に直通旅客列車の運転を始めた。その後、鉄道国有法が公布され、１９０７年に関西鉄道や参宮鉄道は国有化された（図２）。鉄道網が拡張されていく中、１９０２年の津港の年間乗降

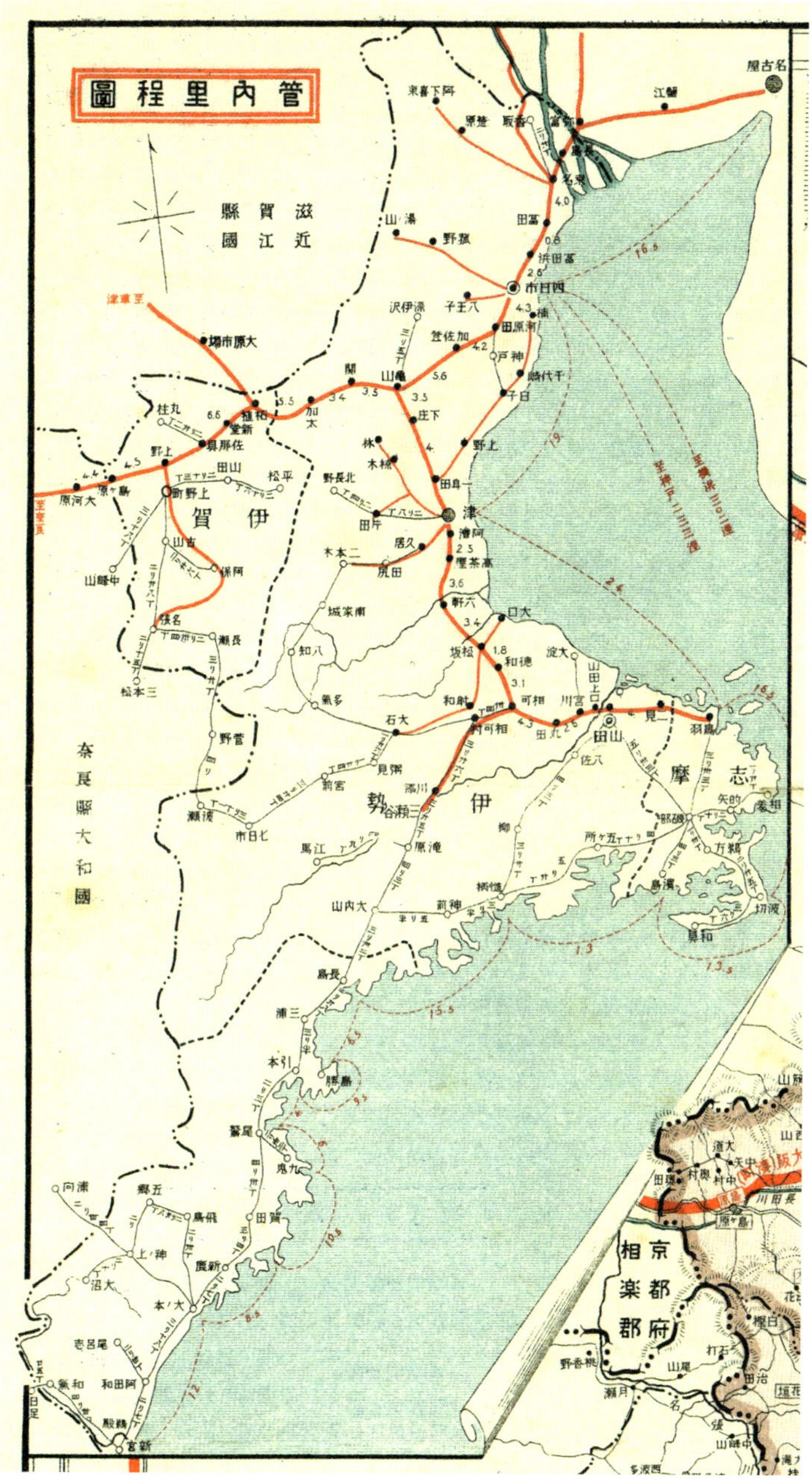

図２ 「管内里程図」（『三重県地図』1925 年、三重県史編さん班所蔵）

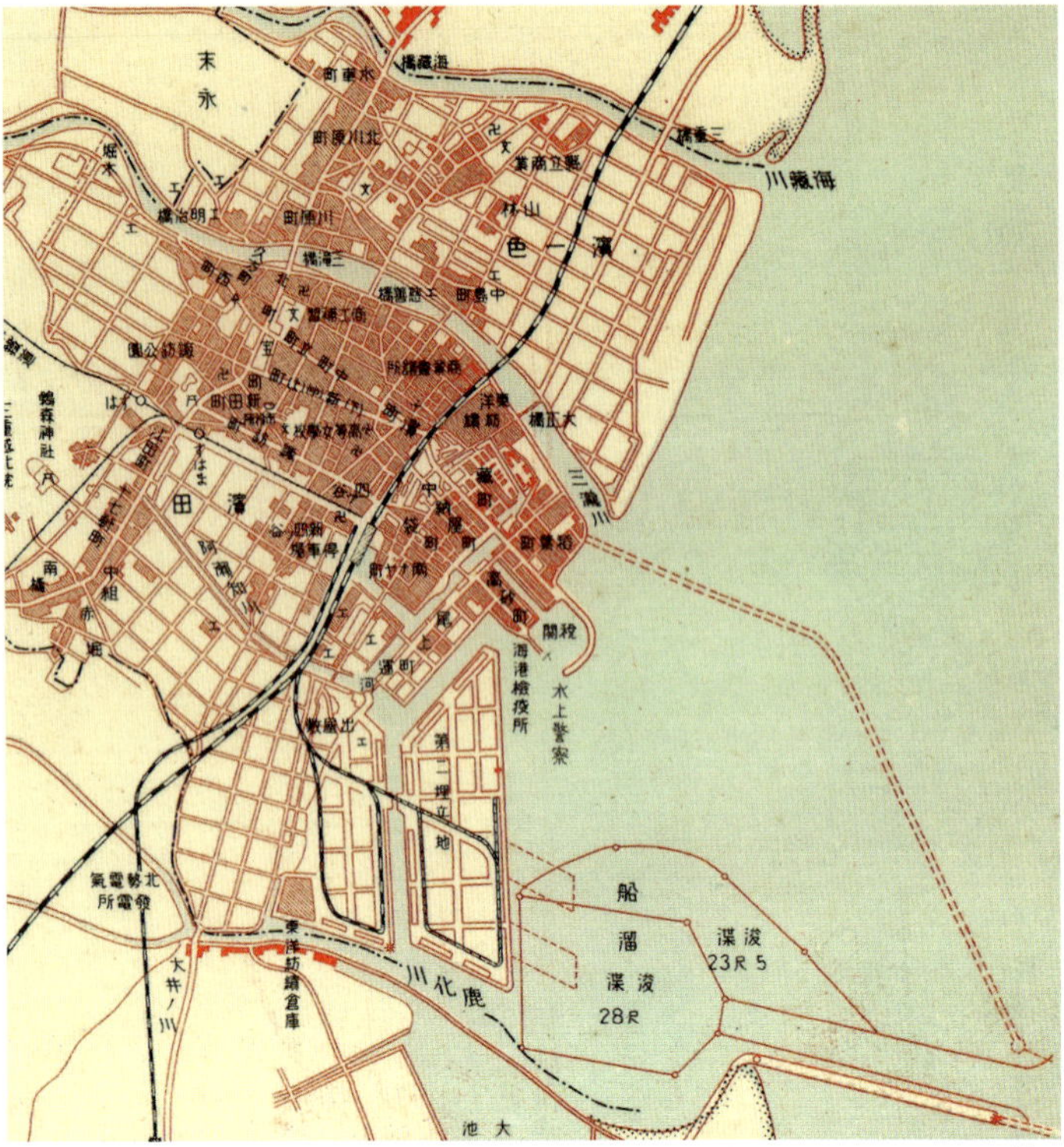

図3　大正期の四日市港（「日本交通分県地図」付図、大阪朝日新聞第14627号付録、1924年、三重県史編さん班所蔵）

者数は、乗降ともに8000人余であるが、以降漸減し1907年には4500人前後となり、参宮線が山田駅から鳥羽駅まで延長になった11年には急減した。

　1907年には大阪商船の熱田・鳥羽線が廃止となり、11年になると名古屋・大阪航路は貨物専業となった。津港の輸出価額のうち尾鷲港の割合が約3割を占めており、同年、新たな定期航路として津・尾鷲線が誕生する。しかし、わずか2年ほどでこの路線は廃止となり、名古屋・大阪航路に吸収された。なお、国内定期航路から撤退を続けていた日本郵船は、最後まで残っていた横浜・四日市間の航路を1909年に廃止している。

　1910年の『三重県統計書』によると、津港の輸入価額は約260万円に対し、輸出価額は約70万円である。外国との貿易を含む四日市港の輸入価額が約2380万円、輸出価額が約1430万円であり、津港の輸出入総額は四日市港の1割以下であった。

　四日市港は、1880年代にかけて稲葉三右衛門が築港工事を進める。やがて行政主導の工事に変わり、1894年に竣工した。その後、1896年には台風で大きく破損し、1898年に修復された。「潮吹き防波堤」の建設は1894年とされているが、再検討の必要もあるという。

　1897年に開港外貿易港となり、関税自主権を回復した1899年には22の新たな開港場の一つに指定された四日市港は、市や県が中心となって、外国航路の大型貨物船が横付けできる港の整備が進められていった（図3）。ちなみに名古屋港が海外貿易港となるのは1907年のことで、10年頃までは四日市の貿易額が名古屋港を上回っていた。

なつかしの鉄路

かつて三重県の近代化を推し進めるべく発展し、人々の生活を支えた軽便鉄道。その歴史とかつての風景を求めて――。

軽便鉄道・廃線地域のいまむかし

木下辻松

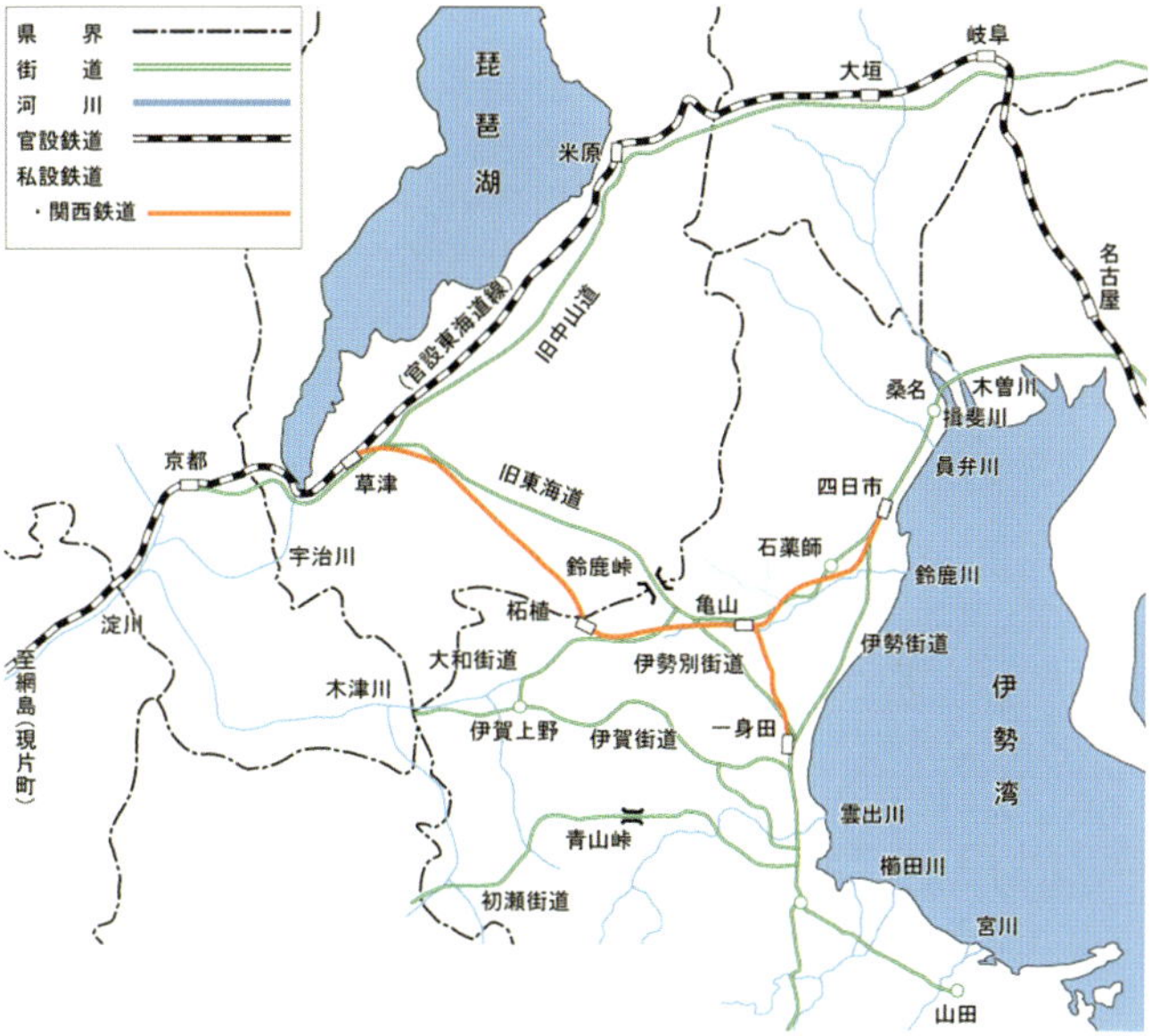

図1　1892年の県内主要部の交通路線図

【三重県】軽便鉄道の盛衰

明治維新以降、昭和前期の日本は早く欧米先進国に追いつくことを目標に富国強兵、殖産興業政策による近代中央集権国家の建設を強力に推し進めていた。それは大都市、とくに東京を中心とした政治、経済、文化の中央集権化を目指すもので、軽便鉄道が活躍した明治末から昭和の初め頃はまさに日本の近代化進展時期と重なる時代でもある。

1889年（明治22）東京～神戸を結ぶ官設東海道線が図1の通り鈴鹿峠越えを避けて関ヶ原経由で全通したことは、北勢地方、とくに東京と関西間の中継港として栄えてきた四日市に大きな打撃を与えた。三重県知事と滋賀県知事の後押しを受けた民間の有力者達は私設鉄道の関西鉄道を設立。1890年に草津～四日市間を開通させ、再び繁栄を取り戻す準備ができたのである。

一般的にナローゲージと呼ばれる軌間762ミリの軽便鉄道は簡易で低コストで建設できるため、道路インフラ整備の遅れを補完する役割を担った。都市とその郊外や山間部を結び、地域の近代化に貢献したのである。しかしその多くは行き止まりの盲腸線で基幹幹線とのネットワーク接続が不十分な路線も多かった。

　軽便鉄道は、図2のような機関車が導入され、全国に128路線が建設。ナローゲージ路線は105路線に及んだ。三重県には図3のように北から北勢軽便鉄道、四日市鉄道、三重鉄道、安濃鉄道、中勢鉄道、松阪鉄道、伊賀鉄道の7路線が開業し、北海道、福岡県等とともに軽便鉄道王国であった。

　三重県は1897年から1916年（大正5）までの20年弱の間に人口が99万人から112万人へ13%増加し、県内の総生産額は3358万円から1億1116万円へと3・3倍に急増している。その間に農業の生産高比率は59・8%から39・2%へ減少しており工業生産高比率は27・3%から51・5%へ増加した。三重県の産業構造が大きく変化し、近代化が進んだ時期でもある。

　遅れていた道路インフラも1919年の道路法成立以降、次第に整い始め、急速に増加してきた自動車との競争により弱小軽便鉄道の淘汰が始まった。加えて太平洋戦争で鉄需要が増大し、国策による線路の供出等により廃線となる路線が続出した。

図2　1938年頃、中勢鉄道を走っていた機関車で久居駅での給水風景（牧野俊介撮影、エリエイ提供）

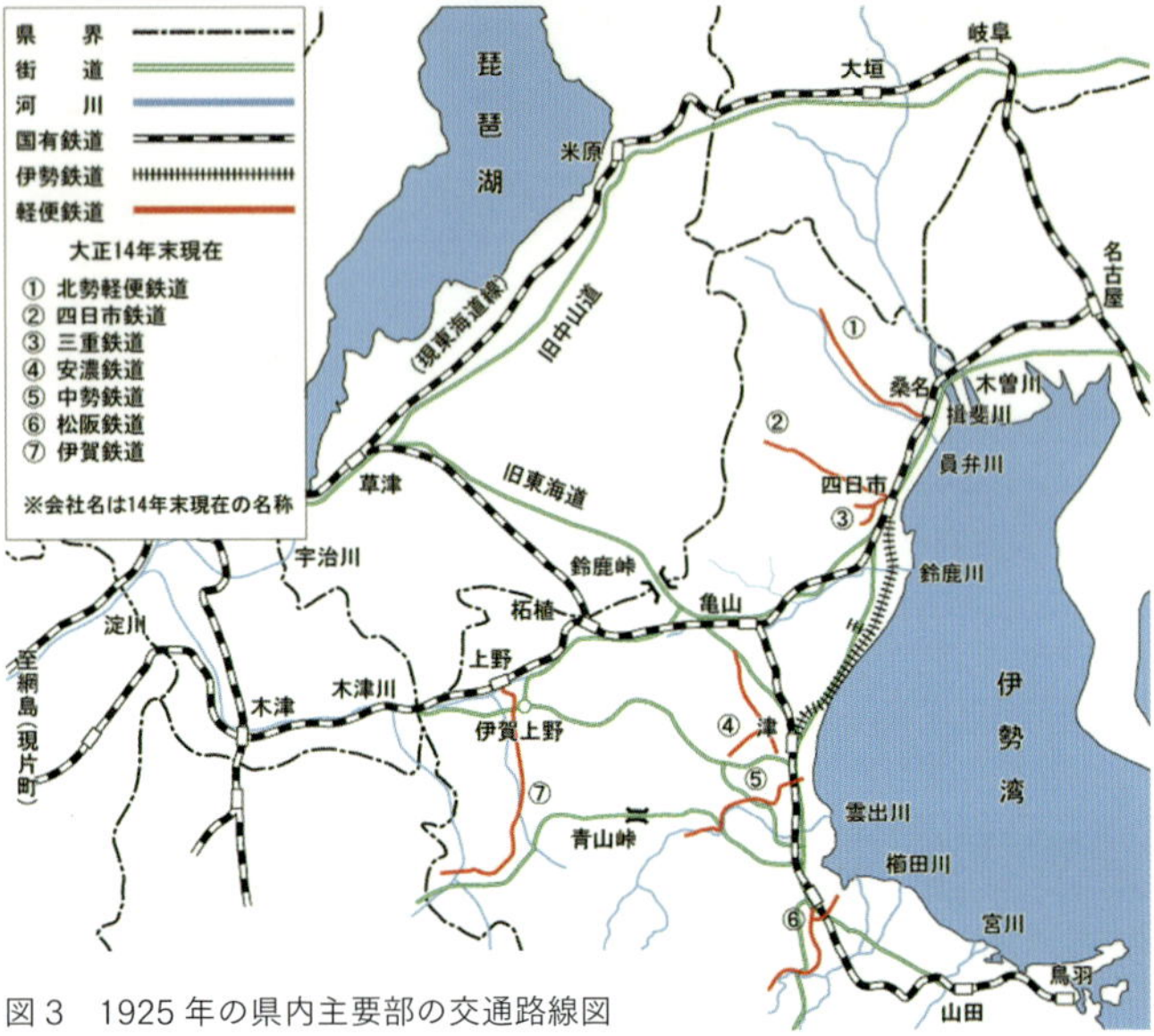

図3　1925年の県内主要部の交通路線図

図4　手前に広軌の近鉄線、中間に狭軌のJR線、その向こうに、ナローゲージの三岐鉄道北勢線で全国でも珍しい三崎踏切を通過する北勢線の電車

図5　四日市あすなろう鉄道

軽便鉄道は道路インフラが未整備の明治・大正期において短距離輸送を担う重要な役割を果たしたが、増加する自動車にその役割を引き継いだ。

一方、四日市鉄道（現近鉄湯ノ山線）のように早くから電化を進め軌間をナローゲージから広軌化して基幹幹線と直接接続することにより発展した路線や、ナローゲージで地域内鉄道として生き残る路線もあった。

2015年4月現在、ナローゲージにより運行されている路線は全国に3路線。富山県の黒部渓谷鉄道、三重県の桑名～阿下喜間を運行している図4の三岐鉄道北勢線、四日市と南西部郊外の内部、西日野間を運行している図5の四日市あすなろう鉄道である。黒部渓谷鉄道は冬期運休する観光路線であるが三重県で活躍している軽便規格の鉄道は地域と深く結びついた路線である。

【桑名】町の中心が西の大山田方面へ

［河口水運の町へ鉄道が開通］

桑名は三重県の北端にあり、日本を代表する揖斐・長良・木曽の三大河川が伊勢湾にそそぐ河口に位置し、古くから交通の要所として発展してきた。江戸時代は東海道五十三次の宿場町として栄え、熱田へ海上❶「七里の渡し」のある宿場でもあった。

官設鉄道の東海道線が1889年（明治22）に関ヶ原経由で開通したことは北勢地域にも大きな影響を与えたため、民間の有力者たちが関西鉄道を設立し1894年に草津～桑名間を開通させ翌年には名古屋まで全通させた。❷桑名駅を桑名町中心部から西700mほどの大山田村へ建設した。この頃の大山田はレンコンが栽培される低湿地帯で

図1　1/2.5万「桑名町」1917年

あったが、四日市からの直線ルート延長線上であり、三大河川の架橋箇所は広い河口を避ける必要があったこと等により西方の大山田に決まったといわれる。

図２　1/2.5 万「桑名」1947 年

［軽便鉄道が員弁へ延びる］

１９１４年（大正３）、桑名・員弁郡の域内鉄道として❸北勢軽便鉄道が大山田～楚原間15・4㎞を開業し、翌年には桑名の中心部である京橋の❹桑名町駅に乗り入れた。１９３１年（昭和６）に員弁郡阿下喜まで延伸し合計20・4㎞の全線が開通した。その後、太平洋戦争の戦災で桑名町と❺西桑名駅間が運転休止され、戦後の１９４８年に再開されるが１９６１年に❻国道１号線との交差による交通渋滞のため桑名京橋駅（旧桑名町駅）と西桑名駅の区間が廃止された。

図３　益生の立体交差橋で下を走っているのは国鉄関西線である（出典：西羽晃『ふるさとの想い出写真集 明治・大正・昭和』）

［町の変遷］

桑名は徳川親藩大名である松平氏11万石余の城下町として長良川河口部に発展してきた町である。明治以降、町の主役は町人となり商業都市として栄え、京橋を中心とした地域は❼町役場、警察署、銀行、郵便電信電話局、米穀取引所、北勢鉄道桑名町駅、郡役所や小学校、高等小学校、女学校、中学校なども置かれ桑名町の中心であった。

関西鉄道桑名駅の乗客は１８９７年に18万人であったが１９２５年には１００万人を越えるほどになり、１９２９年には伊勢電気鉄道も桑名へ乗り入れ、「七里の渡し」に変わって桑名の玄関口となった。こうして町の中心は西へ移動し現在では❽市役所、県庁舎、図書館、市民会館や銀行、郵便、電話、電力など

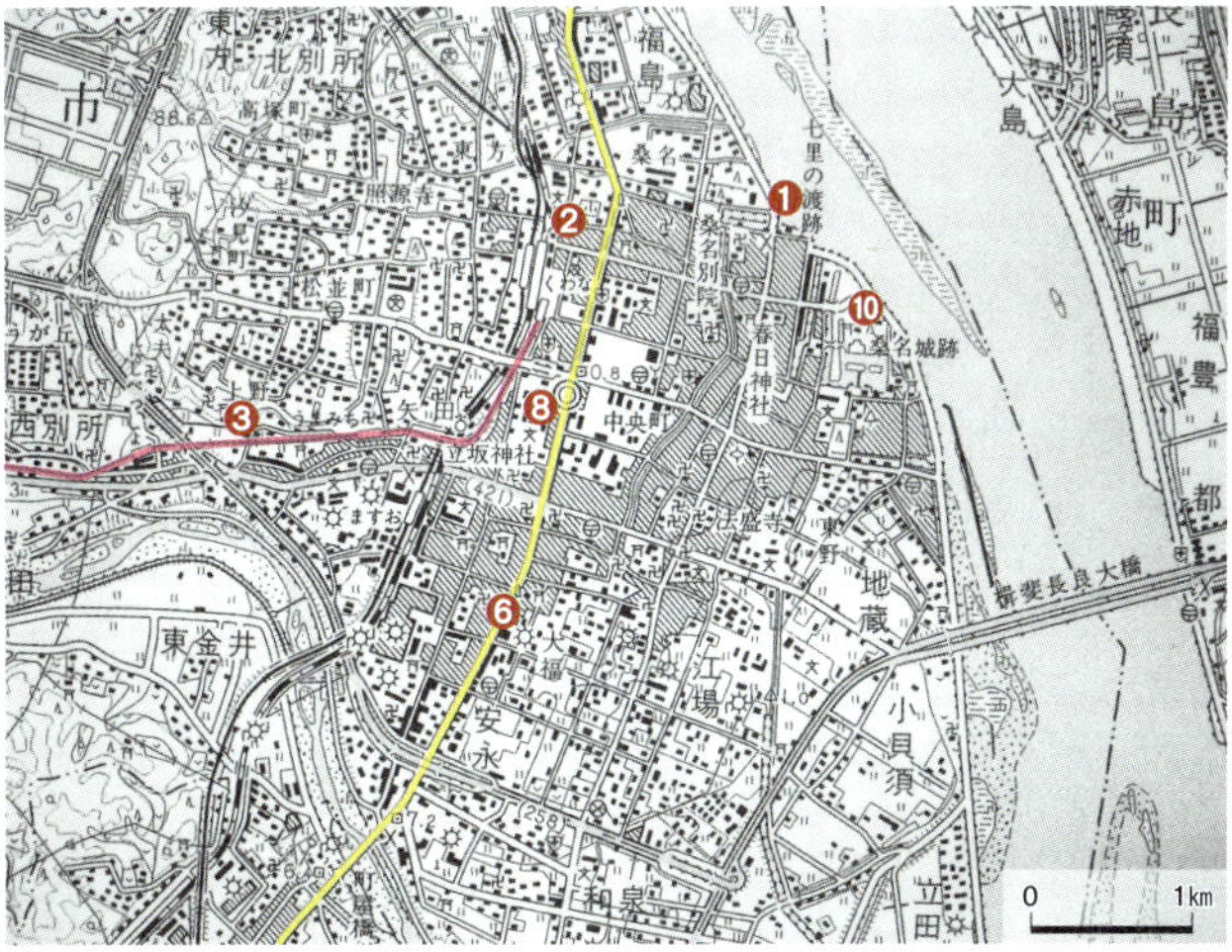

図4 1/2.5万「桑名」1996年

公共的な事業所や病院、大形スーパーが国道1号線を挟んだエリアに分布し新しい中心街を形成している。

［産業の変化］

⑨東洋紡績桑名工場は明治中期から大正・昭和前期にかけて桑名を代表する工場である。創立は1896年の桑名紡績で、桑名城の二の丸・三の丸の土地に建設された。しかし経営は苦しく1907年には三重紡績に吸収合併され、更に大阪紡績と合併して東洋紡績となった。1920年には桑名郡全体の工業生産額の60%を占めていたが太平洋戦争時の国策で三菱重工の航空機部品工場となり戦災により大部分が焼失してしまった。現在は⑩公園、市営のテニスコート、駐車場、プール、グランドとして多くの市民に利用されている。

かつて鋳物の町といわれた桑名の⑪琺瑯鉄器は東洋紡績に次ぐ工場であった。江戸時代初めの操業で1907年に会社を設立し、三ツ矢橋付近に工場を設けたが、戦後、郊外の星川に移転し社名を三重ホーロー、そして現在のMIEテクノへと変更している。

図5 東洋紡績桑名工場（出典：西羽晃『ふるさとの想い出写真集 明治・大正・昭和』）

図6 東洋紡跡

【四日市】移動する繁華街

［軽便鉄道2社と伊勢電気鉄道の開業］

❶三重鉄道は、四日市南西部丘陵地帯の養蚕、茶の産地である四郷地区と港を結ぶ鉄道として1915年（大正4）に八王子から四日市間が開業し、翌年❷四日市鉄道も鈴鹿山麓の湯の山温泉から四日市間を開業させた。

桑名から伊勢平野を南北に縦断させる計画の❸伊勢電気鉄道が1922年に四日市へ乗り入れ津～四日市間を最短ルートで接続した。更に1930年（昭和5）に念願の桑名～伊勢間を開業し、それまで四日市駅まで運行していた四日市鉄道、三重鉄道は諏訪～四日市間の線路を伊勢電気鉄道に譲った。軽便鉄道は貨物輸送に見切りをつけ旅客中心の路線にシフトしていった。

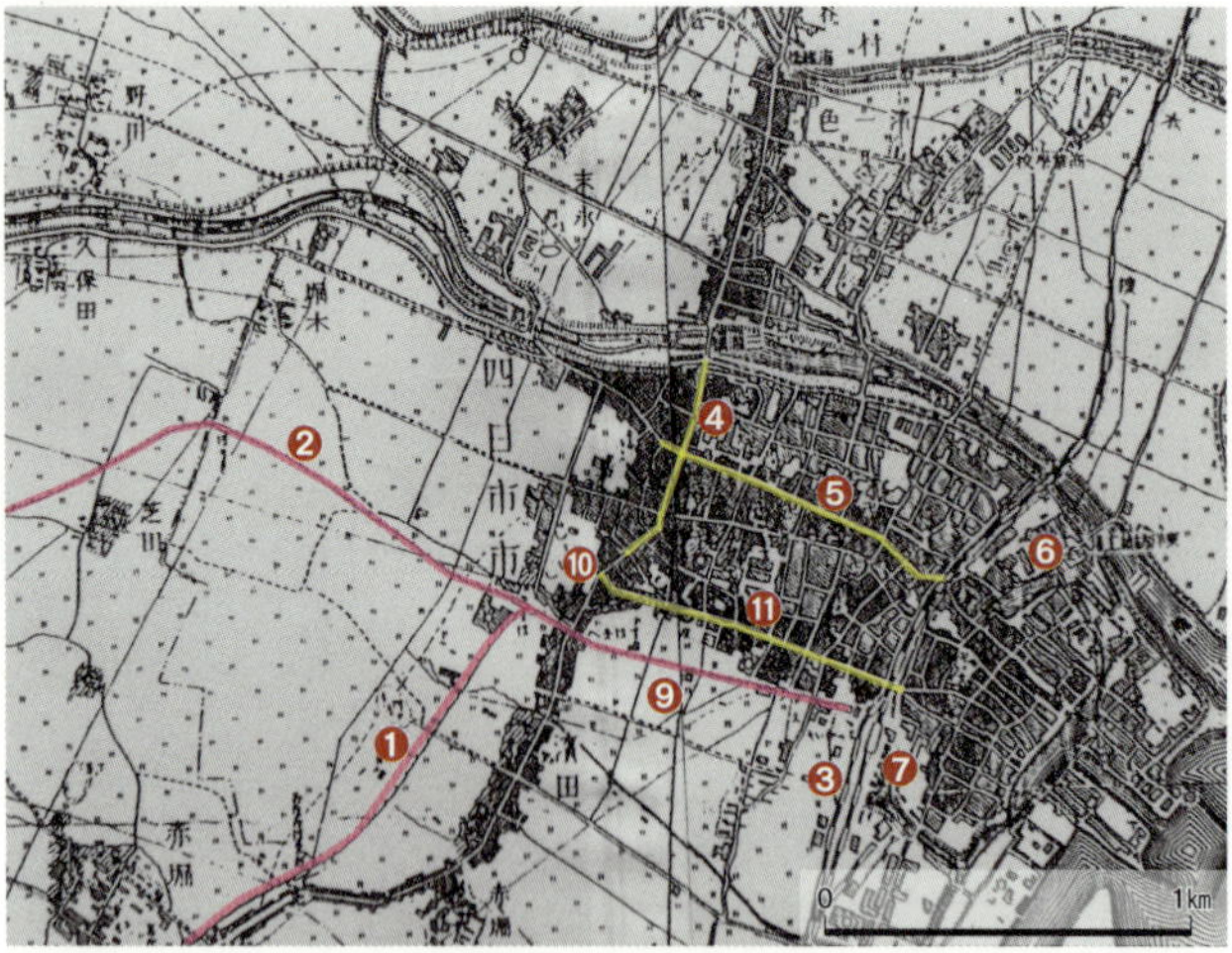
図1　1/2.5万「四日市」1922年／「四日市・日永」1929年

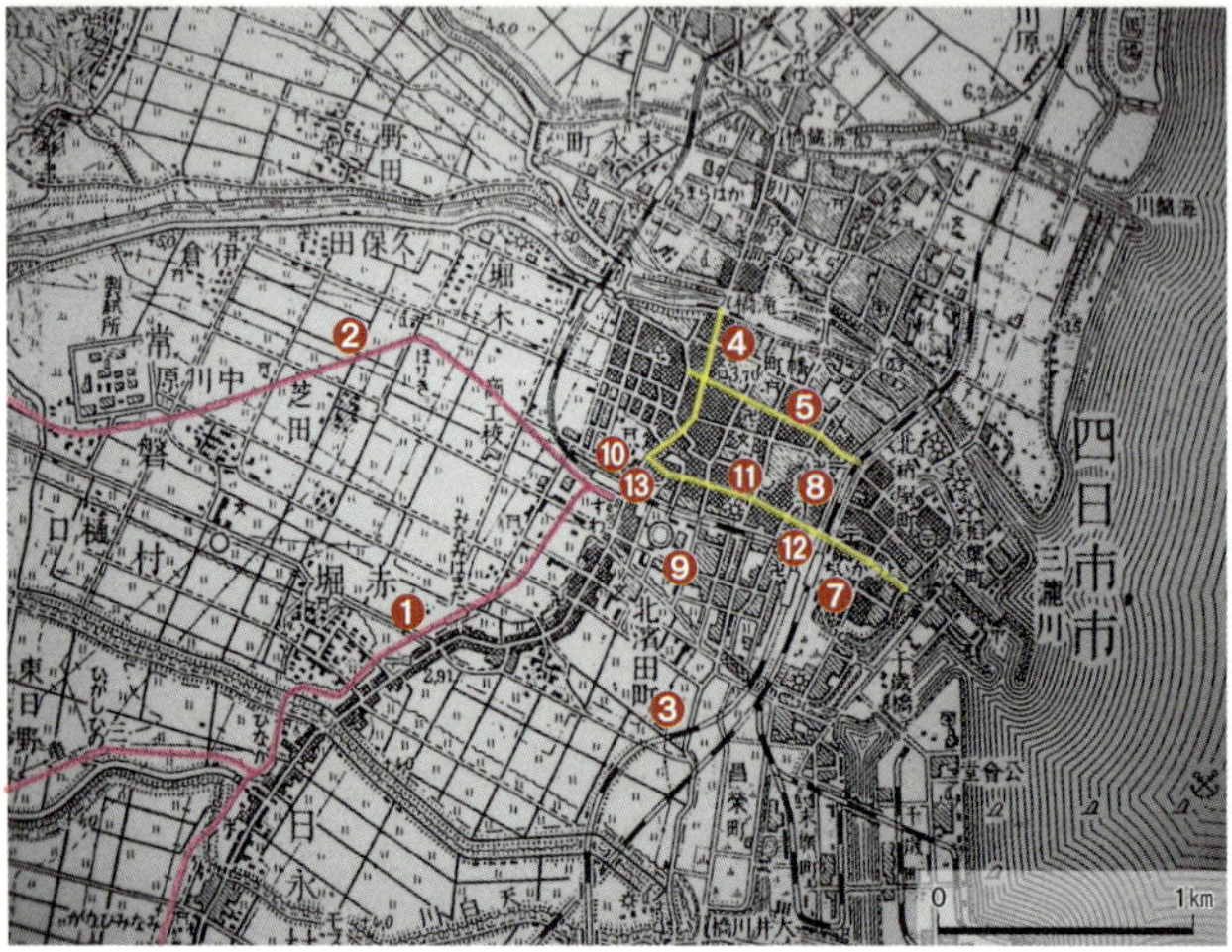
図2　1/2.5万「四日市東」1947年

四日市鉄道は湯の山温泉への観光客の煙害防止等、利便性向上のため1921年に全線を電化し1964年の広軌化後、翌年近鉄に吸収合併されて現在に至っている。三重鉄道は三重交通、近鉄と経営が移り高度成長期における四日市西南部の大規模開発効果等もあって現在もナローゲージで運行され、2015年4月より四日市あすなろう鉄道として再スタートしている。

［中心街の形成と変化］

明治以降、最初に繁栄したのは東海道の宿場町として発展してきた三滝川右岸の❹北町～南町通りと旧東海道の本陣で交わり港へ抜ける浜往還道に沿った❺堅町・中町筋である。この地域には役場、商業会議所、警察、銀行や織物衣服、飲食料品、自転車荷車、家具建具什器等の販売店や飲食店が立ち並んでおり大正から昭和初期にかけて最も繁栄した。理由は東の浜町にあった❻東洋紡績の工員が西から通う道筋で、かつ東海道と港を結ぶ唯一の幹線道路であったことが大きかった。

1890年に関西鉄道が草津~四日市間を開業し❼四日市駅が開設された後、1893年に米穀取引所が❽新丁通りに開設。大正時代に入ると劇場湊座が開設されて新丁通りは賑わい始め、飲食店、カフェー、遊技場などが集まる盛り場となった。一方、南西の諏訪方面は田圃が広がる地域で現在の❾市役所近辺も一面田圃であったが1906年に中町筋以外の筋道として❿諏訪神社から港まで幅四間の道に改修され⓫諏訪新道となり発展の素地がつくられた。

［諏訪の発展］

昭和初期までは相変わらず田圃が広がっていたが、1936年、筑港に日本板ガラス工場が設立され通勤者で賑わい始めた。同年、伊勢電を買収した参宮急行（後の近鉄）は、大阪~名古屋・伊勢間を結ぶ幹線鉄道として発展するが四日市~諏訪間の繁華街を通るため交通渋滞や⓬半径100mの急カーブによる弊害から1956年にショートカット工事をおこない、⓭諏訪駅を廃止して西に高架式⓮新四日市駅を開業した。乗客は国鉄四日市駅から西方7

図3　1890年に三重紡績として操業開始。その後合併し、当時としてはわが国最大級の規模といわれた東洋紡績工場全景（四日市市役所提供）

図4　1955年に幕を閉じた近鉄諏訪駅

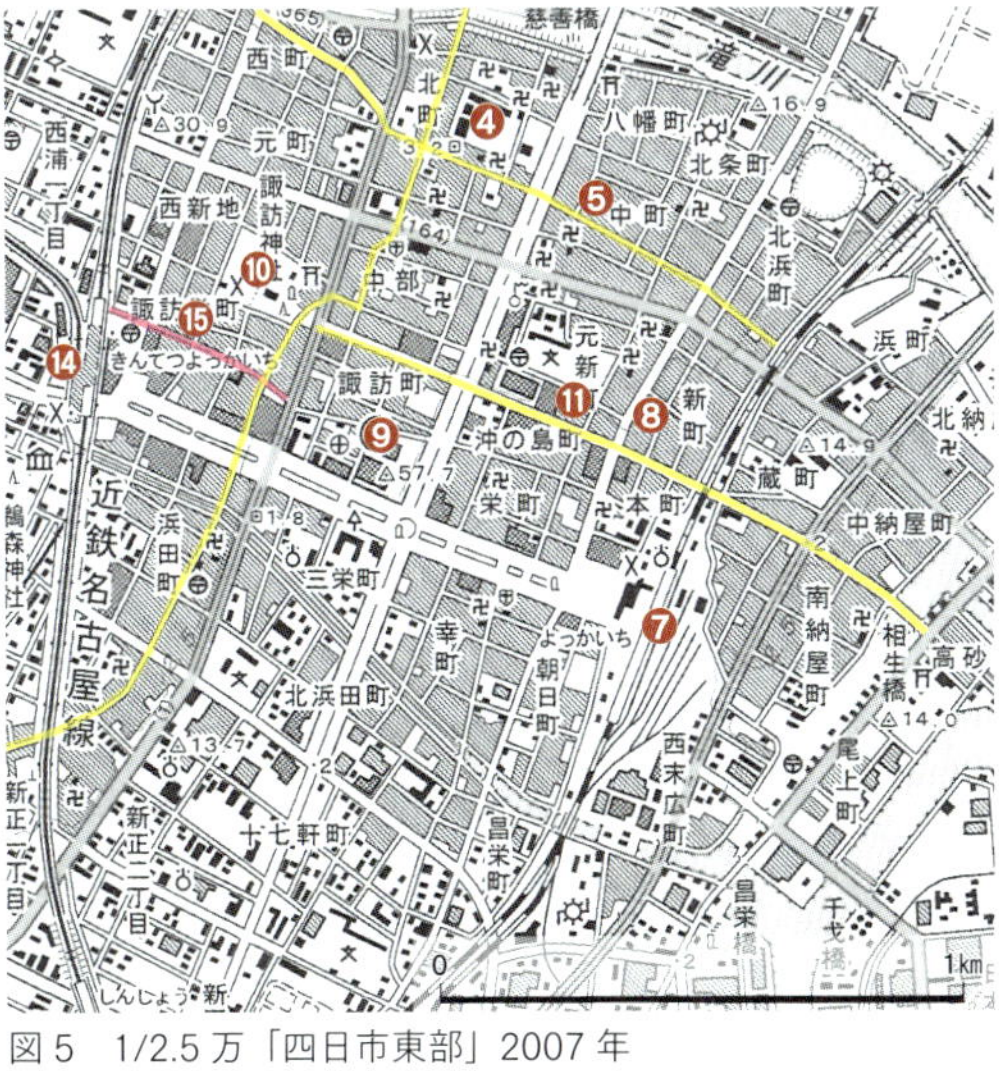

図5　1/2.5万「四日市東部」2007年

00mの近鉄四日市駅へ移り諏訪に百貨店がオープン。1965年には廃線跡が四日市一番街に生まれ変わり県内一の⑮アーケード商店街に変身した。こうして四日市の繁栄は北町・中町・南町から南の田圃地帯へ拡大し、新丁、本町へそして南西の諏訪へ変遷していった。しかし現代、中心商店街の空洞化の波は四日市でも例外でなく、近年は高層マンションが進出し消費者層の中心部回帰の動きもみられる。更に近鉄線より西の安島地域等には文化会館、博物館、北勢地域地場産業振興センター、図書館等の施設が集まり文化ゾーンとして日常的に市民が集まる地域となっている。

◉【津】岩田橋駅と山間中間地大仰《おおのき》駅近辺の今昔

[県内初の軽便鉄道]

❶中勢鉄道の前身は大日本軌道三重支社で、その路線計画は岩田川下流右岸の❷岩田橋駅と久居を結ぶもので1909年（明治42）に開業した。三重県内初の軽便鉄道で日露戦争後、陸軍増師計画に対して連隊、学校、鉄道誘致の一環であった。その後、1920年（大正9）に中勢鉄道へ譲渡された後、一志郡の雲出川上流地域へ延び翌年大仰へ、1925年に伊勢川口へ延伸し20・7㎞の全路線が開業した。

しかし、沿線には大きな産業もなく1935年に国鉄名松線が松阪〜伊勢奥津間に開通したことから人・物の流れが大きく変化した。

その後、太平洋戦争の激化による線路の供出という国策により1943年に廃線となった。

図1　1/2.5万「津東部」1938年

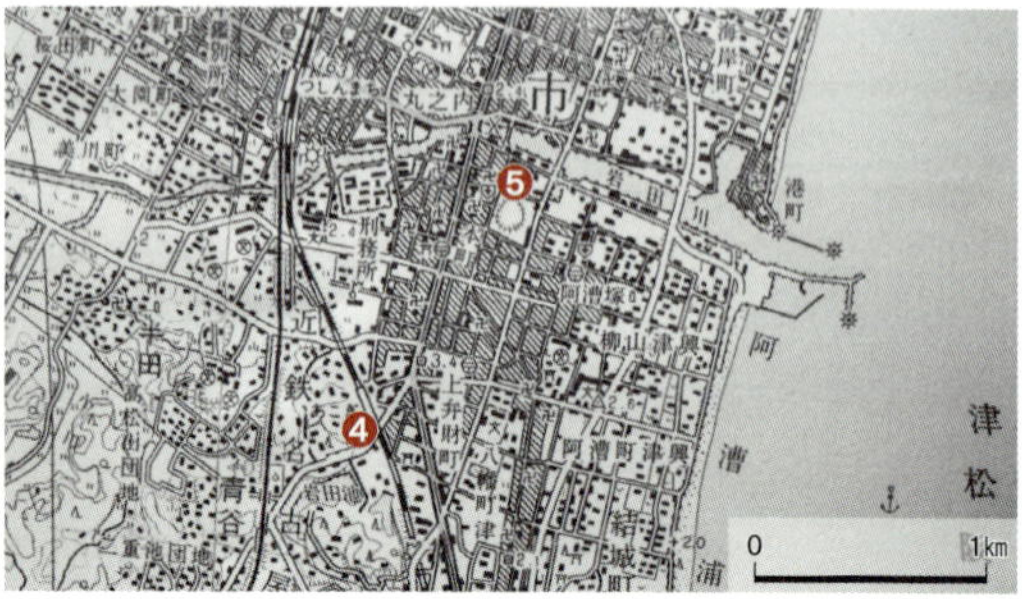
図2　1/2.5万「津東部」1982年

図４　東洋紡績津工場の遠望

図３　1935 年頃、岩田橋駅近くを走る軽便鉄道のガソリンカー

〔**始発駅岩田橋界隈**〕

開業当時はこの地の地名を採用し❷「元馬場屋敷駅」としていた。この地は藤堂藩の役所があった場所で東の船頭町は水運関係者の居住地であった。岩田橋駅の南東に位置する広大な敷地に三重紡績、後の❸東洋紡績津工場があった。この工場は１８９６年に伊勢中央紡績として操業開始したが翌年に三重紡績に合併し、更に１９１４年に東洋紡績となった。津は繊維工業が盛んで戦前には東洋紡績（船頭町）の他、岸和田紡績津工場（上浜町）おぼろタオル（下部田）倉敷紡績津毛織工場（上浜町）の進出があった。

１９１７年、中勢鉄道は❹国鉄阿漕駅に貨物用の連絡支線を乗り入れ製品、原料を輸送していた。地区古老の話によると岩田橋駅には売店があり、駅の北側に機関車等の方向転換用の回転台があった。また、「機関車の飛び火で積み荷の綿花が焼けた」との話が伝わっており当時の新聞でも報道されている。

東洋紡績津工場は空襲で壊滅したが現在は❺市体育館、市営野球場、スポーツクラブ等、スポーツゾーンとして多くの市民に親しまれている。更に体育館より岩田川に沿って東１㎞の海浜には伊勢湾海洋スポーツセンターもあり海洋スポーツのメッカともなっている。

〔**中間駅大仰の繁栄**〕

大仰は雲出川中流域にあり古来より初瀬街道が通る交通の要衝でもある。１９２１年に軽便鉄道が久居より延伸し

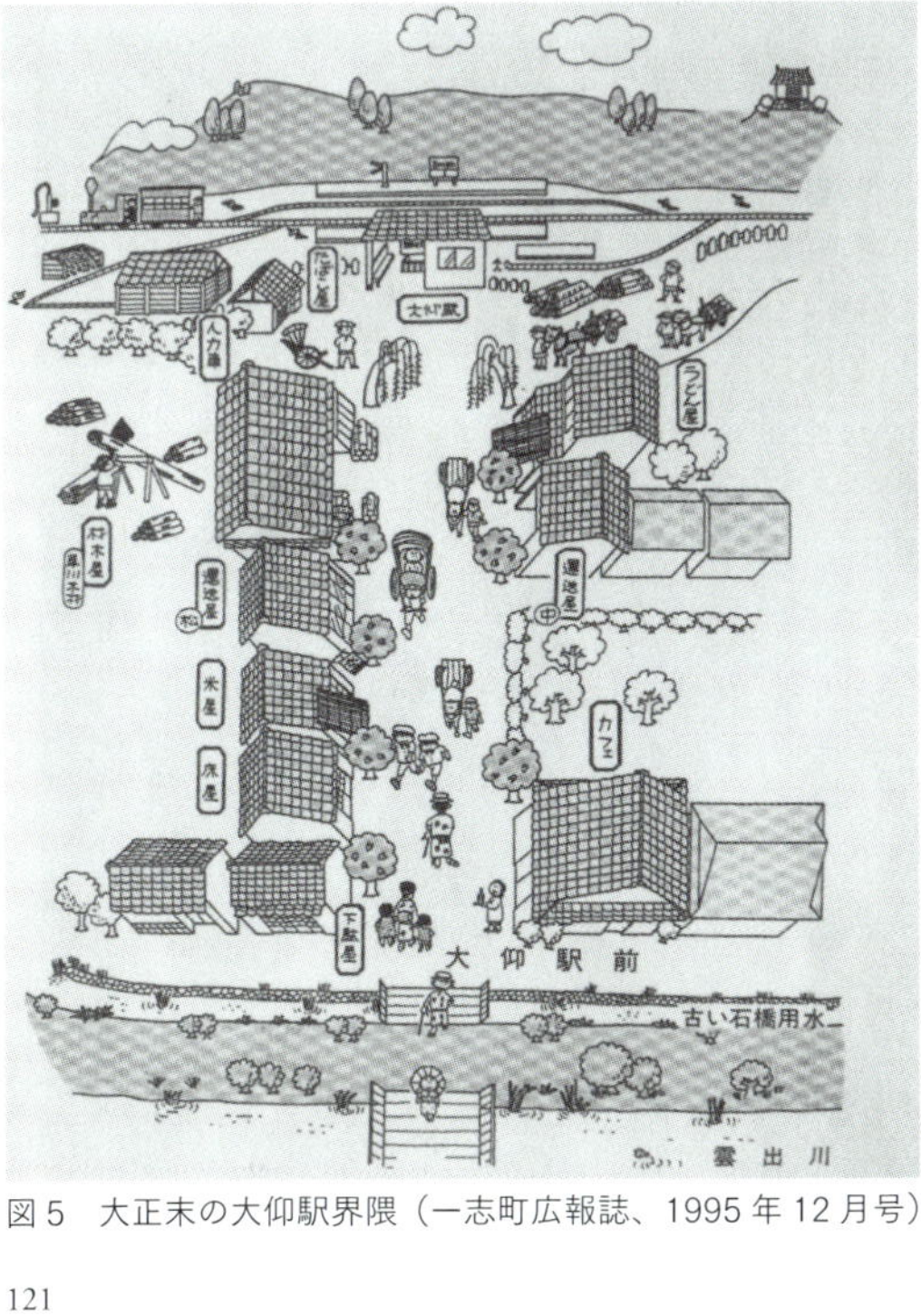

図５　大正末の大仰駅界隈（一志町広報誌、1995 年 12 月号）

図7　現在の旧大仰駅前通り跡

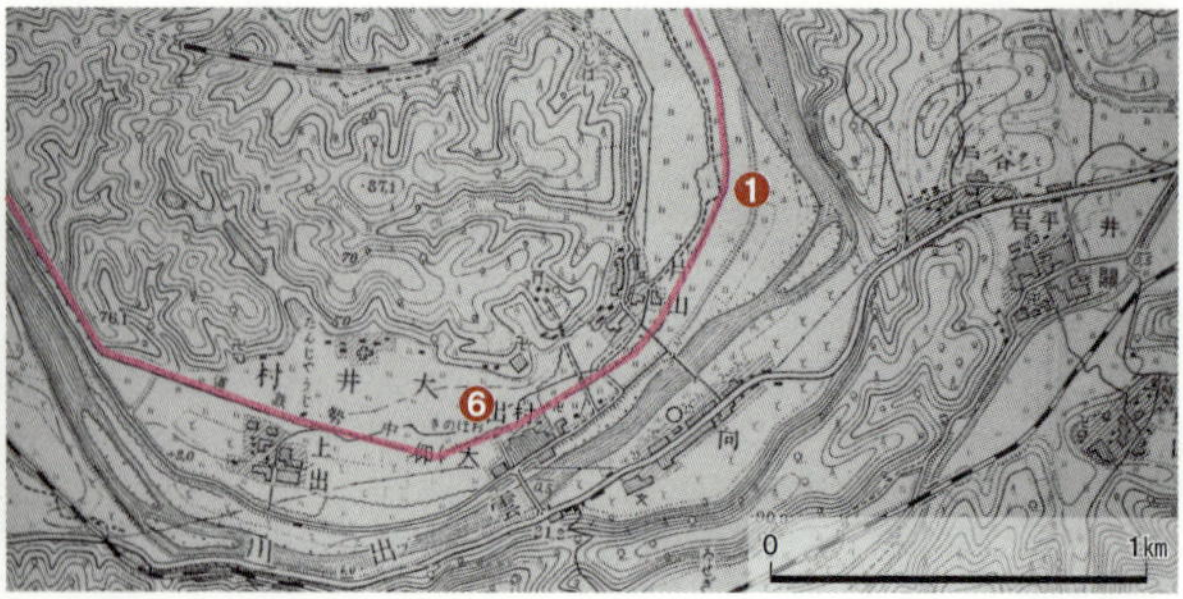

図6　1/2.5万「大仰」1932年

て❻大仰駅が開設されると上流の川口、家城方面から材木が集まり、軽便鉄道により津の国鉄阿漕駅へ運んだ。古老の話によると「材木を運ぶ荷馬車が大仰橋から駅まで列をなした」という。橋から駅まで幅8m、直線距離で、100mほどであるが両側にはタバコ店、運送屋、うどん屋、居酒屋、米屋、駄菓子屋、床屋、カフェ等が立ち並びこの近郷集落から「外食や店を利用する人が多かった」と古老は語る。宮尾登美子の『伽羅の香』に軽便鉄道が登場し、多気から矢頭峠を越えて大仰に至り、ここから軽便鉄道を利用し津へ向かったと書かれているように山間部集落と津の中間に位置する要衝であった。中勢鉄道は1943年に廃線となり現在は道幅が3mほどの道路の静かな集落に戻っている。

【松阪】終点大石駅界隈の今昔

［松阪鉄道の開業］

松阪鉄道はその設立趣意書に飯高・飯南山村部の林産物を安全・迅速に輸送する必要性を訴え1912年（大正元）に松阪～大石間20・2kmが、翌年、港の大口へ分岐して接続

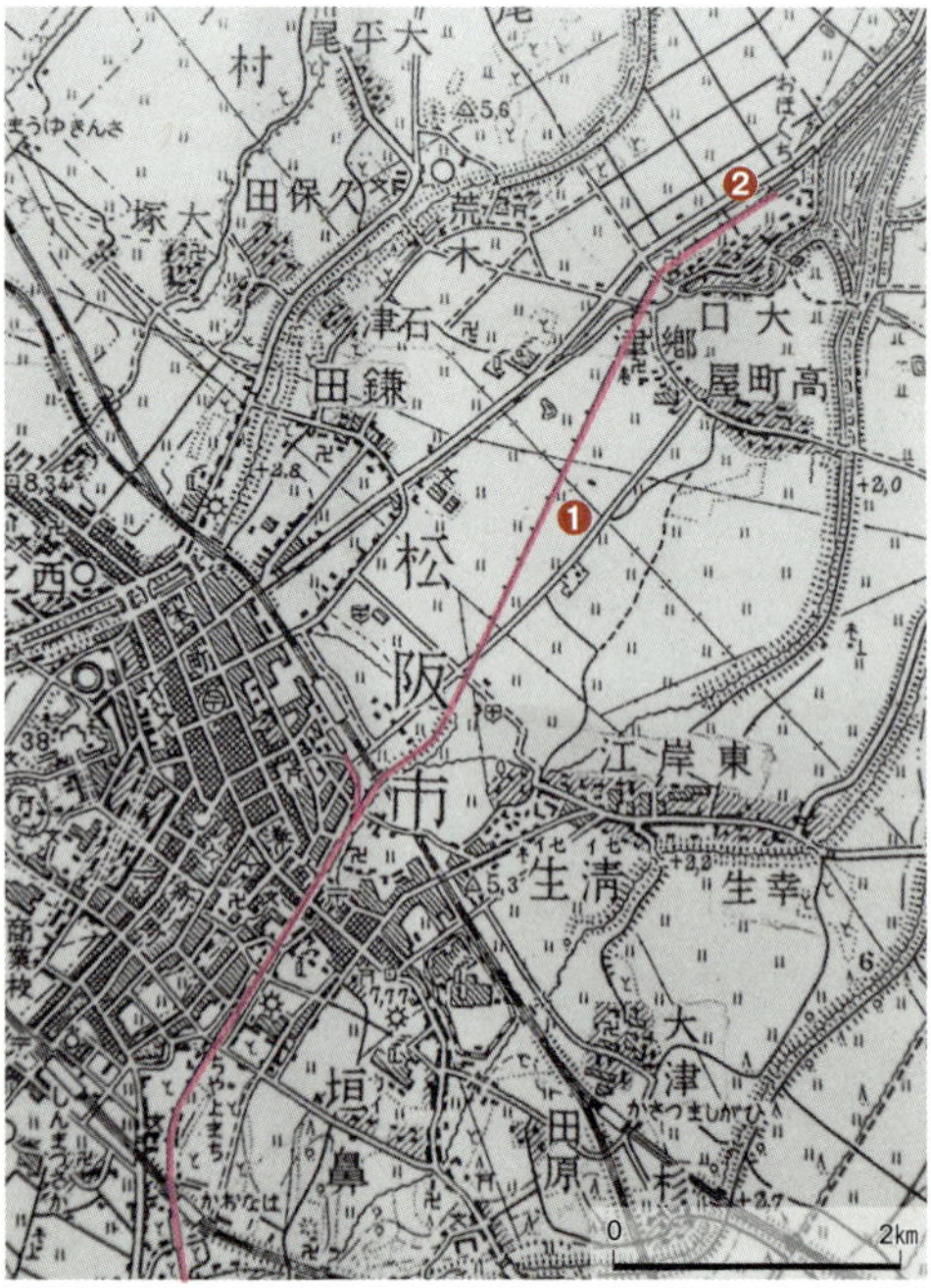

図1　1/5万「松坂」1937年

図2　国鉄参宮線を跨いで走る軽便鉄道

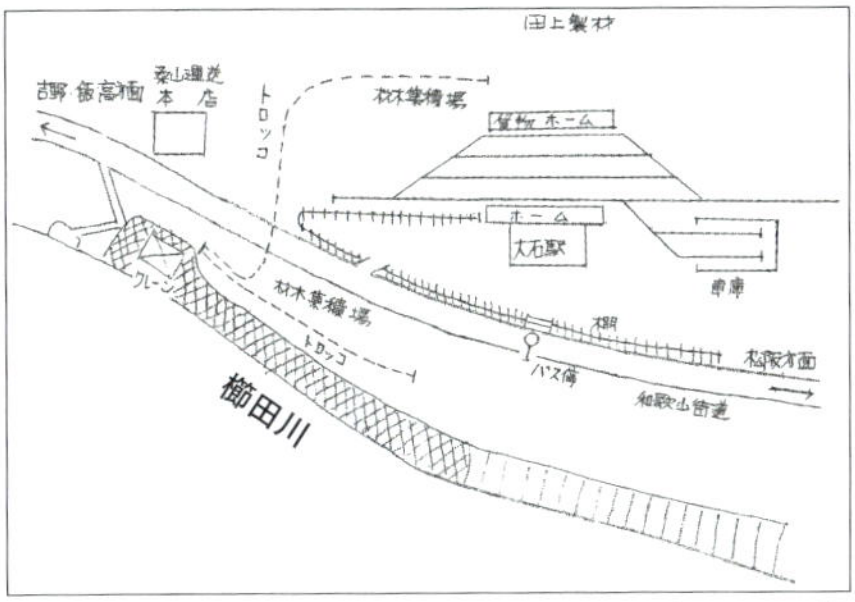

図４　大正～昭和初期の大石駅界隈地図（イメージ）

図３　材木貯木場

する平生町～大口間2・8㎞の❶大口線を開業した。❷大口駅は護岸より10ｍの場所まで鉄道敷地があり、ここで櫛田川上流から運ばれてきた材木や河川敷で採取された砂利などが機帆船に積みかえられて運ばれた。

[戦前までの大石駅]

❸大石駅界隈の大きな変化は軽便鉄道が開通した大正の初め、次が太平洋戦争後、そして3回目が高度経済成長時代初期と3回の大きな節目があった。

軽便鉄道が開通した大正初めから昭和初期の期間は貨物輸送の全盛期だった。櫛田川上流から切り出された材木は筏を組んで流され図4の大石駅近くに集められて大口港まで運ばれた。大石駅近くに材木運送会社が誕生して川からクレーンで引き揚げ、軽便鉄道に積み込まれた。この頃、材木運搬列車は朝夕の通勤時間帯を除いて頻繁に運ばれたという。川の集積場は材木で満杯になり陸揚げクレーンは朝から夕方まで休むことなく動いていたというが、戦時中、鉄製クレーンや材木置き場のトロッコ線路が国に供出された後は丸太のクレーンで運用していた。

[太平洋戦争終戦後]

2回目の変化は終戦後から1950年代半ばの時期であ

図５　材木引き上げ作業

図４　1/5万「丹生」1928年

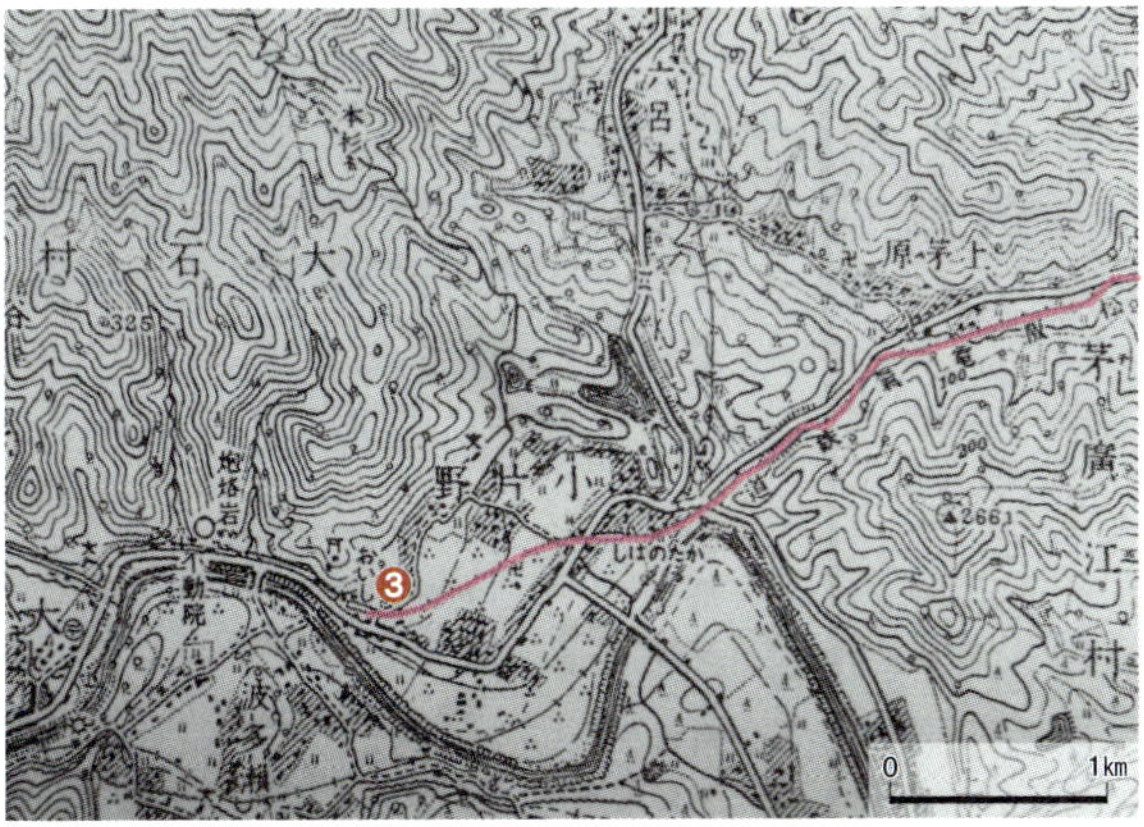

る。戦地から多くの軍人が復員し、働く場所を求めて松阪方面へ仕事に出かけるようになった。この頃が大石駅は乗降客のピーク時期で、朝夕の通勤、通学時間帯の混雑は大変で始発駅の大石駅で既に立ち席となる混雑ぶりであった。

土地の古老によれば終戦後、毎日、大石周辺の農家から卵を集め大阪の料理屋まで運んで販売し、帰りに衣類を買って大石で販売する行商が盛んで20人ほどいたとの話がある。そのような時期に駅前の和歌山街道沿いの材木置き場に図7のようなマーケットができた。そこには酒屋、本屋、金物屋、床屋、うどん屋、新聞店、薬店、や郵便局等が店を出し、日常的に地元住民も利用して山間部の商業拠点を形成していた。

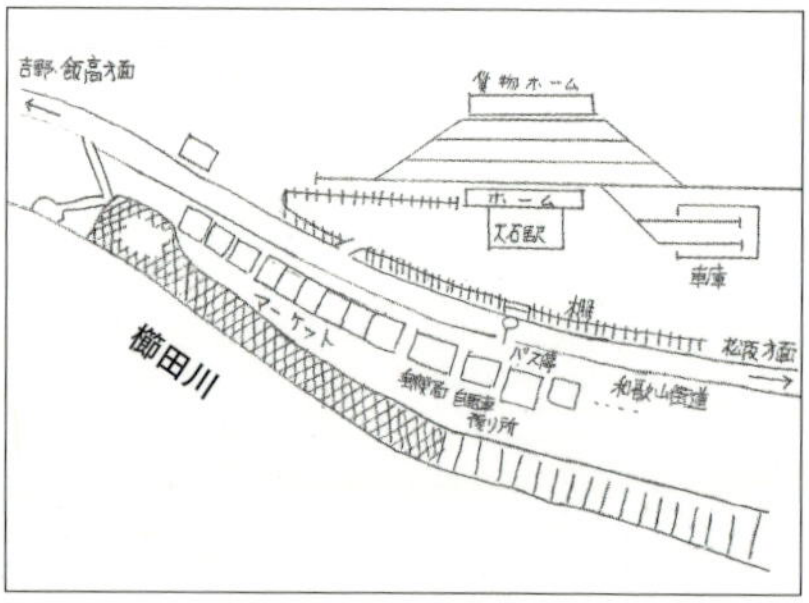

図7　太平洋戦争後の大石駅界隈地図（イメージ）

［**高度経済成長期**］

3回目の変化は、戦後の復興も進み地方の道路整備も進んで輸送は自動車が主役となった時期。軽便鉄道は輸送設備や運転方式が古いため時代が求める輸送サービス提供ができなくなり、乗客がバス輸送にシフトしてきたため、1964年に営業を終了。廃線となった。翌年には大石駅近辺も狭い旧和歌山街道に変わって広い❹国道166号線が整備されこの地域にもモータリゼーションの波が押し寄せて新国道沿いに新しい店が進出し始め、駅前の店も新国道沿いへ移転した。現在は軽便鉄道開業以前の静かな住宅街に戻っており、旧軽便鉄道の大石駅の駅舎は現在も❺三重交通大石停留所として、昔の構内はバスのターミナルとして利用されている。

図8　1964年の廃線前の大石駅（三重交通提供）

図9　2009年頃の三重交通大石バスターミナル

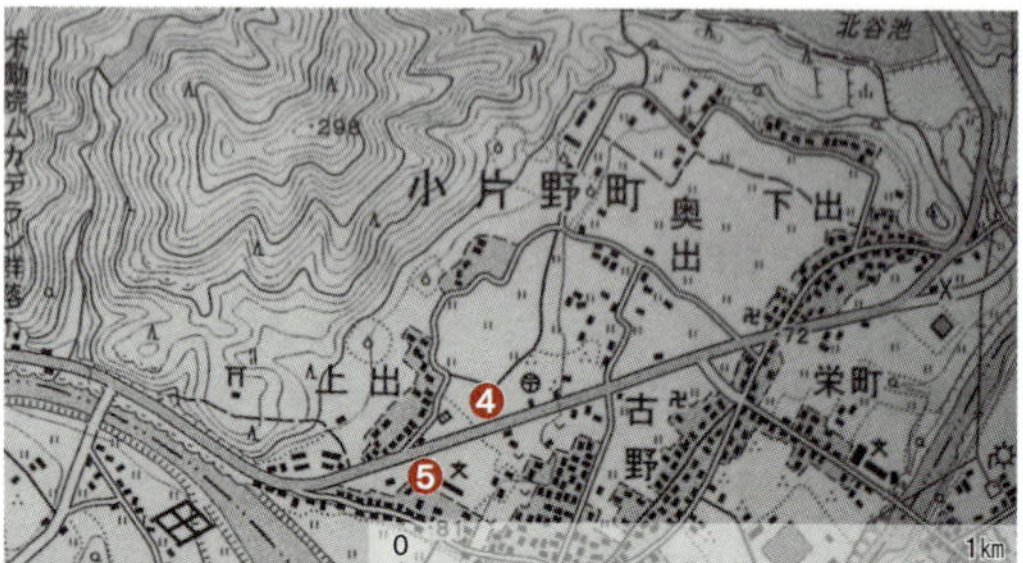

図10　1/2.5万「横野」2011年

戦争遺跡をさぐる

三重県下にも戦争遺跡が数多く残されている。空襲の爪痕、戦時下の社会体制を今に伝える計画図などを読み解く。

空襲の記録——戦争遺跡と米軍資料

岩脇 彰

1945年（昭和20）の3月以降、アメリカ軍による空襲が激しくなり、日本本土も戦場になった。1944年に日本軍が占領されたサイパン・テニアン・グァムの島々からは爆撃機B29が、1945年3月に占領された硫黄島からはアメリカ陸軍の戦闘機P51が日本を襲った。同年7月からはアメリカ海軍の空母から出撃する艦上機（「艦載機」）による空襲も始まり、イギリス海軍も加わった。

図1は「津の空襲を記録する会」がつくった詳細な津市戦災地図である。津市は1945年7月24日の爆弾による空襲、同月28日の焼夷弾による空襲をはじめ多くの空襲を受けているが、津市では早い時期から聞き取り調査などがおこなわれ、貴重な記録や資料が多く残されている。

市内には空襲の被害を物語る戦争遺跡も確認されている。行政も協力して移築保存されたものもあり、他の市町に比べ戦争遺跡への取り組みが高く評価されている。

戦争遺跡の調査は1980年代から活発になり、空襲遺跡だけでなく軍事施設や本土戦に関わるものも多数見つかっている。戦後70年の時を経て歴史的な価値も高まり、文化財に指定される戦争遺跡も増えている。戦争体験者の高齢化がすすむ中、戦争を語り継ぐために地域の身近な戦争の事実を伝える戦争遺跡がますます重要になっている。

注目される米軍資料

空襲の調査・記録に関わって最近注目されているのがアメリカ軍の資料である。

図2は空襲直後に撮影した航空写真をもとにアメリカ軍が作成したもので、かなり正確に津市の空襲が記録されていることに驚かされる。津市とは異なり、自覚的な市民が空襲地図をつくっていない都市でも、米軍資料を見ればおおよその被害状況を知ることができる。

アメリカの空襲は非常に科学的・論理的に計画されている。建物が木や紙（障子）で造られている日本の都市には、爆弾よりも消防でも消せないような大火を起こした方が効率的と考え、アメリカ本土に日本家屋を建てて火災実験を綿密にした上で、どのような焼夷弾をどれだけ落とせばいいかを決めている。そして航空写真をもとに、都市のどの部分に焼夷弾を落とせば大火が起きるかをB29の部隊に伝えている。さらに空襲後にこのような地図を作り、攻撃が適切であったかを分析し、次の攻撃に生かしている。70年前にここまで綿密に空襲がおこなわれていたことが、ようやく米軍資料からわかってきたのである。

図3の地図でも、菰野町や鈴鹿市につくられている特攻用飛行場の滑走路や誘導路が細かく書かれている。特攻用飛行場については日本の資料が残されていないものもあり、米軍資料によって飛行場の概略を知ることができる。

米軍資料には戦闘報告書も

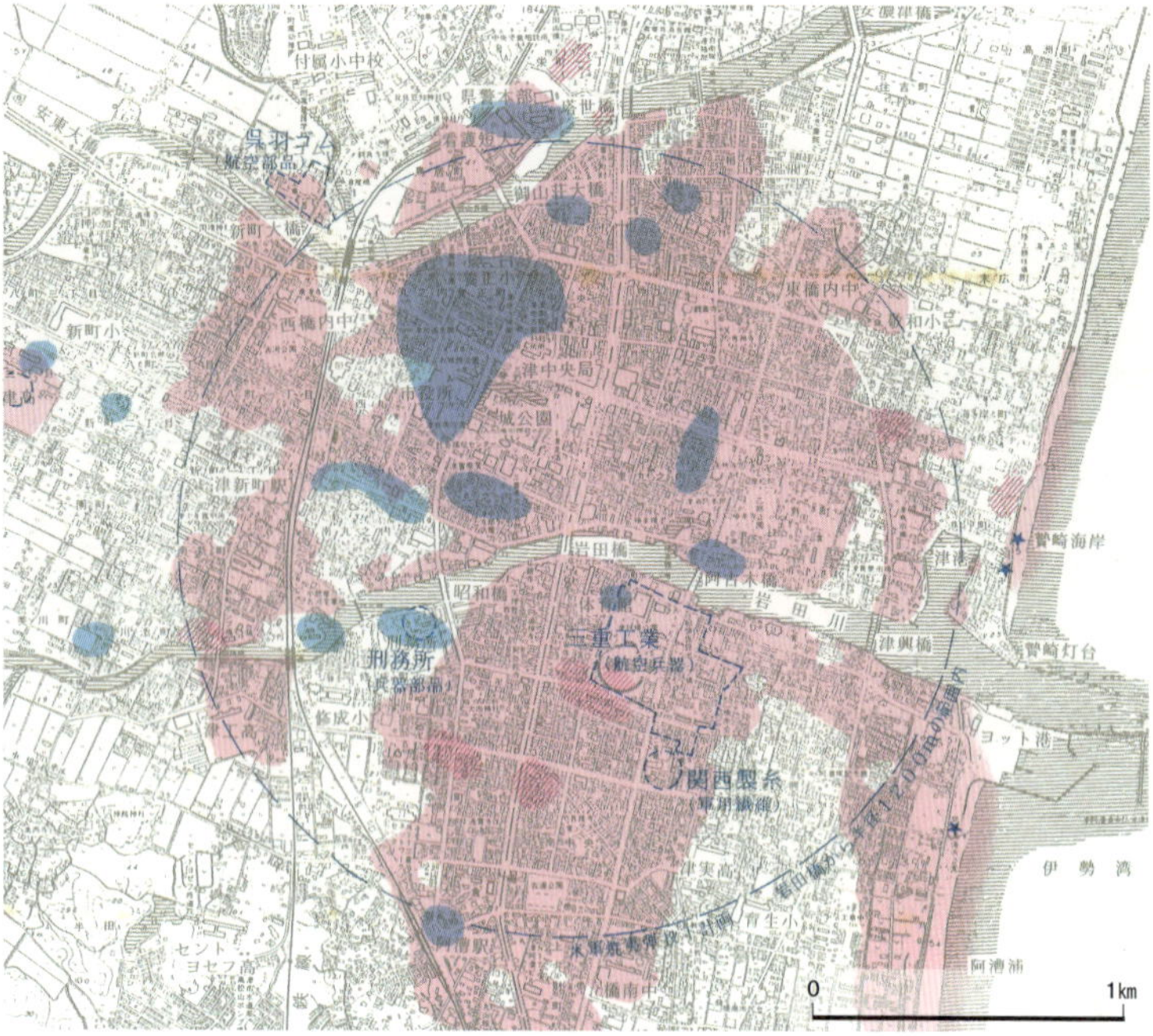

図1　1945年　津市戦災地図（津の空襲を記録する会、1995年）

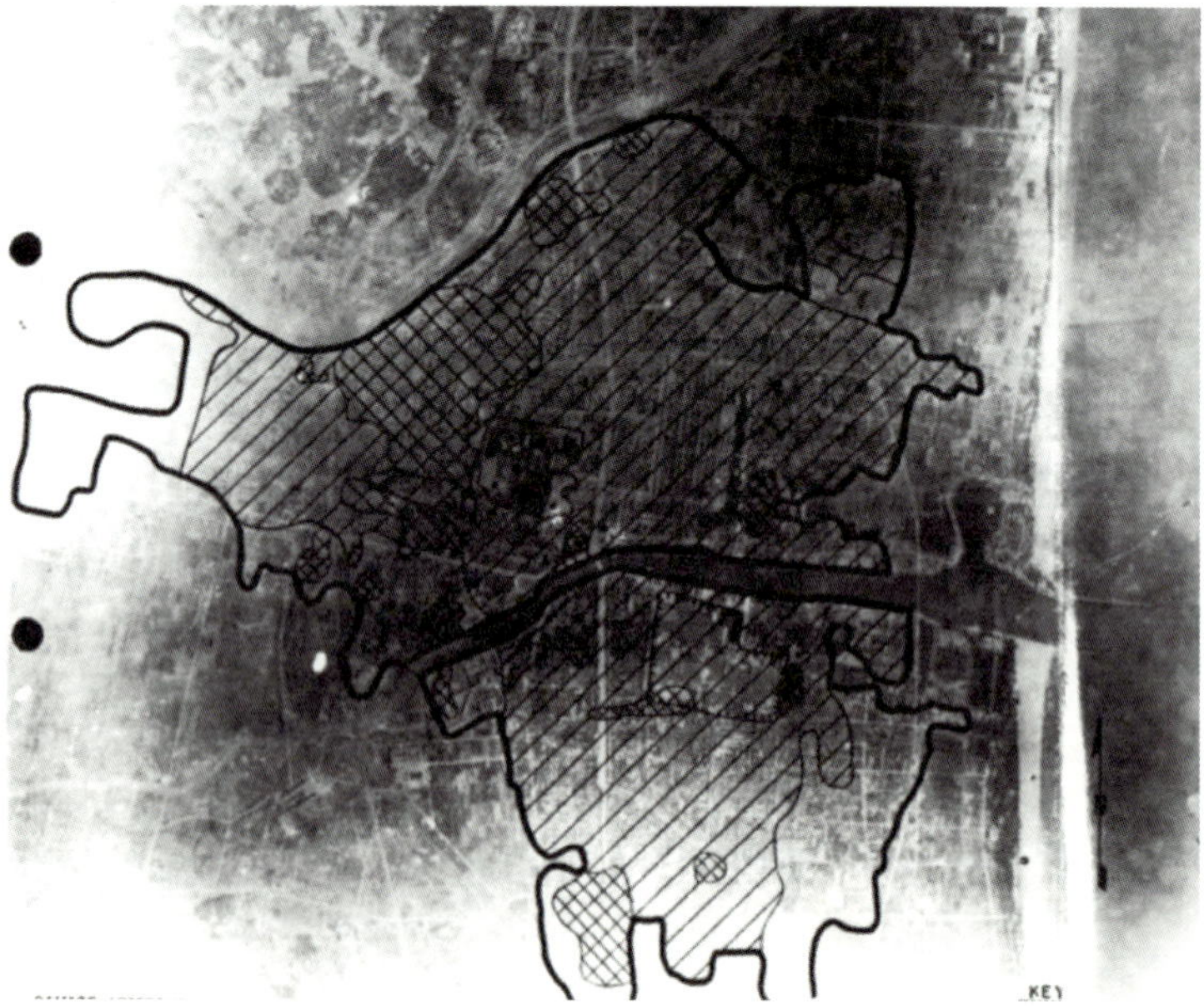
図2　アメリカ軍空襲地図（津市）（出典：Damage assessment photo intelligence reports of Far Eastern targets filed by area and contain all available information on the area: Kumano Report No. 3-a（26）, USSBS Index Section 7、図3も同じ）

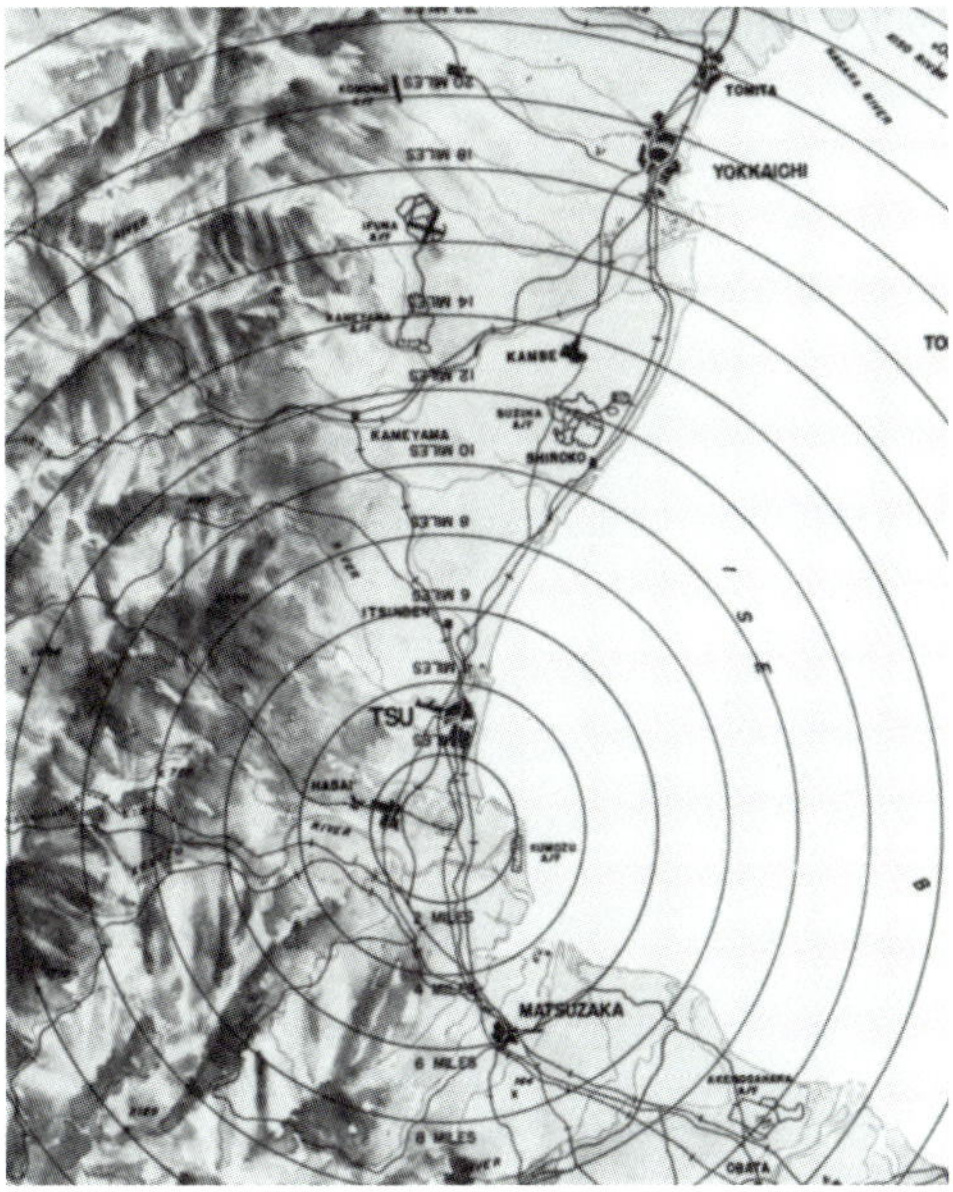

図３　アメリカ軍作成の三重県地図

残されていて、B29だけでなくP51や艦上機がいつ、どこで、どのような戦闘をしたのかをほぼ把握できる。

例えば度会郡玉城町にある三縁寺の山門には弾痕が残り、銃弾がめりこんでいるものもある。これは敗戦の前日である1945年8月14日の空襲だが、米軍資料によると硫黄島から飛来した第15戦闘機群団・第414戦闘中隊のP51がこの辺りを攻撃していることがわかる。また海軍の艦上機は同年7月24日、28日、30日に攻撃をしているので、三重では24日の名張市赤目口駅・高尾や志摩市波切、28日の尾鷲市などがこれに当たる。さらに、尾鷲市を襲った艦上機のうち2機は、空母へ戻る途中に鳥羽市付近で貨物列車を攻撃していることが記録され、日本では忘れられている空襲も確認できる。

米軍資料は膨大で、未調査のまま残されているものも多く、どのような事実が埋もれているかは調べてみるまでわからない。米軍資料は国会図書館などのウェブページで少しずつ公開も進んでいて、今後とても重要な研究対象になると確信できる。

幻の「大神都聖地計画」

岩脇 彰

伊勢市はかつて宇治山田市といい、伊勢神宮の内宮（宇治）と外宮（山田）が中心になっている。伊勢神宮は江戸期に民衆から「農業の神」として信仰され、全国から伊勢参りが盛んにおこなわれた。明治期から1945年の敗戦までは皇室の祖先を祀る「皇祖大神宮」として政府から特別な扱いを受けた。

伊勢神宮には20年ごとに建造物などを新調する遷宮という行事がある。中世には中断・延期したことがあるが、近世以降は正確に続けられた。

伊勢市は遷宮を節目にして発展してきたと言える。1909年（明治42）の遷宮では市制を施行し、内宮と外宮を

図1　大神都仮想計画　公園及遊園分布図（伊勢商工会議所所蔵）

結ぶ「御幸通り」（現在の御幸道路）や全国で3番目となる市内電車を整備した。1929年（昭和4）の遷宮では都市計画法の適用を受け、宇治山田駅（当時は参宮急行電鉄）も開設している。

そして次の1949年の遷宮を目ざして1933年に市長が総理大臣などに提出したのが「大神都特別聖地国営計画に関する意見書」だった。

市の壮大な観光都市計画

地元で「大神都聖地計画」と呼ばれたこの計画では、まず道路網の整備、そして碁盤目に整然と計画された新市街地が目につく。これは内宮と外宮の神域拡大や大規模公園建設によって立ち退くことになる市民の居住地を確保するとともに、近代的な都市空間をつくるものだった。新市街地は道路に面した部分に商業

施設、裏側に居住施設を建設する計画だった。

また、市内各所に公園、博物館、国際ホテル、国際運動競技場、伊勢音頭の歌舞練場、歌舞伎劇場などを配置、さらに空港や地下鉄の建設も計画されている。

神宮を核として集客施設を充実させ、近代的な都市計画にもとづく観光都市としての発展を目ざした壮大な要望だったと言える。

幻に終わった都市計画

国は市の要望をふまえて1940年（昭和15）に「神宮関係特別都市計画法」をまとめた。その計画を市の「大神都聖地計画」と比べながら、内宮を中心に見ていこう。

内宮の神域拡大は明治以降継続されてきた。かつては宇治橋を渡った内部にも民家が密集していたが1889年（明治22）の遷宮時に撤去され、1909年の遷宮時には宇治橋の外側も公園化された。地図からもそれを読み取ることができる。

市の「大神都聖地計画」ではさらに、従来の門前町が半減するほどに神苑を拡大し道路を整備拡張している。それに加えて郊外に整然と碁盤目模様の新市街地を計画していることがわかる（図3）。しかし国の事業としておこなわれることになったのは民家撤去と神域拡大、それに道路の拡充だけだった（図4）。

国の事業には全国で3番目になる美観地区の設定や、緑地帯の設置など斬新なものもあったが、あくまで伊勢神宮

図2　1/5万「宇治山田」1930年

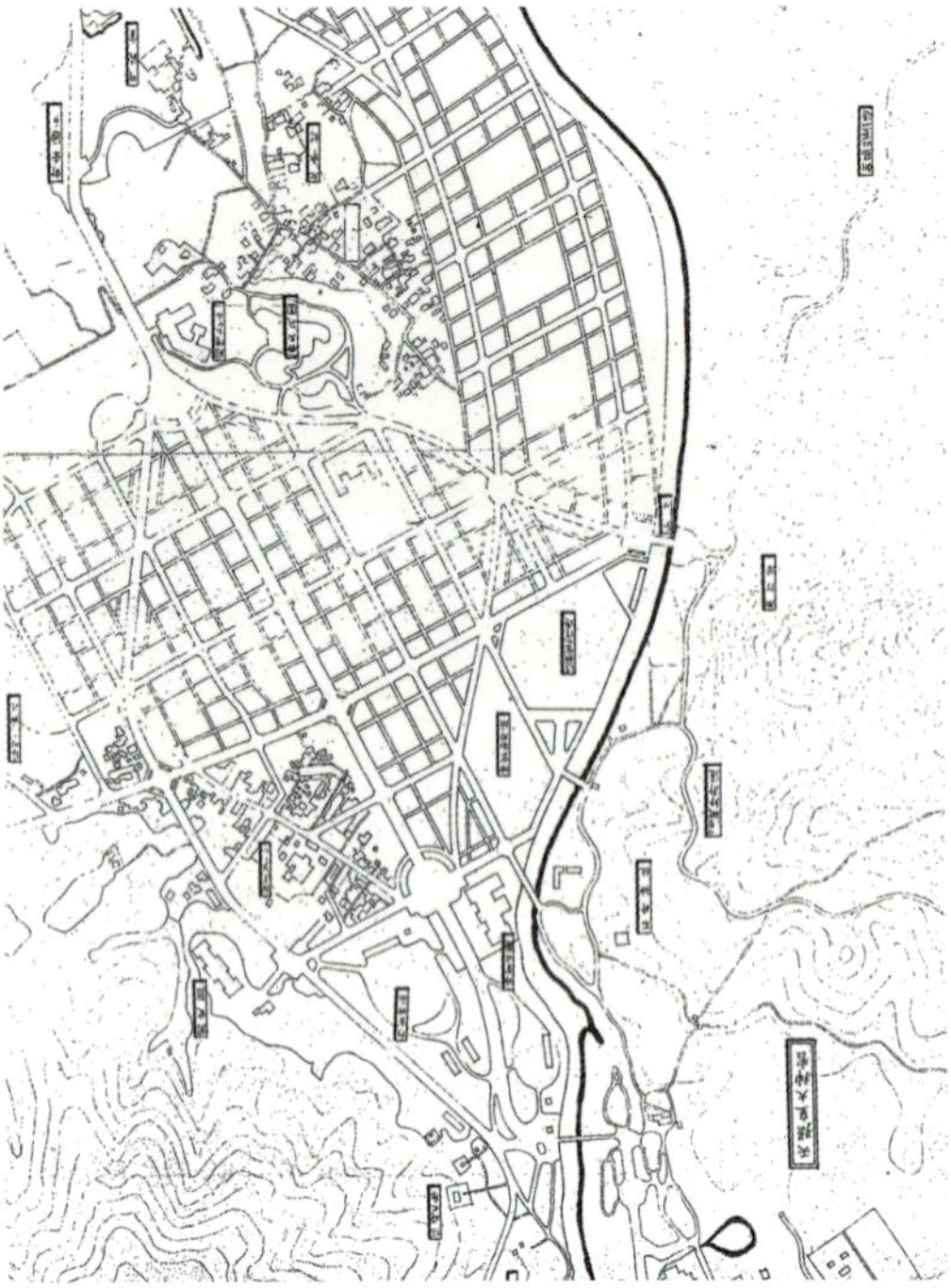

図３　大神都仮想計画　公園及遊園分布図より内宮付近を抜粋（伊勢商工会議所所蔵）

の権威や神聖さを高めるためだけの事業であり、市民の要望とはほど遠いものだった。

ちなみに１９４０年は国が「紀元２６００年」として盛大に祝った年である。国民を戦争に協力させるために推進した皇民化政策の一環であった。１９４０年までの10年間で神武天皇の墓とされる墳墓と橿原神宮を整備した後、１９４０年から10年をかけて計画されたのが「神宮関係特別都市計画」だったことからも、この都市計画の目的がわかるだろう。

国の都市計画は１９４５年の敗戦で、神域の一部拡大と五十鈴川の改修、低湿地の埋め立てなどがおこなわれただけで消滅した。ただ、内宮と外宮を結ぶ連絡道路は規模を縮小して１９５１年に完成し「御木本道路」と呼ばれている。低湿地を埋め立てた場所には三重県立総合運動場や五十鈴公園が造られている。

ちなみに１９４９年に予定されていた遷宮は戦争によって準備ができずに中止され、４年遅れの１９５３年におこなわれた。それ以降、遷宮は９のつく年から３のつく年にずれ、最近では２０１３年におこなわれている。

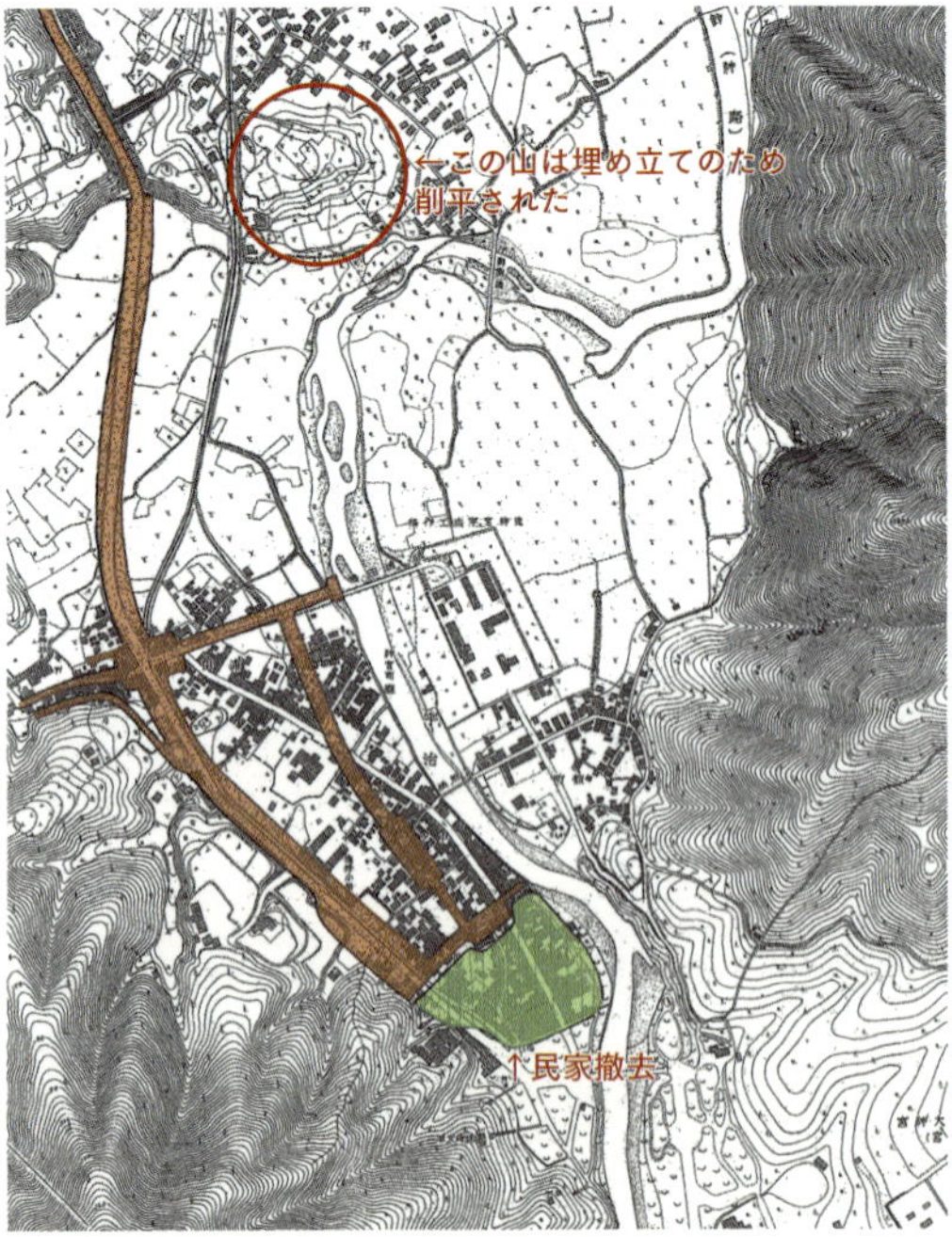

図４　神宮関係特別都市計画

地形をさぐる

南北に細長い三重県は、長く続く海岸線やリアス海岸、そして数々の山脈も有し、多彩な自然環境をもつ地域である。

長く礫浜が続く七里御浜のすがた

津村善博

熊野灘は三重県の志摩半島の大王崎から紀伊半島南端の潮岬にいたる約１４０㎞の海域である。海岸線はほとんどがリアス海岸であるが、国の名勝および天然記念物に指定されている鬼ヶ城付近から熊野川河口付近までの海岸は直線的な礫浜海岸が続いている。その長さはおよそ23㎞におよぶ。この海岸は七里御浜とよばれている。吉野熊野国立公園の一部である。また、世界遺産に指定されている熊野古道伊勢路の一部でもある（図１、２）。

図１　1/5 万「阿田和」1989 年

図２　七里御浜海岸（熊野市有馬付近）

これまでに「日本の渚百選」、「日本の白砂青松百選」、「21世紀に残したい日本の自然百選」にも選ばれている。

この浜には、熊野川の上流から河口の新宮市を経て、沿岸流によって運ばれたいろいろな種類の平べったい丸い石がみられる。河口から北に行くにつれてだんだんと細かくなる。これらは「みはま小石」とよばれ、販売されている。黒色の頁岩、赤いチャートや流紋岩、白い石英斑岩、緑色の緑色岩などがある。なかには那智黒石も見られる。また、この浜はアカウミガメの上陸地としても知られている。

図３　七里御浜海岸の礫

この七里御浜海岸は、前浜が消失するなど侵食が激しく、昭和30年代以降、海岸侵食が進んできている。中でも南部の紀宝町の井田海岸の海岸侵食は深刻な状態にあり、堤防基部近くまで侵食が進行してきている。また、梶ヶ鼻付近では、海域にある岩礁が以前は砂浜で繋がっていたことが地図から読み取れるが現在ではその姿は見られない。1947年（昭和22）と比べて、汀線が最大で80mも後退している。

図４　井田海岸の海岸侵食

この原因として、熊野川におけるダムの建設と川砂の採取で土砂の供給量が減ったことと鵜殿港の突堤建設で浜に

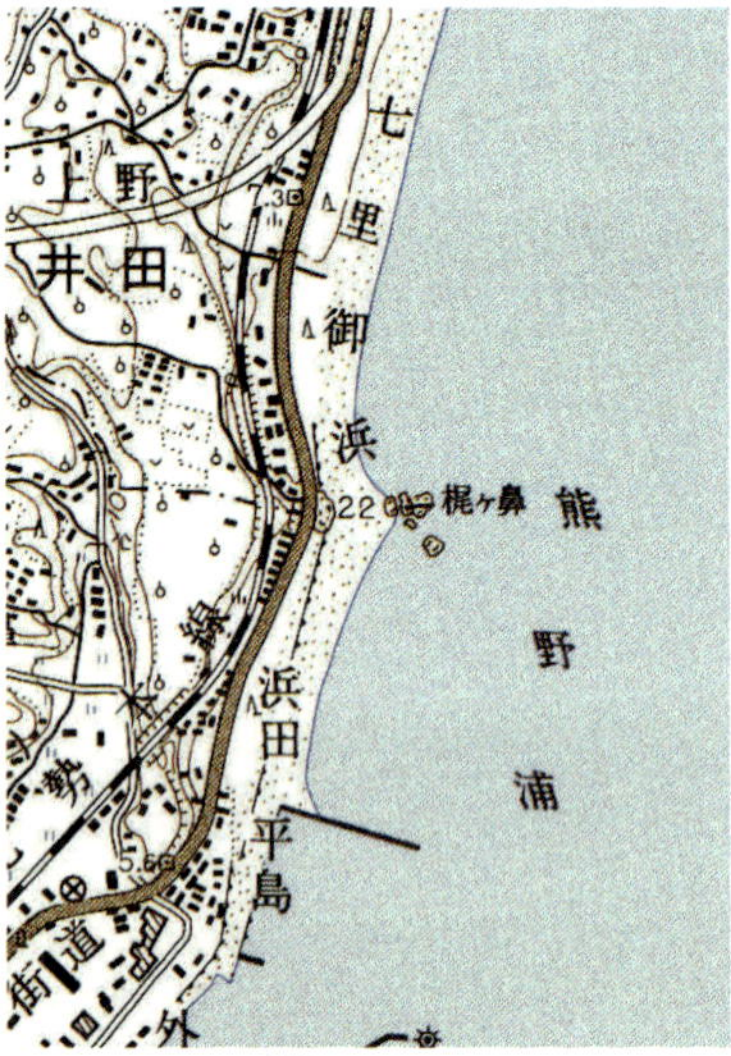

図５　1/2.5 万「鵜殿」1988 年

図６　梶ヶ鼻の現在のようす

図７　七里御浜海岸の松林

土砂が流れてこなくなったことなどが考えられている。

侵食を食い止めるために１９８７年から人工リーフの整備や現在の汀線を維持するため、毎年約４万㎥の土砂を入れて、人工的な海浜の造成する養浜を実施している。

七里御浜海岸にはクロマツ、カシ、クス等の樹木が海岸沿いにみられ、これらの樹木は防風林として保護されている。

１９８７年に地元の市町村と関係機関が協力して、七里御浜松林を守る協議会が設立され、１９９３年度から住民参加によるボランティア型の「ＧＧ（グリーン・グロー）緑を守り育てる作戦」を実施している。ＧＧ作戦とは、国有林をフィールドに地元住民や小学生の手によって松を植え、植えた松の保育を森林管理署が担当するものである。現在の構成団体は熊野市、御浜町、紀宝町、三重森林管理署などである。このような地域のみなさんの地道な活動によって、七里御浜の松林が守り、育てられている。

七里御浜海岸は原風景を守るため、多くの人が関わって事業が展開されている。

高見山の斜面崩壊と中央構造線

津村善博

三重県と奈良県の県境にそびえる高見山は、標高は１２４８ｍで台高山脈の北端に位置している。奈良県側の紀ノ川支流の高見川と、三重県側の櫛田川の源流となっている。関西では冬に霧氷や樹氷を見ることができる山として有名である。昔は高角山、高水山などと呼ばれた。

この高見山の東斜面には規模の大きい岩石が崩落した崖がみられる。この崖は遠くから見てもはっきりとわかるくらい大きいものである。この崖までいくには、櫛田川に沿って走る国道１６６号線沿いの松阪市飯高町落方集落から舟戸の集落まで行き、そこから林道を登っていくと間近に崩落のようすをみることができる。

崩落した岩石は大小さまざまなものが見られ、中には径が優に１ｍを超えるものも転がっている。崖の色調は岩石の種類を反映して白っぽくみえる。

図１　高見山遠景

この岩石は新生代新第三紀中新世（約1400万年前）にできた火成岩や火砕岩が分布している。かたい岩石がなぜ崩落を繰り返しているのかを考えてみる。この火成岩には節理が発達するなどの特性やこの付近を通っている中央構造線の断層運動による岩石の破砕などが考えられ、岩石に割れ目が入って崩れやすくなったなどの原因と考えられる。

　白っぽい岩石の正体は火成岩の一種で、斑状花崗岩（以前は花崗斑岩とよばれていた）や流紋岩などである。

　中央構造線は、西南日本を分断した大断層で、発生時期は中生代白亜紀（約1億5000万年前）のころである。それから何度となく活動を続け、現在、中央構造線は三重県のほぼ中央部を東西に走っている。その結果、生成場所や種類の違う岩石が接している。

　中央構造線が走っているところでは、岩石がもろくなり、その部分が凹んでいるようすが地形図から読み取れる。尾根に小さな峠状のくぼみをケルンコル、断層で切り離された先端の方が小高くなるっている部分をケルンバットという。ケルンコル、ケルンバットは等高線にも表れていて、ケルンコルを広範囲にたどることができる。

　絶えず崩落を繰り返しているために、櫛田川の支流である舟戸川流域には砂防ダムや治山ダムが数多くある。県の事業として1958年（昭和

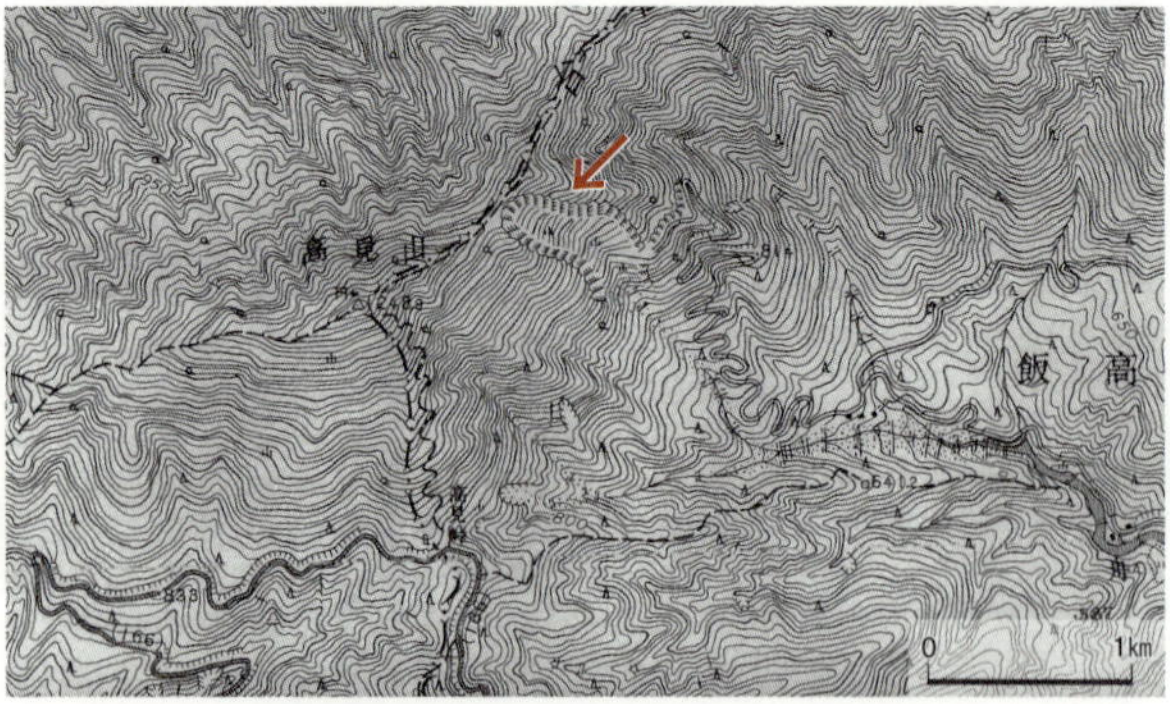

図２　1/2.5万「高見山」1981年

図３　高見山の大崩れ

図４　大崩れとダムのようす

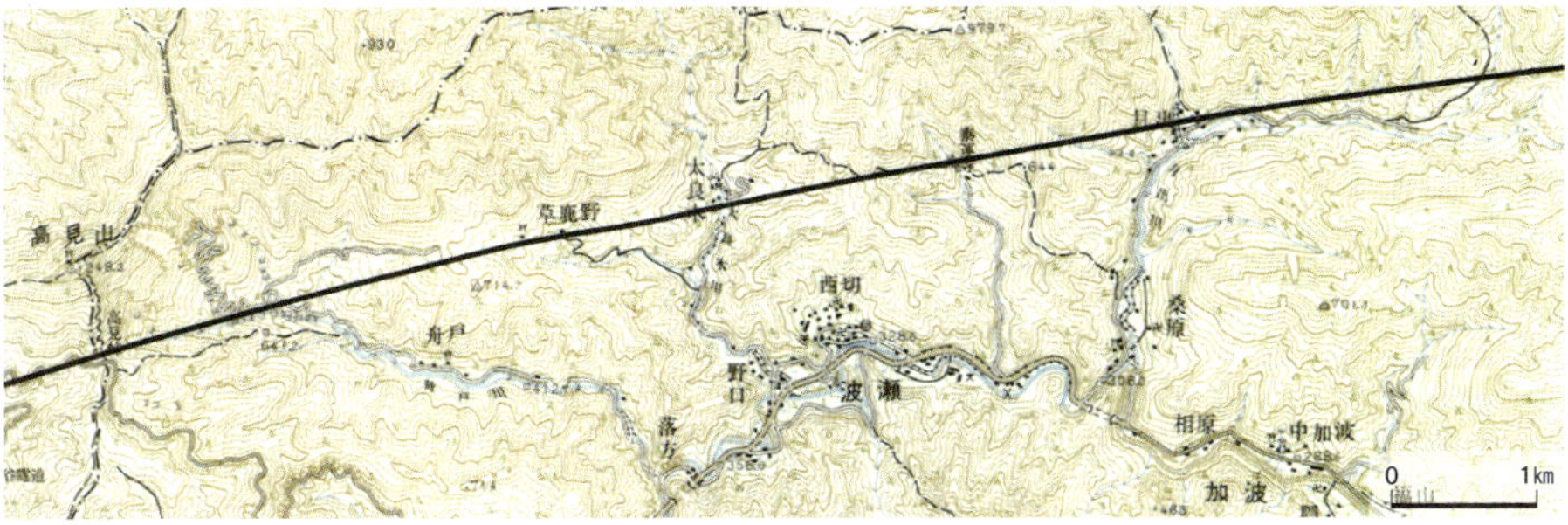

図５　1/5 万「高見山」（1981 年、中央構造線の走っている位置を加筆）

33）から治山ダムなどの建設工事が何度となくおこなわれた。最も新しいダムは2000年につくられている。その間につくられたダムの数は100基近くにのぼる。

今も石の崩落は続いている。

図７　ケルンコル、ケルンバットの説明

図６　月出の中央構造線の露頭

図８　舟戸川流域の治山ダムなどの分布図（三重県の資料に加筆）

自然災害の爪痕をみる

第二次大戦下に発生し、被害の実態が隠された東南海地震と、県史上最大の被害をもたらした伊勢湾台風の爪痕をみる。

被害の実態が隠された第二次大戦下の東南海地震

吉村利男

地震後70年と今後の防災対策

　1944年（昭和19）12月7日発生の東南海地震（昭和東南海地震）からすでに70年が経過した。2014年秋頃より15年夏にかけて「戦後70年」とも合わせ報道番組の特集やシンポジウム開催など、さまざまな企画があり、本地震が大いに話題となった。

　一方、近い将来に「南海トラフ巨大地震」が起こると言われ、2002年7月には「南海トラフ地震に係る地震対策の推進に関する特別措置法」が成立している。三重県域においても、強い揺れと沿岸部での大津波が予測され、種々の防災対策が模索されている。その一つが東南海地震の体験を聞き取り記録し、教訓にしようというものである。とくに発生が第二次大戦中で、詳細な被害状況などは当時公表されていない。残存する資料も数少なく、地域の実態を知る上で体験者の記憶はかけがえのない資料となることは言うまでもない。

東南海地震の震動と規模

　この地震といえば「石原産業四日市工場の煙突が3分の1折れた」光景を思い出す三重県民は多い。東洋一と言われ、四日市の空に聳えていた大煙突が突然の震動で折れたわけで、周囲の誰の目にも大地震の恐怖として強烈に写ったのであろう。『二十世紀の自然災害　記録と145の証言』（旧四日市を語る会）にも、その記述がかなり見られる。また、同書に収録される東洋紡績富田工場（現四日市市）勤労挺身隊に属した女性の体験談では、「大震動に一瞬空襲かと思って」防空壕に飛び込み、女子工員10人が濠の崩壊で圧死したという。まさに戦時中の悲劇であった。

　こうした地震による被害は、伊勢湾内の沿岸市町村でも数多く起こった。『東海地方地震・津波災害誌』（飯田汲事教授論文選集）掲載の「三重県における東南海地震の被害表」によって郡市別の住家全半壊数を見ると、宇治山田市（現伊勢市）1653戸・四日市市763戸・松阪市495戸・桑名市346戸・津市292戸・一志郡198戸・桑名郡194戸で、死者数も四日市市23人・宇治山田市10人に及んだ。

　津波のあった熊野灘沿岸の町村に比べれば被害は少ないが、地震発生時刻が午後1時36分で、昼食時を過ぎており、火災に結びつかなかったのが幸いであった。1923年（大正12）9月1日の関東大震災は午前11時58分に地震が発生し、東京府や神奈川県の都市部での火災被害が多かったことはよく知られている。

東南海地震の規模は、震度6、マグニチュード7・9で、関東大震災と同規模であった。ちなみに、1995年1月17日の阪神・淡路大震災は震度7、マグニチュード7・3、2011年3月11日の東日本大震災が震度7、マグニチュード9・0で、東南海地震はそれらに匹敵する大地震であった。しかし、第二次大戦中で規制があって大きく報道されなかった。地元の『伊勢新聞』や『中部日本新聞』は、翌8日に「天災に怯まず復旧」の見出しで同内容の記事を3面中段に掲載しただけで、被害の実態や悲惨さは伝えられなかった。

天災に怯まず復舊
◇……震源地點は遠州灘

【中央氣象台十二月七日十五時五十分發表】本日午後一時三十六分ごろ遠州灘に震源を有する地震が起つて強震を感じて被害を生じた所もある

地震による被害復舊は急速に行はれてゐるが愛知縣でも特別警備隊や緊急工作隊が地元警防團や特設防護團と協力復舊に當つてをり医療救護班また救護に万全の態勢を講じ、戦時保険機隊もあり一層戦友愛を発揮した頼母しい風景が織りなされてゐる、また罹災者にもそれぞれ十分の給與を行ひ情勢緊迫に備へまづ特設隊、貯水池、貯水

槽の修理にとりかかり敵機来らば来れと満ちあふれて

名古屋市の救助班は調査班や派遣する所轄警察署長と協力など を利用し罹災者に対する屋の罹災者に対する を行つたが水道 給水を要するもの ラックにより敵

靜岡縣下

いだけに地震のあ 中心に相當であつ 十數戸を損害して

図1 「伊勢新聞」1944年12月8日記事

熊野灘沿岸の津波被害と救済

本地震の震源は紀伊半島南端に近い和歌山県新宮市付近で、南海トラフに沿う海洋プレートの断層破壊、すなわち陸側が海側にせり上がる低角逆断層が引き起こした地震であった。そのため、三重県の熊野灘に面する町村に津波が押し寄せ、大被害をもたらせた。

前述の「三重県における東南海地震の被害表」によれば、住家の全半壊数と流失数は北牟婁郡1904戸・度会郡（外海）990戸・南牟婁郡697戸で、北牟婁郡では流失住家1177戸を含んでいた。死者数は伊勢湾沿岸市町村に比べて断然多く、県全体406人のうち北牟婁郡209人・度会郡（外海）77人・南牟婁郡45人の82%を占めた。

津波の襲来状況は地域で多少異なるが、北牟婁郡錦町（現大紀町）役場が翌年10

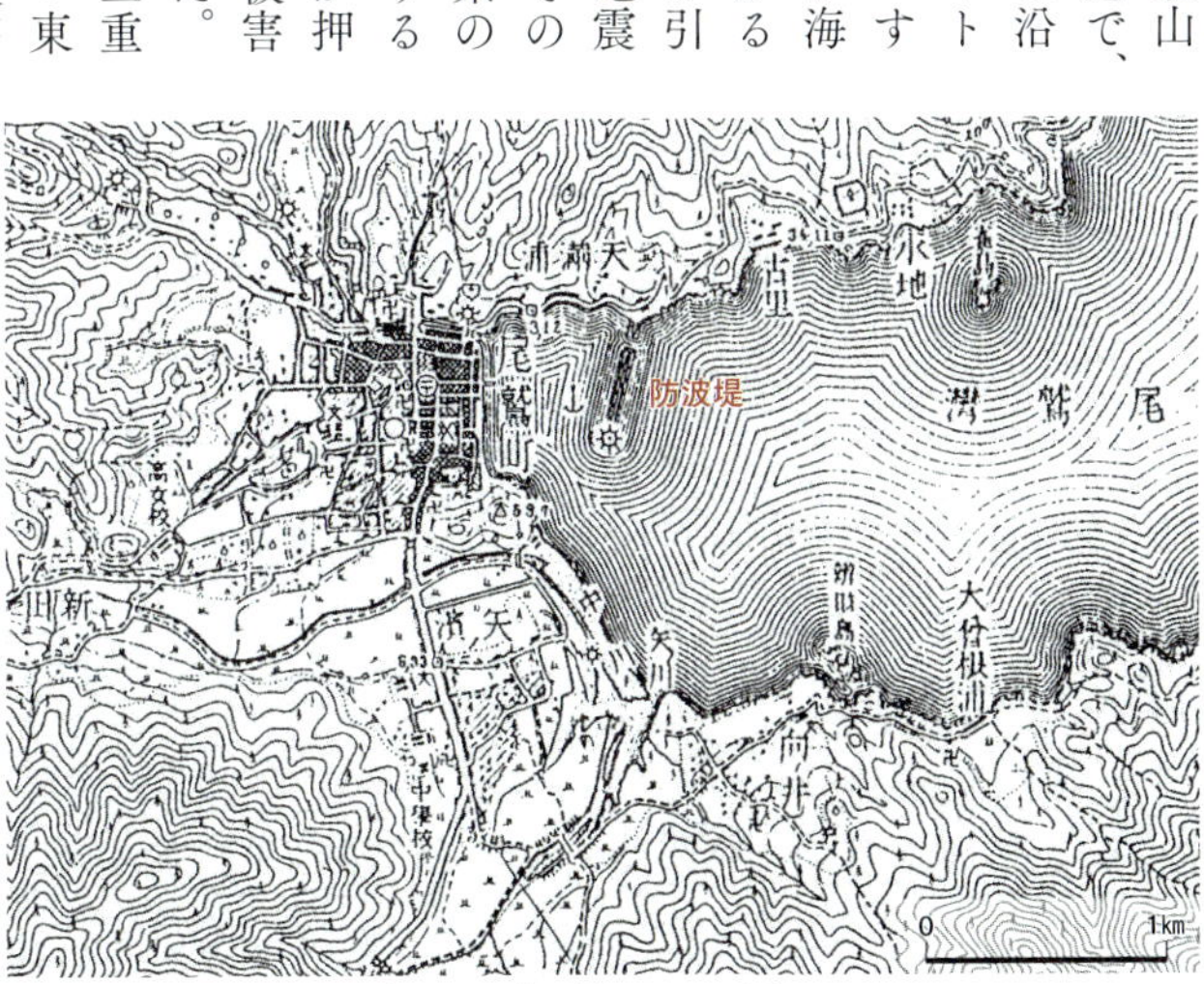

図2 尾鷲湾周辺地図（1/5万「尾鷲」1932年）

月にまとめた『昭和大海嘯記録』の「大地震並ニ大津浪ノ襲来」では「一大強震突如トシテ起リ一分八秒ニ及ブ、町民一同驚キ戸外ニ飛出シ、津浪ノ襲来ヲ憂ヒタガ、十数分ニシテ大津浪飛沫ヲ立テ堤防ヨリ逆巻怒濤トナリテ押寄セタ」と記され、その後も津波が繰り返し錦町を襲い、死者は64人に達した。青年学校に救護本部が設けられ、寺院などに避難した町民たちに生活必需品の配布がおこなわれた。被災後3日間は津波で潮や泥水を被った米を洗って配って飢餓を凌いだという。

また、尾鷲湾には防波堤が設けられていたが、それを越えて津波が尾鷲町に襲来した。天満浦から大曽根浦にかけて広範囲に被害があり、とくに矢ノ浜地区では流水地域も広かった。尾鷲地域の被災状況を示す写真は当時の新聞記者や県嘱託写真家の撮影によるものなど比較的多く残存し、地震3日後にアメリカ軍が撮影した航空写真からも海岸に打ち上げられた漁船や洗い流された市街地の様子がわかる（中央防災会議『1944東南海・1945三河地震報告書』）。

さらに、同郡九鬼村（現尾鷲市）も「惨状言語ニ絶ス」津波被害があった。被災者は久木国民学校に避難し、村民総出で災害家屋の片付けや炊出しがおこなわれ、復興に向かった。復興の経緯は村役場文書の『震災諸記録編』に詳しく、被災直後の回覧板も綴られている。それには衛生・預金・盗難に関する注意のほか、報道通信について「軍事上ノ必要カラ被害ノ状況ヲ知ラスコトハ禁ゼラレテオリマス」と記され、「隠された地震」と言われる戦時下の東南海地震の一面を物語っている。

図３　尾鷲町の被災状況（出典：『熊野の大津波』）

県災害史上最大の被害をもたらした伊勢湾台風

吉村利男

●台風の区分と呼称

日本列島ほぼ中央の三重県には毎年いくつかの台風が接近し、通過することもある。

激しい暴風雨については、明治期には「颶風」、大正期以降は「颱風」の用語が使われていた。第二次大戦後は「台風」の字があてられ、現在では熱帯低気圧の中心付近の最大風速が毎秒17・2m以上を台風と区分している。

また、台風の呼称も年ごとの発生順番号であるが、それは1953年（昭和28）からのことで、連合国軍占領時には「ジェーン台風」などといったアメリカ式の女性名を付す呼称方法によっていた。

表1　伊勢湾台風の三重県被害

警察署管内	死者	行方不明	負傷者
桑名	874	37	1,801
員弁			58
富田	170	4	290
四日市	113	2	2,159
亀山			1
鈴鹿	10		36
津			11
久居	15	1	80
松阪	15	2	269
大台	3		35
伊勢	16		541
鳥羽	4		272
上野			59
名張	10	1	22
尾鷲	2	1	46
熊野	1		8
鵜殿			
計	1,233	48	5,688

単位：人
（『伊勢湾台風災害誌』による）

53年9月25日の台風第13号は志摩半島に上陸し、多くの被害をもたらせた。その6年後、59年9月26日に台風第15号が襲来し、三重県の災害史上空前の被害となり、番号だけでなく、伊勢湾台風と命名された。34年室戸台風・45年枕崎台風・54年洞爺丸台風・61年第2室戸台風など、特別に命名された台風は、いずれも被害が甚大であった。

伊勢湾台風と三重県被害

伊勢湾台風は、59年9月22日にサイパン島の北北東約200kmの海上に発生した。当初の中心気圧は970mbで、徐々に発達し、900mb以下、最大風速70mという大きな台風に成長した。台風の接近により日本列島南部に停滞した前線を刺激し、23日頃から三重県でも降雨が続いていた。台風は26日の午後6時20分頃、紀伊半島南岸に上陸して猛威を振るった。同7時37分には津気象台で開設以来の瞬間最大風速51・3mを記録し、23日～26日の降雨量は津で400mmを超した。

三重県の被害は、『伊勢湾台風災害誌』（三重県、1961年）によれば死者1233人、行方不明48人、負傷者5688人（表1）、全半壊流失建物約2万3000棟、床上床下浸水家屋約6万2000棟で、被害額は約1826億円と算出された。とくに人的被害は北勢の沿岸部で多く、桑名警察署管内の死者が874人、富田同170人、四日市同113人がそれに次いだ。この3管内の死者は三重県全体の94%に及び、桑名郡長島町（現桑名市）363人、同郡木曽岬村（現木曽岬町）314人、桑名市197人と桑名警察署管内の3市町村が他を圧倒していた。

この地域は木曽・長良・揖斐川の河口にあり、台風の接近が高潮時に重なり、図2のように数多くの箇所で堤防が決壊した。堤防で囲った輪中集落の長島町や木曽岬村は、一層被害が激しかった。

避難と救助活動、そして復旧

台風の接近に伴って9月26日午前11時頃から三重県域に暴風雨警報、水防警報、高潮・波浪警報、洪水警報が相次ぎ出され、厳重な警戒態勢が取られた。さらに、被災予想地には「避難立退」の指示があり、長島町では松蔭地区の600人が対象となった。避難指示地区を含む市町村は34に及び、被害は県内全域にわたった。翌日、全市町村に災害救助法が発動され、それと同時に自衛隊ヘリコプターによって激甚地に食糧や毛布・下着類の配布がなされた。各市町村では消防団が水防団員として体制を強化するとともに救助活動にあたった。人命救助をはじめ死者・行方不明者の捜索、道路の啓開、物資輸送などに従事し、県内で10人の殉職者があり、尊い犠牲のもとに救助がおこなわれた。

長島町や木曽岬村の輪中内に取り残された罹災者は、陸上・海上自衛隊やアメリカ軍のヘリコプターで救出され、鈴鹿市の電通学園や津市の高田本山専修寺などに設けられた9避難所に一時避難した。その人数は10月16日に2722人に達し、津市の県立大学、伊勢市の如雪園など、前述の2避難所以外では学童を中心に受け入れ、そこで授業が再開された。

　こうした甚大な被害のあった三重・愛知・岐阜の東海3県は合同で政府に災害復旧に関する要望書を提出した。内容は復旧工事の早期実施、被災者の減税、社会福祉事業への特別配慮などであった。政府は10月〜12月の第33臨時国会に特別措置法案を提出し可決された。その特別措置法は高潮対策、堆積土砂・湛水の排除、農林漁業者等への資金融通、医療機関の復旧などの26項目で、それぞれ法律として成立し施行された。

　台風で決壊した木曽岬村・長島町・川越町の海岸堤防、それに木曽三川・鈴鹿川の河川堤防の改良復旧は大規模で国の直轄事業として実施された。62年度にほぼ完了し、工事を担当した建設省中部地方建設局は『伊勢湾台風復旧工事誌』をまとめ、今後の災害防止の基礎資料とした。

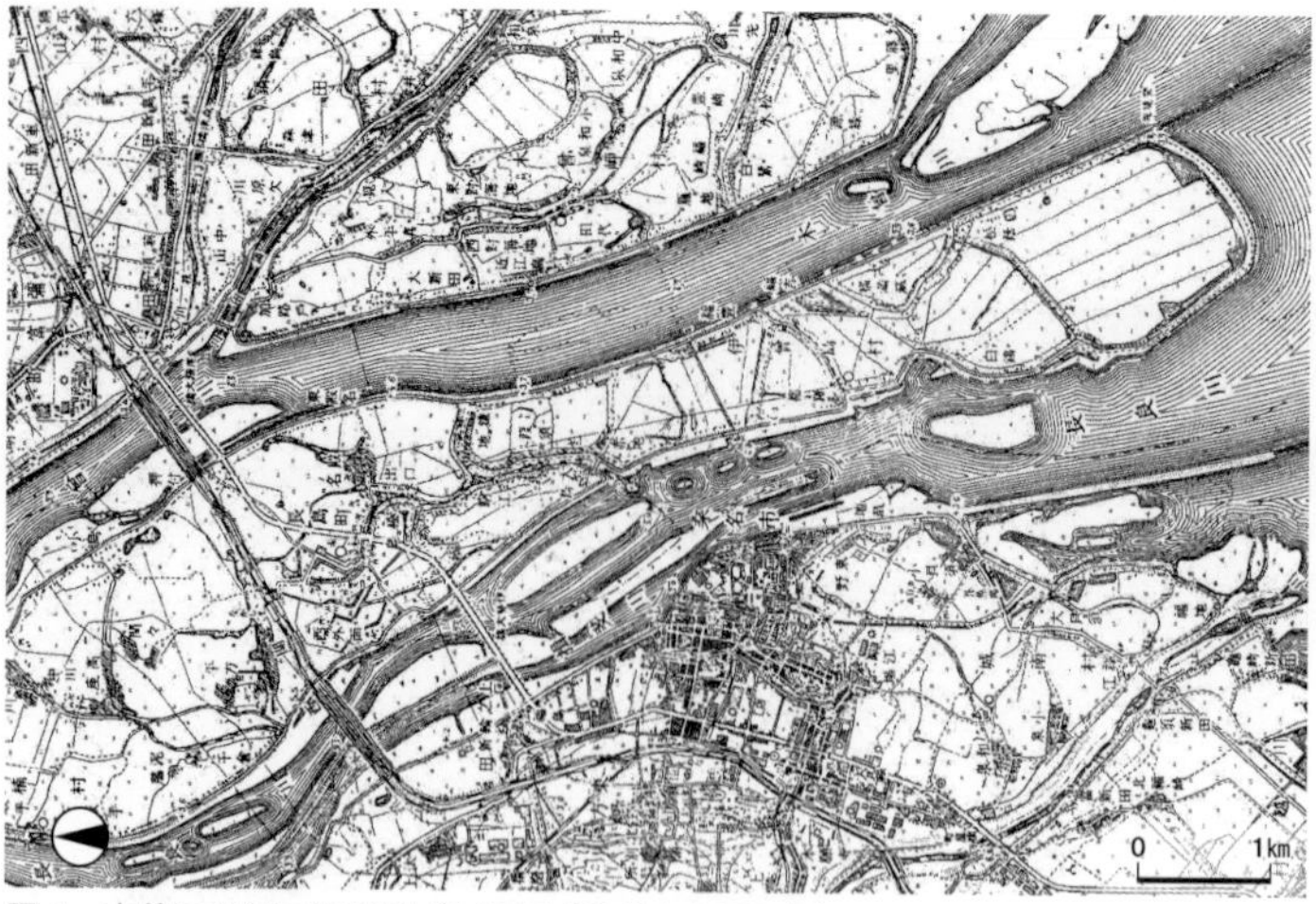

図1　木曽三川河口地形図（1/5万「桑名」1955年）

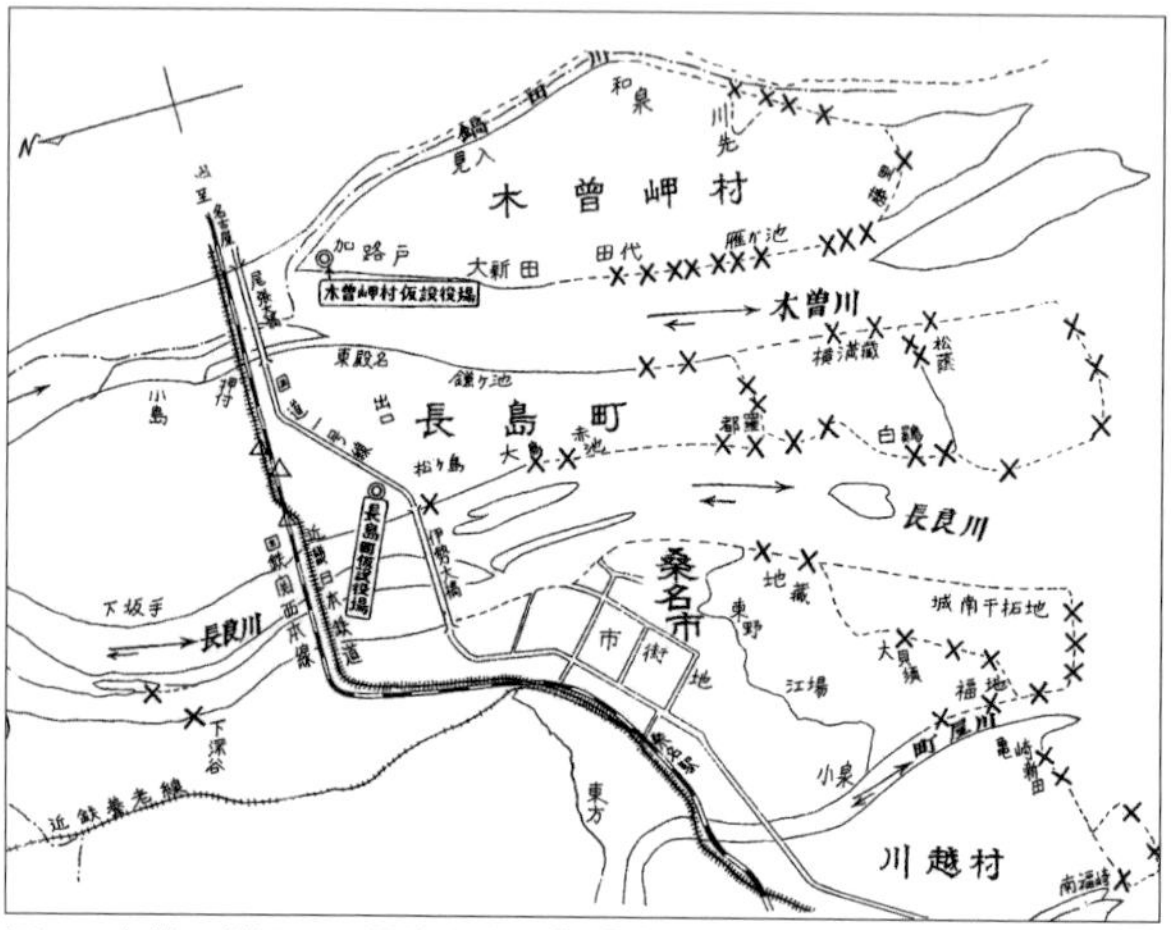

図2　木曽三川河口の堤防決壊図［×］（出典：『伊勢湾台風災害誌』）

明応地震津波と安濃津

伊藤裕偉

中世の港湾都市・安濃津《あのつ》は、現在の三重県津市海岸部にあった。安濃津の港町は、内水面に囲まれた砂堆上に展開していたと考えられる。江戸時代の初期と考えられる絵図にも、安濃津の南部には内水面（藤潟）がある。坂十佛が「此津は江めぐり、浦遥にして」と記した情景（『伊勢太神宮参詣記』『大神宮叢書神宮参拝記大成』神宮司庁、1976年）は、まさに当地の景観そのものとして理解できる。

1498年（明応7）旧暦6月11日と8月25日に、近畿・東海地方を中心に大きな地震が発生した。なかでも8月25日の大地震は9月4日頃まで余震が続いている（『大乗院寺社雑事記』）。8月25日の大地震が世に言う「明応地震」であるが、この年はこの

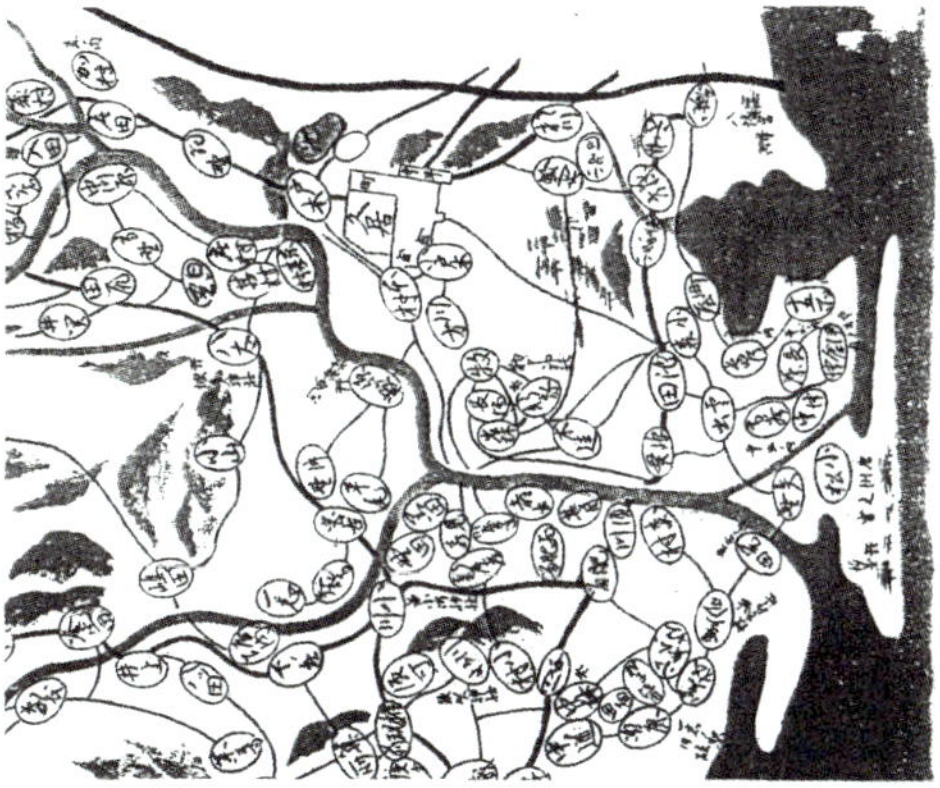

図１　江戸時代初期の雲出川河口部付近を描いた図（出典：『一志郡史』）。雲出川は河口部に三角州を形成しており、その上（北側）には潟湖（藤潟）が描かれている。

図２　室町期の安濃津を復原したもの。砂堆上に集落が展開し、南部には潟湖（藤潟）があった

日だけでなく、大小数々の地震が発生した年であった。「後法興院記」明応七年九月二五日条（『増補続史料大成』七）は、地震に伴い「大浪」が押し寄せ、伊勢・三河・駿河・伊豆、つまり今の三重県から静岡県にかけての20～30の「町」が流された、と伝えている。「皇代記付年代記」明応七年条（『神道大系神宮編二』）では、「高塩」が発生し、大湊（伊勢市）では5000人もの死者と千軒ほどの家が損亡したとする。これらの記録に見える「大浪」「高塩」が、今で言う「津波」に相当する。

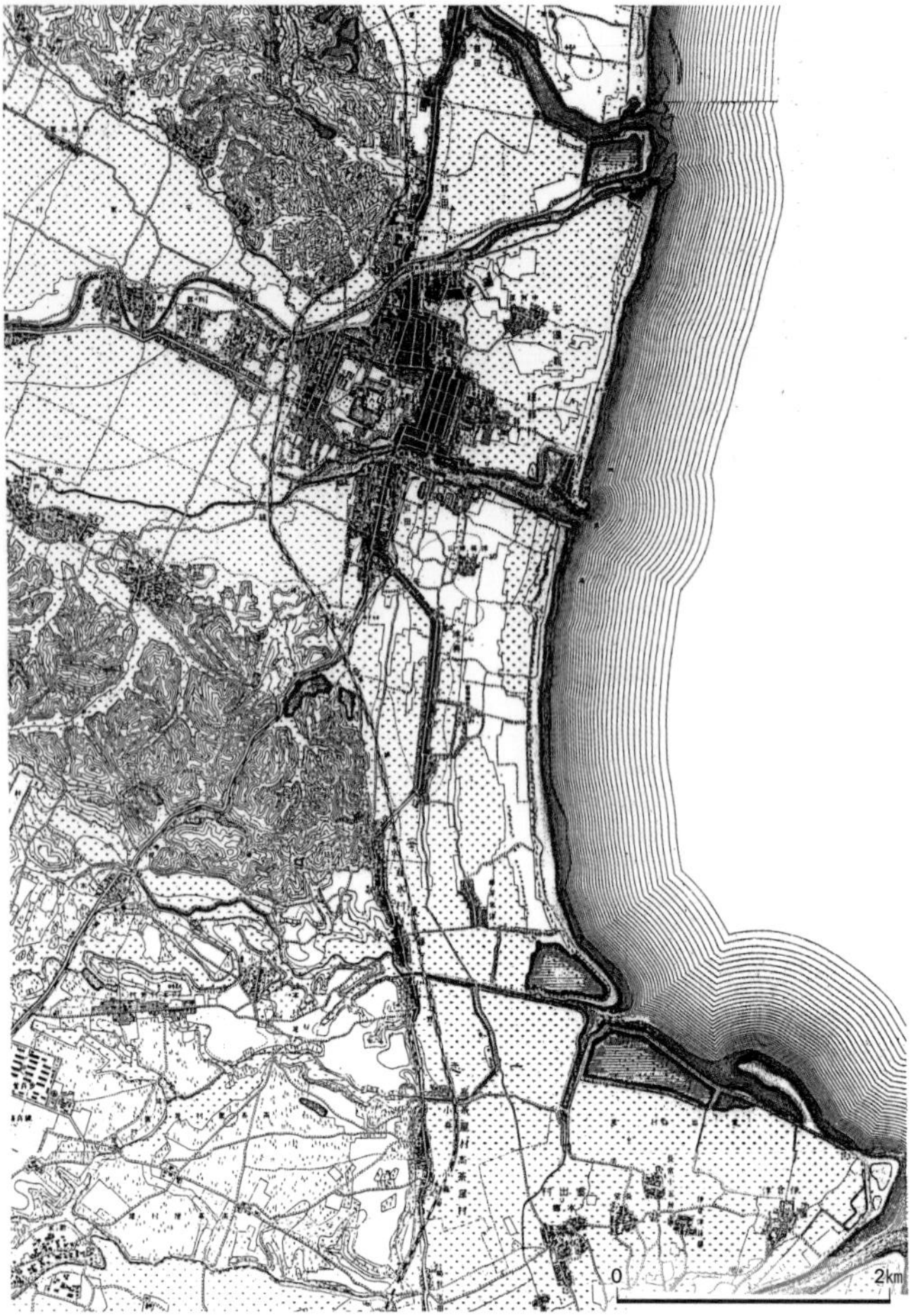

図３　旧帝国陸軍陸地測量部作成の地図。津城下町（中央上部）の南東部にある白い部分は畑地（＝砂堆）で、この上にかつての安濃津の港町が広がっていたと考えられる。藤方に潟湖の痕跡はほとんど見られない（1/2万「津」1892年、大日本帝国陸地測量部）

安濃津の津波被害を直接・具体的に伝える同時代史料はない。前出の記録により、伊勢湾岸にも多大な被害が想定されることから、安濃津にもそれ相応の被害があったことを推測するに止まっている。しかし、発掘調査事例に、津波被害を想定させるデータがある。

　発掘調査地点は津市柳山津興字松村地内、現在の県立みえ夢学園の敷地内である。ここは海側から三条目の砂堆上で、現地表面の標高はおよそ2・8m、現在の海岸線からは700mほど内陸である。

　発掘調査では古墳時代前期の遺構・遺物を最古に、江戸時代までの生活の痕跡が確認された。なかでも、Ⅰ：鎌倉時代（13世紀中葉）、Ⅱ：室町時代（15世紀代）、Ⅲ：江戸時代中後期（18世紀中葉～19世紀）の三時期の遺構・遺物

図4 発掘調査区の土層断面写真。江戸期の遺構は、室町期の遺構面上に厚く堆積した褐色砂層上にある（三重県埋蔵文化財センター所蔵）

が最も顕著であった。明応地震津波との関係でとくに注目したいのが、Ⅱ期とⅢ期との間にある遺跡の空白期である。Ⅱ期の終焉時期は、まさに明応地震の頃にあたっている。

Ⅱ期の生活面上には、50～60㎝の褐色の砂（以下、「褐色砂層」）が堆積しており、Ⅲ期の生活面はこの上にある。褐色砂層は、土（シルト質）を含まない均質な砂（中～細砂）で、素直に見れば「海成砂」すなわち海から供給された砂と考えられる。つまり褐色砂層は、その土質や厚さから、人為的に運び込まれたものではなく、広義の洪水層、すなわち津波によって当地に運ばれた土砂と考えられる。

なお、褐色砂層はⅢ期以前である。ということは、宝永地震津波（1707年）の堆積土も含まれている可能性がある。大きく2層に分かれる場所もあり、2時期の津波堆積土がここに形成されているとも考えられる。

私自身が実見したところ、東北地方太平洋沖地震津波で大量の土砂が海から供給された状況は見られなかった。しかし、伊勢湾は遠浅の内海で、外洋に面した東北地方とは異なる事態が発生する可能性は考えておくべきであろう。

宝永・嘉永の地震と津波碑

伊藤裕偉

1707年（宝永4）旧暦10月4日、南海トラフを震源地とした巨大地震が発生した。この地震は巨大な津波を発生したので、「宝永地震」といえばこの日の地震のことと認識されている。しかし数々の記録から、この地震の前後にも大きな地震が複数回確認できる。

この地震の4年前、1703年（元禄16）11月23日に発生した「元禄地震」は、とくに関東で大被害を引き起こした。元禄地震の翌年3月13日に「元禄」から「宝永」に改元されたが、これは元禄地震が原因とされている。また、大津波が発生した地震から約1カ月後の11月23日には富士山が大噴火した。富士山頂南東にある火口「宝永山」が、この時にできたことはよく知られている。

江戸時代末期の嘉永年間も、多くの地震が発生した。1854年（嘉永7）6月15日には伊賀上野で直下型の地震が

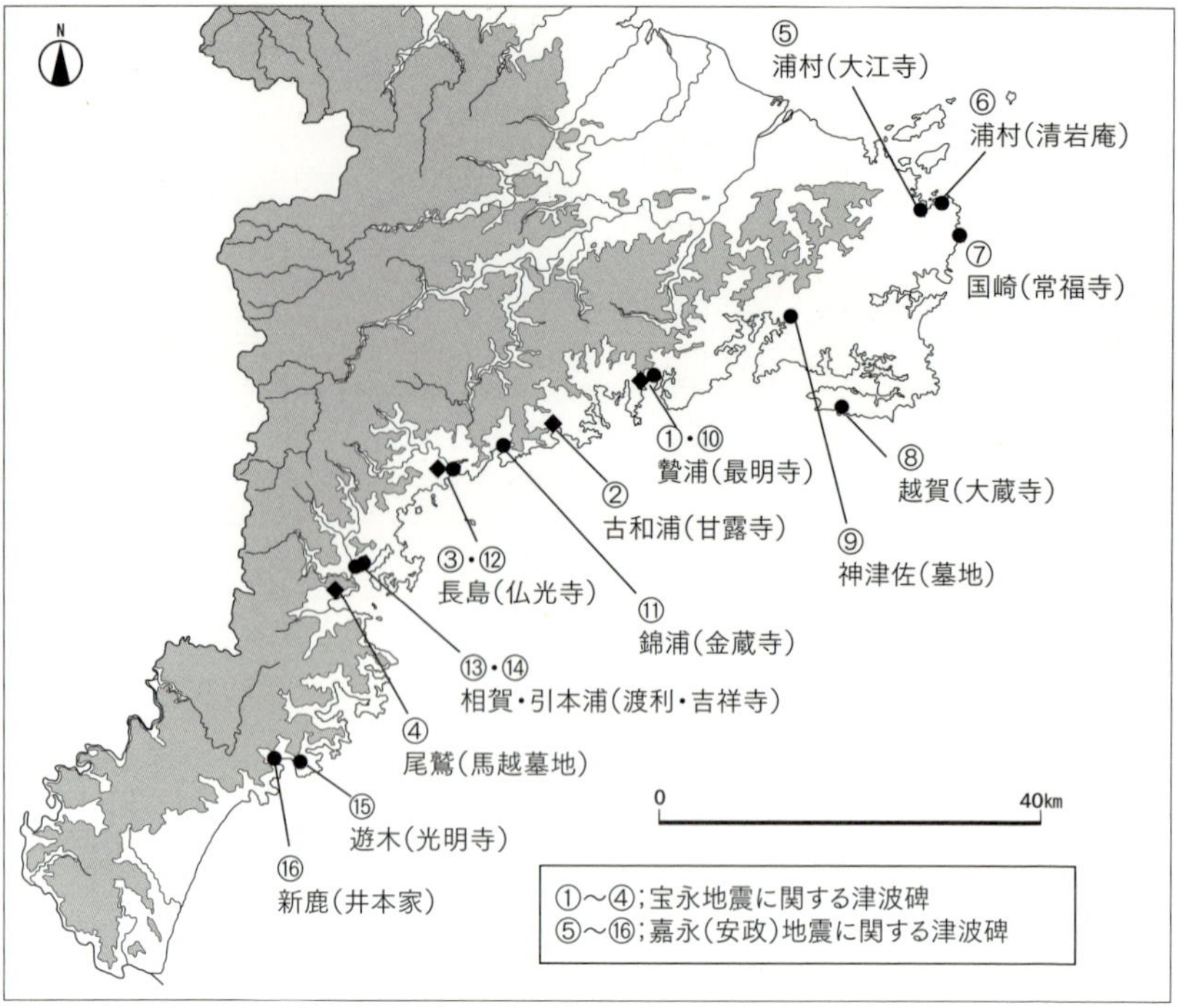

図1　志摩半島から熊野灘沿岸部の津波碑分布

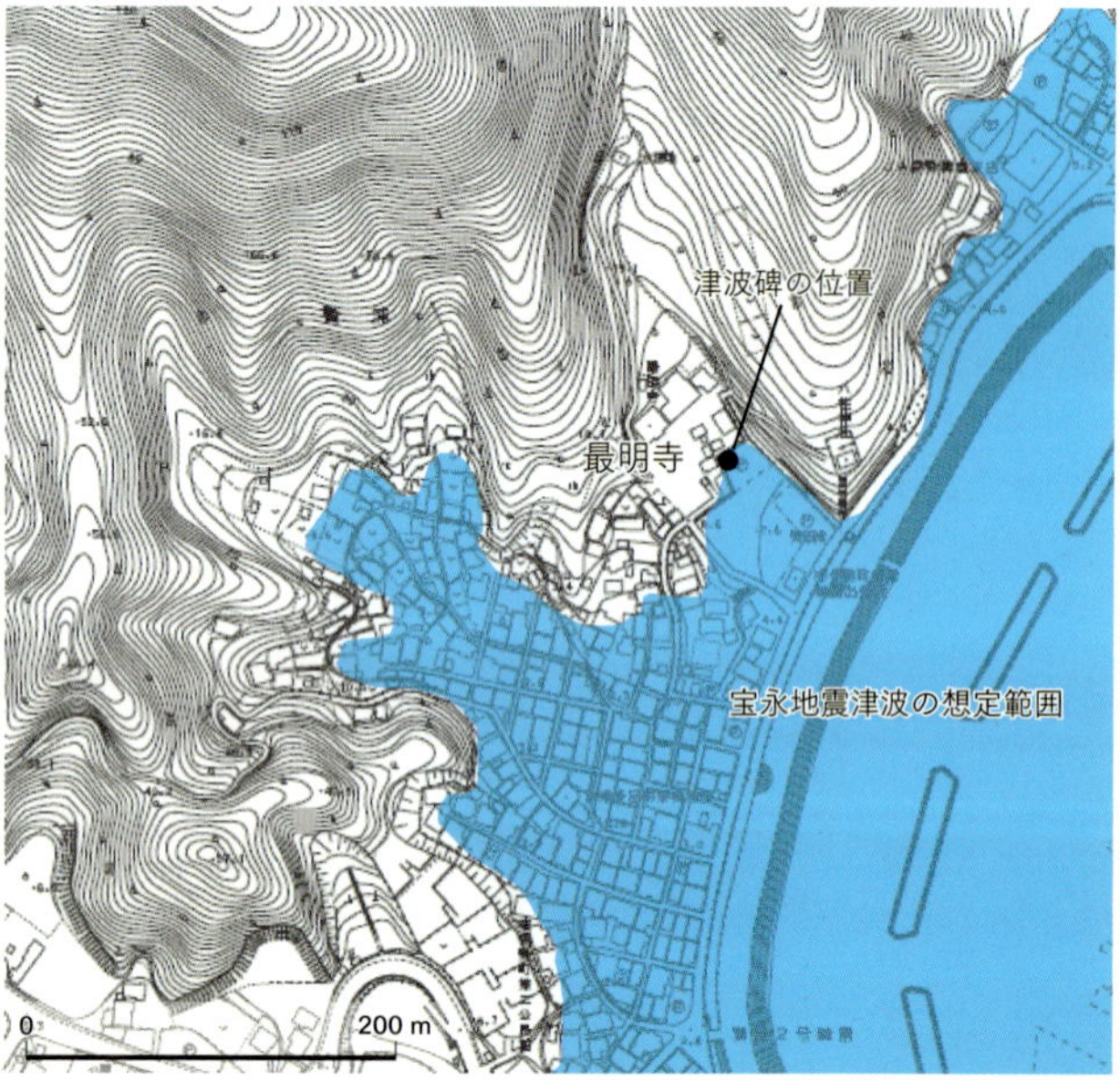

図2　最明寺門前の宝永地震津波碑から想定される宝永地震津波の影響範囲。宝永地震津波碑の標高は約８ｍなので、現在の標高８ｍの範囲を示している

発生し、1300名もの死者が出た。同年11月4日に発生した地震は、伊勢湾・熊野灘沿岸部に大きな津波被害をもたらし、翌5日にも大地震が発生した。同月の27日には、「嘉永」から「安政」に改元されたが、これは内裏炎上や黒船来航のほか、地震も影響しているとされている。この地震が「嘉永地震」とも「安政地震」とも呼ばれるのは、この改元時期と重なっているためである。

大きな被害をもたらした宝永・嘉永の地震津波は、一方で人びとに、記憶をつなぐ意識を植え付けた。志摩半島から熊野灘沿岸部では、宝永地震の時に4基、嘉永地震の時に12基の「津波碑」が造立された。津波碑には、津波災害の発生とその状況等を記した「記念碑」と、津波到達点を示す「標示石」とがあり、記載内容は、地点の明示・物故者の供養・災害を記録する・後世への警鐘、などに区分できる。

南伊勢町贄浦の最明寺門前には、宝永・嘉永地震津波それぞれの津波碑が並ぶ。このうち、正面に「大乗経」と書かれた宝永時の津波碑には、多くの津波流死者があった事実とともに、「経塚之所迄浪到也」と記されている。つまりこの碑は、死者供養だけでなく、まさに碑の地点まで津波が押し寄せたという恐ろしさを後世に知らしめようとしたものなのである。津波碑の位置は標高約8m、この地点が造立当時のままだとすれば、贄浦の警戒ラインとして時代を越えた意義を持つ。

300年前の、熊野灘沿岸は大津波に襲われた。その罹災者が鳴らす確かな警鐘は、時空を越えて我々の心にに響いてくる。

図3　最明寺門前に並ぶ2基の津波碑
左：嘉永地震津波碑
右：宝永地震津波碑

図4　宝永地震津波碑の銘
「経塚之所迄浪到也」の文字が見える

column

鈴鹿山麓のマンボ

三枝義久

◉マンボ＝素掘りの地下水路

鈴鹿山脈東麓に沿って、マンボと呼ばれる横穴式暗渠による地下水灌漑水路が広く分布している。山麓に広がる侵食が進んだ複合扇状地の砂礫層中の浅層地下水や伏流水を素掘りの地下水路で集水し、水田の用水としたものがおもであるが、北勢町阿下喜では生活用水の場として水舟が残されているものもある。

マンボの分布は全国的に見られるが、鈴鹿山脈東麓沿いのマンボの集中度は全国屈指のものである。とくに、いなべ市大安町と、鈴鹿市では100本以上がかつては確認されており、現存するものも多数にわたる。

当地域にマンボが集中する大きな要因としては、扇状地が広く発達していることが大きい。マンボが集中している地域は、扇状地面が広がった地域と概ね一致している。扇状地面上は河川水が水無川となりやすく、逆に、豊富な伏流水を下流部にもたらすことになる。この伏流水をうまく取り込む手段としてマンボが掘削されたと思われる。

鈴鹿山麓のマンボ発生起源については定かではない。一説としては、江戸期を通じていなべ市北勢町治田にあった著名な銅鉱山と関係が深いと言われる。鉱山では坑道に生じる多量の水を排除するために排水路を併設している。治田鉱山の技術者が鉱山が休みの時期に、近郷で素掘りの灌漑水路を掘ったのではないか、というものである。

一口にマンボと言っても、いくつかの種類に分類される。

マンボを施工技術から定義すれば「人力によって掘削され、石材、木材などの支保工がない素掘りの横穴」ということになる。構造上からは素掘り型と伏越型に分類される。機能面を軸にみれば、主に地下水集水型マンボと導水型マンボに分けられる。また、水源に着目すれば、浅層地下水と地表からの浸透水を暗渠で集める型。河川の伏流水を暗渠で集める型。河川の表流水を引水するとともに、導水路を暗渠にして浅層地下水および地表からの浸透水を集める型に分けられる。

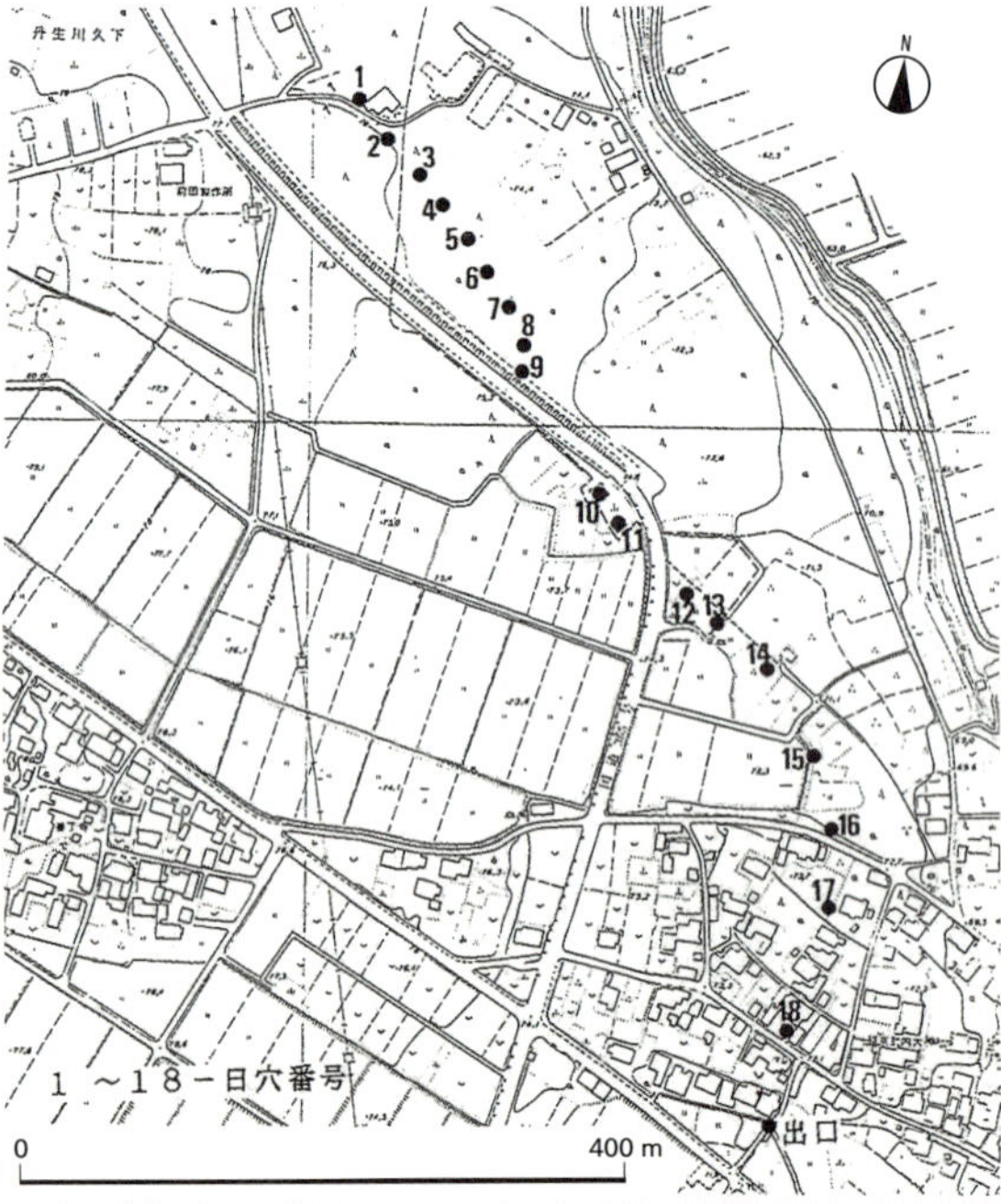

図1　片樋マンボの日穴位置図

大安町片樋地区のマンボ

いなべ市大安町にはかつて110本以上のマンボがあり、北勢地方での分布の中心地域となっている。片樋マンボはその中でも、灌漑面積が7haに及び、水田用水路として当地域の重要な灌漑水路として位置づけられてきた。

片樋地区は大安町の北東端に位置し、員弁川を挟んで北勢町、員弁町と向きあっている。員弁川本流岸に近く、昔から鈴鹿山麓からの伏流水が豊富な所で、区内には湧水地が2カ所で確認され日常生活に利用されている。

図2　第17日穴

片樋マンボは、図1（基図は1989年時点のもの）に示すように員弁川の支流で、鈴鹿山麓を西→東に流下する青川扇状地の扇端部にある。マンボは砂礫層を員弁川とほぼ平行に素掘りで掘られている。また、マンボの下流部3分の1は片樋集落中心部を横切っている。青川扇状地は侵食が進んで扇端部は段丘化しており、員弁川の氾濫原とは5～6mの比高差がある。

図3　第18日穴

今日でも片樋マンボは、いなべ市指定文化財として大切に維持管理されており、図2の17日穴（地下水路に竪に掘られた穴）には、見学者用の駐車場や案内資料も置かれている。図3の18日穴は民家の庭の真ん中に掘られており、穴の周囲は見事な石積みが施され水路まで石段で降りることができ水場として利用されてきた。

片樋マンボ掘削の歴史は、1770年、明和の末期に始まる。時の庄屋、富永太郎左衛門と農民が一体になり、苦難の末、1775年（安永4）に完成させたものである。当初、遮二無二工事を進めたので落盤が相次ぎ、水は小量しか流れず水田を潤すには程遠いものであったという話も伝わっている。もともと、片樋地区には源太川からの地表水で2本の井水（用水）が存在している。しかし、ひでりが続くとどうしても水不足になるために、第3の用水路としてマンボが掘られたのである。ところが、完成から80年後の安政の大地震によって、水量が極度に減少したため、文久年間（1861～64）にかけて、さらに約300mの延長工事を実施している。これが、図1の第1～10日穴にあたる部分である。その結果、総延長は500間と言われる規模となり、規模において日本一と「間風顕彰之碑」に刻まれるところとなった。

1996年頃では、片樋地区のマンボ利用農家戸数は21戸で、各戸の平均水田潅漑面積が圃場整備後は約3反となっている。マンボの水はすべて水田に引水されており、水田灌漑面積の総面積はちょうど7haになる。一方、マンボの所有については片樋の水利組合のものとなっていた。また、水利権も水利組合が持っていた。

鈴鹿山麓東麓北部には現在でもマンボが数多く残されている。その中でも、片樋マンボは間違いなく第一級の素掘型地下水路である。

参考文献

●Part2

伊賀市教育委員会『史跡伊賀国庁跡保存管理計画書』伊賀市教育委員会、２０１２年
市原輝士「住居の構造と景観」、和歌森太郎編著『志摩の民俗』吉川弘文館、１９６５年
弥永貞三／谷岡武雄編『伊勢湾岸地域の古代条里制』東京堂出版、１９７９年
浦谷広己「湾を埋めつくす真珠筏」、『図説伊勢・志摩の歴史』下巻、郷土出版社、１９９２年
江戸川乱歩『貼雑年譜』講談社、１９８９年
恵良宏「宇治・山田を支えた神宮御師」、『図説伊勢・志摩の歴史』上巻、郷土出版社、１９９２年
岡田登「志摩の国府と国分寺」、『図説伊勢・志摩の歴史』上巻、郷土出版社、１９９２年
岡野友彦ほか『伊勢市史』第二巻中世編、伊勢市、２０１０年
「想い出の矢ノ川峠」編集委員編『想い出の矢ノ川峠』想い出の矢ノ川峠の会、２００９年
角田文衞編『新修　国分寺の研究』第2巻、吉川弘文館、１９９１年
亀谷弘明「志摩国」、古代交通研究会編『日本古代道路事典』八木書店、２００４年
川井景一編集・出版『伊賀国名勝図』１８８８年
工藤洋三／奥住喜重編著『写真が語る日本空襲』現代史料出版、２００８年
黒川静夫『伊勢治田銀銅山の今昔』私家版、１９９３年
黒瀬尚人ほか『岳のケーブルカー――朝熊登山鉄道展』（特別展図録第11冊）伊勢市立郷土資料館、１９９８年
塩浜地区社会福祉協議会文化部・塩浜郷土史研究会編『塩濱のあゆみ』私家版、２０００年
塩浜地区社会福祉協議会文化部・塩浜郷土史研究会編『塩濱　町ものがたり（一）～（三）』私家版、２００３年～２００５年
志摩マリンランド編『志摩地方の地形と地質』志摩マリンランド、１９８５年
杉本喜一「松阪城に外堀はあったか――松阪城の惣（総）構えについて」、『松阪城再発掘』伊勢の国・松坂十樂、２００４年
「鈴の森に工場があった頃 カネボウ綿糸松阪工場」松阪市文化財センター解説リーフレット、２００９年
千田嘉博編『図説　正保城絵図』新人物往来社、２００１年
竹田健治「伊勢国司北畠氏の城・館と「都市」」、『中世城館の考古学』高志書院、２０１４年
竹田憲治／榎村寛之「4 志摩国」、『特別展図録 斎宮・国府・国分寺』斎宮歴史博物館、三重県埋蔵文化財センター、１９９６年
竹田旦「族制慣行の特長」、和歌森太郎編著『志摩の民俗』吉川弘文館、１９６５年
谷口永三ほか「朝熊岳道の現状」、三重県教育委員会編『伊勢街道　朝熊岳道・二見道・磯部道・青峰道・鳥羽道』光出版印刷、１９８６年
寺尾幸晃「志摩地方の真珠養殖業の盛衰」、三重大学地理学会編『三重県の地理』三重県郷土資料刊行会、１９７５年
寺岡光三「川東城館群」、福井健二／竹田健治／中井均編『三重の山城ベスト50を歩く』サンライズ出版、２０１２年
西尾寿一『鈴鹿の山と谷2』ナカニシヤ出版、１９８８年
『治田村史』１９５３年
福井健二『上野城絵図集成』伊賀文化産業協会、２０１３年
福永正三著『秘蔵の国』地人書房、１９８２年

藤岡謙二郎『国府』吉川弘文館、１９６９年
藤本利治『門前町』古今書院、１９７０年
二見町史編纂委員会編『二見町史』二見町役場、１９８８年
二見町史編纂委員会編『わが町二見』伊勢市二見総合支所、２００６年
舩杉力修「戦国期における伊勢神宮外宮門前町山田の形成――上之郷を事例として」、『歴史地理学』40－3、歴史地理学会、１９９８年
北勢町町史編さん委員会編『北勢町史』北勢町、２０００年
マーク・シュナイダー「中世都市山田の成立と展開」、『都市文化研究』10、大阪市立大学都市文化研究センター、２００８年
毎日新聞社津支局編『新視点　三重県の歴史』山川出版社、２０１３年
毎日新聞社津支局編『発見！三重の歴史』新人物往来社、２００６年
松阪市史編さん委員会『松阪市史 別巻1 松阪地図集成』松阪市役所、１９８３年
間宮忠夫「日本初の海水浴場開設」、『図説伊勢・志摩の歴史』下巻、郷土出版社、１９９２年
間宮忠夫「日本一の登山鉄道」、『図説伊勢・志摩の歴史』下巻、郷土出版社、１９９２年
三重県『三重県史』通史編近現代1、ぎょうせい、２０１５年
三重県『第九回関西府県聯合共進会事務報告書』１９０８年
三重県埋蔵文化財センター『伊賀国府跡（第4次）発掘調査報告』１９９２年
三重県埋蔵文化財センター『研究紀要』第13号、２００３年
森田雅和『続・追跡朝熊登山鉄道』私家版、１９８８年
四日市公害記録写真集編集委員会『新聞が語る四日市公害』私家版、１９９２年
四日市公害記録写真集編集委員会『四日市公害記録写真集』私家版、１９９２年

＊

三重県教育委員会社会教育・文化財保護課ホームページ「守ろう！活かそう！三重の文化財」

平成25年漁業・養殖業生産統計年報（三重県ホームページ）

● Part3

暁鐘成『西国三十三所名所図会』巻二、１８５３年（臨川書店、２００１年復刊）
足利健亮「大和から伊勢神宮への古代の道」、『環境文化』四五、１９８０年
飯田汲事『愛知県被害津波史』愛知県防災会議地震部会、１９８１年
飯田汲事『東海地方地震・津波災害誌』飯田汲事教授論文選集発行会、１９８５年
池山始三『田丸郷土誌』三重県郷土資料刊行会、１９７７年
磯部克編『三重県地学のガイド』コロナ社、１９７９年
伊勢市編『伊勢市史』伊勢市、１９６８年
伊勢新聞社編『伊勢年鑑』伊勢新聞社、１９４１年
伊藤徳也「田丸城」、福井健二・竹田憲治・中井均編『三重の山城ベスト50を歩く』サンライズ出版、２０１２年
伊藤裕偉『中世伊勢湾岸の湊津と地域構造』岩田書院、２００７年
伊藤裕偉「海岸線の変動と交通環境」、『環境の日本史3　中世の環境と開発・生業』吉川弘文館、２０１３年
伊藤裕偉「伊勢湾・熊野灘沿岸部の歴史地震」、『歴史と災害』第2回東海学シンポジウム、ＮＰＯ法人東海学センター、２０１４年

井上公夫／今村隆正／笠原亮一「伊賀上野地震（１８５４）と南山城水害（１９５３）の土砂災害比較検証」、『歴史地震』第21号、２００６年
大川吉崇『三重県の食生活と食文化』調理栄養教育公社、２００８年
岡野繁松、森逸郎監修『四日市今昔写真帳』郷土出版社、２００２年
尾鷲市『尾鷲市史』１９６９年
笠井雅直「湯の山温泉と四日市鉄道」、『名古屋学院大学論集　社会科学篇』43－3、２００７年
金子延夫「第一編自然　第二章　地誌」『玉城町史』上巻、玉城町、１９９５年
建設省中部建設局『伊勢湾台風復旧工事誌』上・下巻、１９６３年
旧四日市を語る会編『二十世紀の自然災害　記録と145の証言』旧四日市を語る会、２０００年
工藤洋三「イーウェル報告に見る初期の焼夷空襲理論」、空襲・戦災を記録する会全国連絡会議『空襲通信』第17号、２０１５年
越沢明「神都計画：神宮関係施設整備事業の特色と意義」、『１９９７年度第３２回日本都市計画学会学術研究論文集』１９９７年
紀伊長島町史編さん委員会『紀伊長島町史』紀伊長島町、１９８５年
紀勢町史編纂委員会編『紀勢町史』紀勢町、２００１年
志水雅彦／岡野繁松／加納俊彦『写真アルバム　四日市の昭和』樹林舎、２０１１年
下村登良男『松阪・多気今昔写真帳』郷土出版社、２００９年
市民部地域振興課『目でみる郷土史　四日市のあゆみ』四日市市役所、１９７８年
関口精一『熊野の大津波』津の空襲を記録する会、１９９０年
仙台・空襲研究会『翼下の記憶』私家版、２０１５年
大霞会『内務省史』明治百年史叢書第２９５、１９８０年
中央防災会議『１９４４東南海・１９４５三河地震報告書』２００７年
津平和のための戦争展実行委員会『津の戦災――手記・記録・資料』私家版、１９９５年、および付図
行谷佑一／都司嘉宣「宝永（一七〇七）・安政東海（一八五四）地震津波の三重県における詳細津波浸水高分布」、『歴史地震』第20号、２００５年
西田重嗣『津市史』第五巻、津市役所、１９６９年
西羽晃『ふるさとの想い出写真集　明治・大正・昭和』国書刊行会、１９８１年
日本の食生活全集奈良編集委員会編『聞き書き　奈良の食事』農山漁村文化協会、１９９２年
日本の地質「中部地方Ⅱ」編集委員会編『日本の地質５　中部地方Ⅱ』共立出版、１９８８年
萩原尊禮編著『古地震――歴史資料と活断層からさぐる』東京大学出版会、１９８２年
林澄子『大正――昭和初期の大石駅界隈図』２０１１年
廣瀬毅『近代四日市の鉄道』廣瀬毅講演会資料、２０１０年
「夫木和歌抄」、『新編国歌大観』第二巻、角川書店、１９８４年
藤岡謙二郎「伊勢の田丸城下」、『地形図に歴史を読む』第五集、大明堂、１９７３年
毎日新聞社津支局編『発見！三重の歴史』新人物往来社、２００６年
まちづくりブック伊勢制作委員会『まちづくりブック伊勢』学芸出版社、２０００年
三重県『伊勢湾台風災害誌』１９６１年
三重県『三重県史』通史編近現代1、ぎょうせい、２０１５年
三重県教育委員会『三重の近世城郭』１９８４年

三重県立博物館サポートスタッフ民俗グループ『三重の軽便鉄道　廃線の痕跡調査』、２０１１年
三重県歴史教育者協議会『三重の戦争遺跡』つむぎ出版、２００６年
三重県埋蔵文化財センター『安濃津』三重県埋蔵文化財センター、１９９７年
宮川村史編さん委員会『宮川村史』宮川村、１９９４年
宮尾登美子『宮尾登美子全集第八巻　伽羅の香』朝日新聞社、１９９３年
海山町『海山町史』海山町役場、１９８４年
茅原弘『目で見る津市の１００年』名古屋郷土出版社、１９９０年
吉村利男監修『写真アルバム「津市の昭和」』樹林舎、２０１３年

＊

「加藤僊家文書」春日井市教育委員会蔵
独立行政法人産業技術総合研究所地質調査総合センター　20万分の1地質図幅「伊勢」２０１０年
西羽晃『北勢線の歴史――ガタンコで90年』２０１０年、講演会資料
『日本の歴史地震史料』（東京大学地震研究所編）
Aircraft Action Report No. 29 1945/07/28 : Report No. 2-d（16）: USS Bennington, USSBS Index Section 7 VII Fighter Command Statistical Summary of VLR Missions-1945

[執筆者一覧]（あいうえお順）

家崎 彰（いえざき・あきら）紀北町立海山郷土資料館主事
伊藤裕偉（いとう・ひろひと）三重県教育委員会
岩脇 彰（いわわき・あきら）三重県歴史教育者協議会
尾西康光（おにし・やすみつ）三重大学人文学部教授
笠井雅直（かさい・まさなお）名古屋学院大学現代社会学部教授
河原 孝（かわはら・たかし）三重県立神戸高等学校非常勤講師
木下辻松（きのした・つじまつ）三重県総合博物館ミュージアムパートナー
嶋村明彦（しまむら・あきひこ）亀山市市民文化部文化振興局まちなみ文化財室長
竹田憲治（たけだ・けんじ）三重県埋蔵文化財センター
田村陽一（たむら・よういち）度会町ふるさと歴史館・三重県文化財保護指導委員
千種清美（ちくさ・きよみ）文筆家・皇學館大学非常勤講師
津村善博（つむら・よしひろ）三重県総合博物館非常勤学芸員
服部久士（はっとり・ひさし）元三重県史編さん班専門員
松月清郎（まつづき・きよお）ミキモト真珠島 真珠博物館館長
三枝義久（みえだ・よしひさ）三重県立四日市南高等学校教諭
森 勇一（もり・ゆういち）東海シニア自然大学講師・三重県環境影響評価委員
山田雄司（やまだ・ゆうじ）三重大学人文学部教授
山本 命（やまもと・めい）松浦武四郎記念館館長
吉村利男（よしむら・としお）三重県史編集委員・三重大学客員教授

＊本書収録の 1/5 万、1/2.5 万の地形図は、国土地理院発行のものを使用した（戦前の地形図は大日本帝国陸地測量部）

[編著者略歴]
目崎茂和（めざき・しげかず）
1945年新潟県生まれ。三重大学名誉教授。著書に『古事記の法則　風水が解き明かす日本神話の謎』（東京書籍、2010年）、『京の風水めぐり』（淡交社、2002年）、『石垣島白保 サンゴの海――残された奇跡のサンゴ礁』（高文研、1989年）ほか多数。

装幀／三矢千穂

カバー絵図／吉田初三郎「三重県御案内」三重県酒造組合連合会、1932年
（東浦町郷土資料館所蔵）

古地図で楽しむ三重

2016年2月25日　第1刷発行　（定価はカバーに表示してあります）
2022年6月25日　第2刷発行

編　者　　目崎　茂和

発行者　　山口　章

発行所　名古屋市中区大須1丁目16番29号
電話 052-218-7808　FAX052-218-7709　風媒社
http://www.fubaisha.com/

乱丁・落丁本はお取り替えいたします。　＊印刷・製本／シナノパブリッシングプレス
ISBN978-4-8331-0167-7

美濃飛騨古地図同攷会編　伊藤安男監修

古地図で楽しむ岐阜
美濃・飛騨

地図から読む〈清流の国〉のいまむかし——。多彩な鳥瞰図、地形図、絵図などをもとに、そこに刻まれた地形や地名、人々の営みの変遷をたどると、知られざる岐阜の今昔物語が浮かび上がる！

一六〇〇円＋税

溝口常俊　監修

明治・大正・昭和
名古屋地図さんぽ

いま自分がいる場所の五十年前、百年前には何があったのか。廃線跡から地形の変遷、戦争の爪痕、自然災害など、地図に刻まれた名古屋の歴史秘話を紹介。新旧の地図を頼りにまち探索に出かけよう！

一七〇〇円＋税

溝口常俊　編著

古地図で楽しむ
なごや今昔

絵図や地形図を頼りに街へ出てみよう。なぜ、ここにこれがあるのか？　人の営み、風景の痕跡をたどると、積み重なる時の厚みが見えてくる。歴史探索の楽しさ溢れるビジュアルブック。

一七〇〇円＋税